# 結果が出る
## 小・中 OJT 実践プラン20+9

千々布敏弥 [編]
(国立教育政策研究所総括研究官)

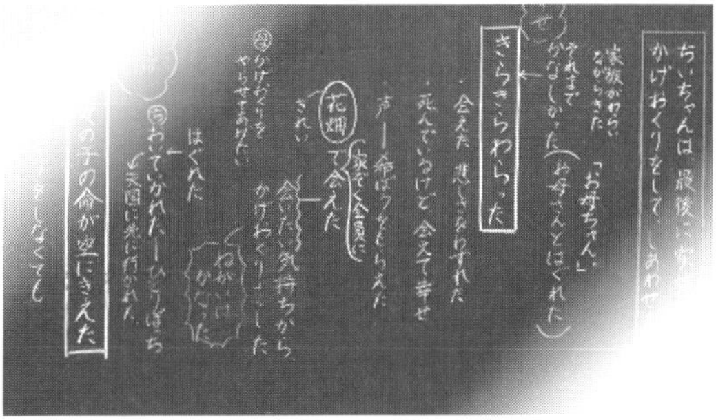

教育開発研究所

❖もくじ❖

◆総論◆本書の構想とOJTの諸相…千々布敏弥・5

## 1 ❖新しい授業研究を模索する

- 冊子「教師の秘伝」による授業改革(川崎市立川崎小学校)…吉新一之・22
- 「富士小モデル」による授業改善(台東区立富士小学校)…金子雅彦／川越洋平・33
- 「花乃井ノート」でスキルアップ＆チーム力アップ(大阪市立花乃井中学校)…宮田逸子・38
- 学年を鍵にした「研修での協同的な学び」(浜松市立可美小学校)…内崎哲郎・45
- リフレクションによる授業デザインのサイクル機能化(横浜市立岸谷小学校)…齊藤一弥／小山雅史・56
- メンターチーム、授業研究、組織マネジメントを通じた授業力向上(横浜市立笠間小学校)…後藤俊哉・63
- やってみせ、言って聞かせて、させてみせ、ほめてやらねば、人は動かじ(横須賀市立夏島小学校)…小川義一・72
- ワークショップ方式による授業研究(中井町立中井中学校)…柳渡昭子・78

## 2 ❖秋田型教育の秘訣

- 検証改善サイクルの推進(由利本荘市立西目小学校)…織田羽衣子・86
- あきた型共同研究とあきた型学校評価(由利本荘市立西目中学校)…佐藤和広・93
- 「授業力」と「学級力」の双方で向上を図るOJT(能代市立二ツ井小学校)…佐々木彰子・101

## 3 ❖福井の人の育て方

- 全校体制の授業研究会による授業力向上(敦賀市立敦賀南小学校)…寺下雅裕・110

- 小中連携と小グループ研究授業による一人ひとりが輝く学校(福井市立森田中学校)…南部隆幸・118
- 単学級学校の全員で取り組む授業研究(福井市立河合小学校)…吉村淑子・124

## 4 ❖ 指導者のもとで推進するOJT

- 授業分析を通じた子どもの発見(幸田町立荻谷小学校)…山口明則／岡本智・132
- ESDを通した子どもの育ち(岡崎市立豊富小学校)…入山定之・140
- 振り返りと自分化を中心とした授業力向上への取り組み(津山市立北陵中学校)…野々上正成・149
- 学びの共同体(常陸太田市立峰山中学校)…鴨志田悟・156
- カリキュラムマネジメントによる学校教育目標の具現化(福岡市立飯倉小学校)…井樋述弥・164
- 学びをひらく(お茶の水女子大学附属小学校)…片山守道・173

## 5 ❖ OJT指導者は語る

- 授業分析を通した子どもの再発見…柴田好章・182
- 学校における実践研究を充実させる12のヒント…久野弘幸・190
- 内発的な改善力を高める学校組織開発…佐古秀一・196
- ワークショップ型研修による学校改革…村川雅弘・202
- 学校研究に研究者が参画するために…木原俊行・208
- 「学びの共同体」──教師が専門家として育つ学校づくりのために…北田佳子・214
- カリキュラムマネジメントによる授業創造…田村知子・220
- リフレクションによる自己改善…澤本和子・226
- 通信「はにぃ」による神奈川の学びづくり…岩渕和信・232

執筆者一覧・239

## 総論

# 本書の構想とOJTの諸相

国立教育政策研究所総括研究官　千々布敏弥

## １．はじめに——本書の構想

　本書のタイトルは『結果が出る　小・中OJT実践プラン20+9』となっている。「OJT」とは、On the Job Trainingの略で、職場で働きながらトレーニングを受けること、学校の教職員の力量向上のために実施している学校の組織的取り組みのことである。対義語はOff the Job Training（Off-JTと略される）となり、教育センターや大学における集合研修を意味する。OJTは校内研究や授業研究が主であり、学校によっては、組織開発やアクションリサーチなど、新しい手法について外部講師を招聘して取り組んでいるところもある。また最近では、メンターグループのように、校内に学び合いのボランティアグループを組織して取り組んでいるところもある。本書ではOJTの事例校20校とOJT指導者9名の原稿を収録した。

　多くの学校が年間を通した研究テーマと研究計画を設定して校内研究に取り組んでいる。その取り組みが学校の組織文化を高め、教師の授業力を高めることにつながることを、私は全国調査を使って実証したことがある（国立教育政策研究所、2011）。校内研究の取り組みでは、研究授業を多く実施したり、指導案の検討を夜遅くまで行ったりしている学校がある。いわゆる「研究校」である。どの都道府県にも地域を代表する研究校は存在しており、指導主事のほとんどがその学校を経験している、あるいはその学校から他校に異動した教師は研究主任になることが期待されている、つまりは人材育成機関として位置づけられている学校がある。そのような学校では「鍛える」こと、高い水準の授業を創りあげることが目的だから、指導案検討も事後検討も容赦はない。厳しい言葉の応酬が繰り広げられ、若手教師は傷つきながらもたくましく成長していく。

　そのような取り組みの成果が、毎年秋から冬にかけて、授業公開という形

で披露される。練りあげられた指導案、子どものみごとな育ちが示され、それでも100点満点には到達できない授業を参観した人たちから容赦のない質問、意見が出され、それに対して授業者あるいは研究主任から立て板に水の口調で反論が返される。

そのような高いレベルの校内研究の効果は、実は私の調査では実証されていない。研究校の数が少ないために統計的に有意な効果が示されなかったということであろう。実は調査対象校のなかには、年間数十回の授業研究会を開催しているなど、研究校の取り組みに近い努力を行っている学校もあったが、そのような学校の授業の水準や教師間のコミュニケーション状況は必ずしも良好ではなかった。むしろ、年間開催数はそれほど多くないのだが、指導案の検討をきちんと行う、事後協議会をグループ協議や全体協議で工夫して実施する、年度末に紀要を作成するなど、オーソドックスな校内研究を実施している学校の状況がよかった。

つまり、研究校ほどの取り組みをしてもそれが成果のあがることを保障するものではなく、研究校ほどの取り組みをせずとも学校が高まることは可能であるということなのだろう。

そこから本書の構想が生まれた。

研究校ほどのたいへんな取り組みをせずとも、学校の組織的水準が高まる取り組みは多様に存在する。その事例を集めたのが本書である。

## ２．秋田と福井のOJT

第一の事例は秋田県と福井県である。全国学力調査を追加分析した委託調査（田中、2011）によると、都道府県別に見た学校平均点は、全国平均を中心に幅広く分布している。平均点が高い学校もあれば低い学校もあり、それらの全体平均で都道府県の平均点が導かれている。とくに人口規模の大きい都道府県においてその傾向が顕著である。ところが、秋田県と福井県の学校平均点は、小・中学校ともに全国平均に比べておおむね上位の学校がほとんどであり、全国平均より下位の学校はきわめて少ない（図参照）。すなわち、秋田県と福井県は突出して平均点が高い学校がない代わりに全体の平均が優れているために、県としての平均が全国上位になっていると解釈できる。こ

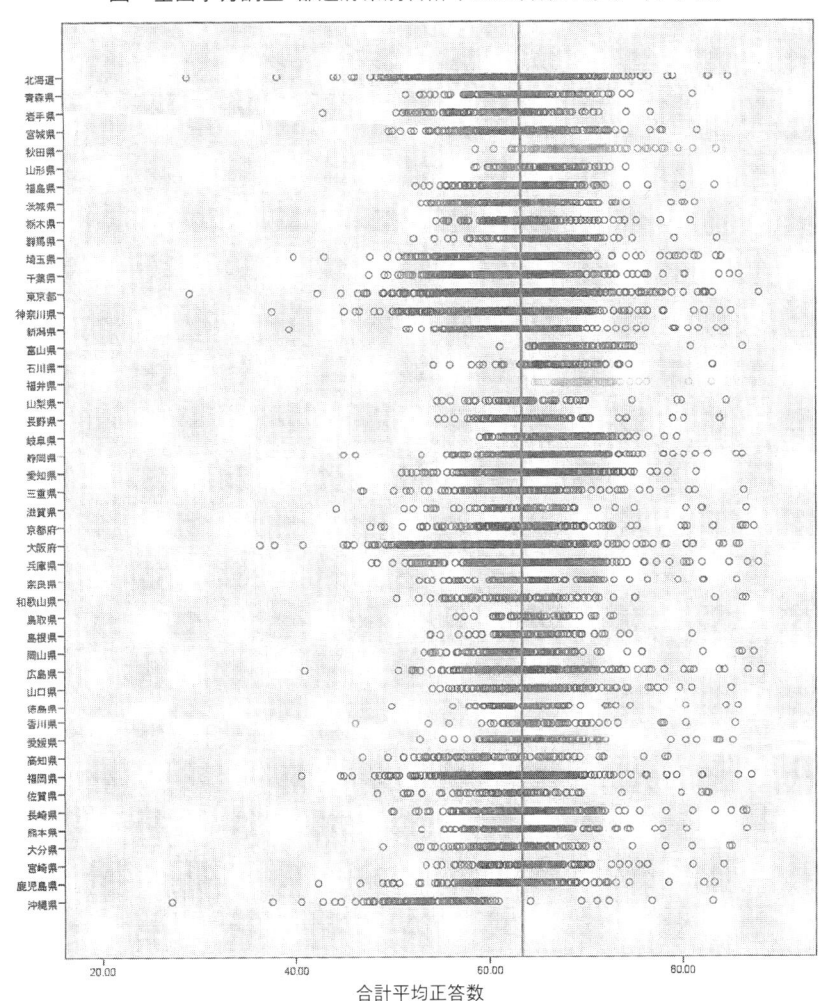

図　全国学力調査　都道府県別合計平均正答数の分布（中学校）

のことは、児童・生徒の学力だけでなく、学校のOJTも優れていることの証左ではないかと思われる。

　秋田県の強みは、秋田メソッドと称される指導法が県下で統一されていることだ。

　秋田県では児童・生徒の発言、話し合い、振り返りの時間等を授業のなかで確実に確保するためのルールづくりが行われている。話し合い活動に重点

をおいていると、子どもの協議が延々と続いて授業が未解決のまま終了することがある。授業の目的が話し合いの能力を鍛えたり、子どもが自ら課題を解決する力をつけることであれば、そのような授業でもよいのだろうが（総合的な学習の時間においてはこのような流れはよく見られる）、教科の学習においては毎時間習得すべき項目がある。話し合いの能力を鍛えようとするあまり、教科の基礎・基本がおろそかになることを防ぐため、秋田県では1時間の授業のなかでまとめの時間を確保するようにしている。

　秋田県で見られる授業の流れは、授業の初めに本時のねらいを示しながら発問を提示する→発問に従いまずは自力解決を図る→一人学びのあと、ペアやグループで話し合い、最後に全体で話し合う→授業の最後に学んだ内容を確認し、振り返るというものである。導入、展開、まとめという全国共通の枠組みと同じに見えるが、とくに展開段階において一人学びとペア・グループによる話し合いの段階を入れていることが特徴的だ。

　2013年度全国学力・学習状況調査では、「児童生徒の発言や活動の時間を確保して授業を進めた」「学級やグループで話し合う活動を授業などで行った」「授業の冒頭で目標（めあて・ねらい）を児童生徒に示す活動を計画的に取り入れた」「授業の最後に学習したことを振り返る活動を計画的に取り入れた」という指導を行っている学校が、有意に学力平均点が高い傾向が示されている。秋田メソッドの有効性が証明された。秋田県はこれらの問に「当てはまる」との回答が全国平均より高い（大部分が47都道府県のなかで1位となっている）。また「学級やグループで話し合う活動」に関して全国平均では学校が実施しているとする回答と児童・生徒が行っているとする回答に隔たりが見られるのに対し（学校48.4％、児童37.6％）、秋田の場合は隔たりが小さい（学校59.0％、児童52.9％）。

　秋田メソッドの普及のために指導主事は毎年協議会を開催し、協議会を通じて指導の重点を定め、重点にしたがって学校を指導している。私が参観した学校でも、授業の進め方、板書の仕方、子どものノートの取り方が学校全体で揃っていた。秋田県の関係者によると、秋田メソッドは小学校では10割、中学校で8割の学校で普及しているらしい。指導主事は強引に秋田メソッドを学校に求めるのでなく、学校の事情に応じた指導を心がけている。私が

2014年に各都道府県の指導主事を対象に調査したところ、秋田県の指導主事は「問題点を指摘すると同時に長所も指摘するようにする」「学校の状況を把握するようにしている」との回答が他都道府県より高かった。また、指導主事の経歴として研究主任の経験率も他の都道府県より高かった(千々布、2015)。

秋田県の3校の原稿からは、それぞれが主体的に校内研究に取り組んでいる様子がうかがえる。西目小学校は「思考力・判断力・表現力の育成」、西目中学校は「学び合いで確かな学力の向上を目指す指導の工夫」、二ッ井小学校は「ユニバーサルデザインの授業」というように、県の方針に従った研究テーマを設定している。学校で定めた研究テーマを追究するうえで、国や県の学力調査、学校評価アンケートなどのデータを活用し、ペアワークやグループワークなど協議形態を工夫している。県がトップダウン的に方針を学校に伝達するのでなく、各学校が主体的に校内研究体制を工夫して授業を創り出す様子が描かれている。

福井県は、秋田県のような指導方法の標準化は行っていない。だが、授業を拝見すると、福井メソッドと称してもいい共通した指導形態が見られる。

第一に、福井は授業規律が高い水準で成立している。時間が守られている。朝の時間の開始が8時10分だとすると8時5分には全員が教室に着席している。休み時間にはすばやく校庭に出て遊び、次の授業の2分前には着席している。そのような動きをノーチャイムで実現している学校もある。給食の準備も早く、参観した他県の教師が「自分の学校であれば全員が食べ始める頃に福井の子どもは食べ終えている」と賞賛するほどである。時間割のポイントポイントで黙想の時間がある。廊下を歩いている途中で黙想の時間になったら、その場で黙想している。清掃の時間は無言で行われている。箒を使用する子はいなく、全員が雑巾で掃除している。ゆかを雑巾で拭いてごみをまとめ、雑巾ですくいあげて捨てている。全国的には学期に1枚の雑巾を使う学校が多いだろうが、福井の場合は何度も取り替えているらしい。

福井は宿題が多い。どのように宿題を出すかを教師たちが話し合って決めている。宿題の年間計画が定まっており、数ヵ月スパンでどのような宿題が出されるかが、校内で掲示されている。宿題のチェック体制も整っている。

仮に宿題を忘れた生徒がいたら、放課後残って宿題に取り組む。部活への参加が遅くなったり、帰宅が遅くなったりするだろうが、福井における宿題の厳しさは長い伝統があり、部活の指導教師も家庭も認めている。

　他にも福井の指導法の特徴は多様にあるが、最も重要なのはこれらの指導を可能にする学校体制である。小学校における学年会、中学校における教科会のまとまりが強い。校内で実施するテストを作成するとき、他県であれば教師間で分担する場合が多いだろうが、福井県の場合は教科会や学年会のなかで協働して作成している。学力テストの成績に課題が見られたとき、その対策が練られるのも教科会や学年会だ。教え方をどう変えるのか、どのような課題を子どもに与えるようにするのか、具体的な対策が話し合われている。小学校における学年会の様子は敦賀南小学校の原稿から、中学校における教科会の様子は森田中学校の原稿から読み取っていただきたい。河合小学校は1学年1学級の小規模校であるため、低・高学年部会と全校協議会がOJTの主たる場になっている。

　福井県の3校に共通するのは、指導主事訪問の機会がOJTの中核として位置づけられていることである。福井市も敦賀市も年に2回指導主事が訪問し、その時期に合わせて指導案検討などの校内の協議が進行している（とくに森田中学校の原稿において福井市教育委員会の指導体制が詳しく紹介されている）。指導主事訪問時に授業を公開し、そのための指導案検討を組織的に取り組んでいる。

## 3．新しい授業研究を模索する

　秋田と福井以外の学校は、私が直接かかわっている学校である。
　台東区立富士小学校は秋田県に似た授業改革に取り組んでいる。教科ごとの授業の進め方の標準を学校で設定し、富士小モデルと命名している。富士小モデルは秋田メソッドに近い。めあての提示、主体的な学習活動の設定、振り返りの実施、ノート形式の統一、基本話型の統一をその要素としている。これらの取り組みが全国学力調査において学校の平均点と相関していることは前述のとおりである。金子校長が前任校で成果をあげたこの方法を、富士小学校でも展開しているものである。

川崎市立川崎小学校は、教科に関する研究テーマを設定する校内研究体制に疑問を感じた吉新校長の方針から、研究テーマを教科で設定せず、話し合いの方法を研究テーマとして取り組んでいる。川崎小学校は全員が挙手する授業をめざしている。誰もが学びの主体者であるという自覚を持たせることがねらいである。この理念はネル・ノディングス（1997、2007）が「ケア」ということばでめざしたものである。授業方法というよりも学級経営に近い。川崎小学校は、ケアが成立する学級づくりを行い、その基盤のうえに話し合いを通じた思考力・判断力・表現力の育成をめざしている。

　富士小学校は指導方法の標準化、川崎小学校は学級経営の標準化をめざした学校といえる。これに対し大阪市立花乃井中学校は学校経営の標準化をめざした学校である。宮田校長は大阪市で最優秀校長の評価を受けている。その学校経営の手法を「花乃井ノート」という文書にまとめた。学校経営要覧は多くの学校が作成しているが、宮田校長は通常の学校経営要覧の内容に、各教科の実践報告と、花乃井中学校が取り組んでいるさまざまな活動（土曜スクール、シチズンシップタイム、地域講師の活用、学校評価、小中連携）を書き込んだ。文書にまとめることで、各担当者が自校の取り組みを再確認し、次年度につなげることができたのだろう。この学校経営ノートは「日本教育新聞」で紹介されたところ、多くの学校が複写を希望してきたとのことである。

　浜松市立可美小学校は研究組織とカリキュラムマネジメントが特徴的な学校だ。学年会を中心にした研究組織は福井県でも見られるが、可美小学校は１学年５クラスという大規模校の強みを生かしてクラス担任のない教師が学年主任や研修主任を担当するようにして効率的な学年経営や校内研究経営を行った。人的配置だけでなく、協議のための時間配分も参考になる。１年間の研究の成果をカリキュラムデータベースとして保管するアイデアは、カリキュラムマネジメントの王道としてもっと広まるべきものととらえている。

　横浜市立岸谷小学校のOJTは、リフレクションを主軸に据えている。リフレクションとは1980年代にドナルド・ショーンが提起した教師の力量向上の主な機会であり、授業研究もリフレクションを提供するものという文脈で諸外国に知られている。ところが実際の授業研究におけるリフレクションは、

協議の際に参加者の脳裏に去来するだけでそれを明示的に深める取り組みはあまりなかった。岸谷小学校では、授業の見方、デザイン力などの視点を定め、協議会のたびに授業者だけでなく参観者もリフレクションシートを記入することで力量を高めている。校長の理念を理解している外部講師がリフレクションを促進する役割を担っていることも参考になる。

　横浜市立笠間小学校はメンターチームと組織マネジメントの取り組みが特徴的な学校である。メンターチームとは、横浜市が独自に実施しているOJTシステムであり、若手教師を中堅教師が指導する体制である（横浜市、2011）。ベテラン教師で構成される運営委員会の時間帯に若手教師だけが集まる場を設けるという時間管理の考え方は、他の学校にも参考になるのではないだろうか。同校における組織マネジメントは、中央研修等で実践されているSWOT分析を学校経営方針の見直しのための教師集団のワークショップとして実践しているものである。組織マネジメントワークショップを通して教師たちの気持ちが一丸となる様子が紹介されている。

　横須賀市立夏島小学校の校長は職員を元気づけるリーダーシップ能力に優れている。教頭時代から常にカメラを手に校内を巡っていて、学校だよりに自分で撮った写真と子どもの様子を紹介していた。人脈を駆使して多彩な外部講師を招聘し、学校全体の雰囲気を盛りあげるように工夫している。この手法は、民間人校長の学校経営によく見られるものだ。校長のパーソナリティによっては、このようなやり方で学校を高めることが可能だと思う。

　中井町立中井中学校はワークショップ方式の協議会が特徴的な学校だ。研究主任が多様なワークショップ方式を考案し、学校全体を盛りあげている。この研究主任のパーソナリティは夏島小学校の校長に近い。自分がどんどん先頭に立って皆を引っ張っていくスタイルだ。その手段としてワークショップ方式が採られ、それが研究主任と学校の職員集団の特性にぴったり合って効果をあげていると受け止めている。

## 4．OJT指導者

　以上の学校のOJTを紹介していただくほか、私と同様に学校との交流を続けている研究者にも執筆を依頼した。それぞれ独自の手法で学校のOJTを指

導している。

　柴田好章氏は授業分析の手法で学校を高めている。授業分析の歴史は古く、名古屋大学を中心に全国で実践されている。ただ、授業の逐語記録を作成する必要から、取り組みに躊躇する学校も多い。ちょっと苦労するが、そこから大いに実りある成果が得られる方法である。柴田氏には授業分析の意義と授業分析を活用した学校指導の方法を紹介していただいた。

　久野弘幸氏は、柴田氏と同様に授業分析の手法で学校を指導しているが、学校の研究体制に寄り添う姿勢が強い。どのような考えで学校の校内研究に関与しているかを紹介していただいた。

　佐古秀一氏は学校の課題分析を教師全体で取り組むことを通じて校内の協働性が高まることをめざした支援を行っている。大阪市立花乃井中学校、横浜市立笠間小学校、横須賀市立夏島小学校のOJTに近い。佐古氏が主眼としている学校の協働性は、川崎小学校や可美小学校の校長もめざしているものである。多くの学校は授業研究を通して協働性を構築しているが、佐古氏が指導する組織開発の手法でも協働性構築は可能であり、それどころか、より高いレベルで構築が可能と感じている。

　村川雅弘氏のワークショップ方式は多くの学校関係者が周知のことだろう。村川氏によるワークショップ方式の解説は、すでに多くの著作で語られているところだが、本書であらためてエッセンスをご執筆いただいた。授業そのものの構造的把握を促進することに加え、ボトムアップ型の学校改革につながることが、端的に紹介されている。

　木原俊行氏はOJTを通じた授業づくりやカリキュラム開発の取り組みを学校研究と称し、そのマネジメント支援で学校とかかわっている。校内組織の構築の仕方、外部支援者の活用方法、外部との交流の仕方など、幅広い視点で学校を支援している。木原氏の原稿には、OJT指導者としての心得も示されている。

　学びの共同体研究会のホームページでは、佐藤学氏を筆頭に複数の講師が学校を訪問している様子が紹介されている。北田佳子氏はその一人として学校を指導している。北田氏は学びの共同体に取り組むことで学校がどのように変容するかを観察し、多くの論文を執筆している。北田氏の普段の学校と

のかかわり方を紹介していただいた。

　田村知子氏はカリキュラムマネジメントの指導者である。カリキュラム、すなわち年間指導計画はどの学校でも作成されるものだが、これが管理職や教務主任を中心にした一部の教師だけの作業になっている場合が多い。田村氏のカリキュラムマネジメント論は、教師集団の参加論とワークショップ方式等の議論形態の工夫、SWOT分析など議論の際の視点の提示により、教師集団がカリキュラム編成の主体者となり、力量を高めることを狙っている。

　澤本和子氏は授業リフレクションと称する取り組みを長年行っている。澤本氏のリフレクションの方法は自己リフレクション、対話リフレクション、集団リフレクションに分かれる。自己リフレクションがすべての基盤であり、それを引き出す聞き手と一緒に行うのが対話リフレクションあるいは集団リフレクションとなる。澤本氏は学校との交流のなかで教師たちのリフレクションを引き出すかかわりを続けている。

　岩渕和信氏は神奈川県の指導主事であった当時、一風変わった学校とのかかわり方をしている。指導することよりも学校の強みを受けとめることをめざしており、見いだした学校の強みは学校に伝えるだけでなく、教育委員会から学校に向けて発信する通信「はにい」に掲載して県下の学校に周知している。組織の強みに焦点を当てたアプリシエティブ・インクワイアリー（クーパーライダー＆ウィットニー、2006）の組織開発手法に近い指導を行っている。

　以上のOJT指導者が通常の外部指導者と異なるのは、教科の専門家でないことである。教科の指導者は自らが開発した指導方法を実践していただくことを目的に学校に出向いたり、教科の論理で指導案や授業の指導を行ったりする場合が多い。本書では学校が主体となって推進するOJTと、それを支援する外部指導者の事例を集積することをめざした。

　これらの指導者が指導している学校が、どのような体制でOJTに取り組んでいるかも執筆していただくこととした。指導者は1ヵ月に1度程度のハレの日に学校を訪問するだけである。そこでどのような指導が行われているのかはそれぞれの原稿をご覧いただけばいいのだが、実際に取り組む学校の側では、学校としてのOJTが日常的に進行しており、指導者がかかわる場は全

体の一部でしかない。そこで、学校としてのOJTをご紹介いただくこととした。

学校に執筆を依頼するにあたり、私は細かな執筆フォームを要請した。OJT推進の中心的組織、OJTのための年間スケジュール、学年会や教科会の開催状況、指導案の検討状況、授業研究会当日の流れ、研究紀要など成果のまとめ方、外部講師への依頼の仕方を書き入れるように依頼した。細かいことで当然のことのようであるが、実はこれらの実施状況は都道府県によって大きく異なっている。当人にとっては当然と思えることを書いていただくことで、学校の違いを浮き彫りにすることを意図した。

## 5．OJTの諸相

以上の意図のもとに、本書では20校のOJT事例を収集することができた。それらを集約すると、次の共通項が見えてきた。

(1) 全員参加と協働

村川雅弘氏が指導するワークショップ方式は、校内の教師たちが参加意欲を高めながら効率的に協議する手法だろう。中井町立中井中学校、津山市立北陵中学校は授業研究会においてワークショップ方式を実践している。秋田県では能代市立二ッ井小学校が紹介しているように、教育センターが独自のワークショップ方式を体系化しており、各学校で実践されている。岡崎市立豊富小学校が思考ツールによる協議として紹介しているものはワークショップ方式と同様のものである。ワークショップ方式で議論がどのように変容するかは、中井中学校の原稿がよく示している。

幸田町立荻谷小学校は授業記録による事後検討会を実施しているが、検討する単位は少人数グループであり、授業記録を使用したワークショップと解釈してよいだろう。

佐古秀一氏が指導する組織開発、田村知子氏が指導するカリキュラムマネジメント、横浜市立笠間小学校、由利本荘市立西目小学校、福岡市立飯倉小学校はともに、学校の課題をワークショップ方式で議論している。そこでめざすのは学校の経営目標を単に定めることではなく、教師集団がその形成過程に参加し、納得する過程である。木原俊行氏も教師全員の参画の必要性を

強調している。OJTという言葉からは、個々の教師の力量向上という文脈を感じる人が多いだろうが、実際のOJTは組織づくりの文脈で進行し、それが結果として教師の力量向上につながっている。

　協働の意義は、佐藤学氏が推進する「学びの共同体」においても重視されている（佐藤、2012）。学びの共同体は子どもにおける協同の学びと教師における共同的学びがともに実現されることをめざしている。教師が共同的に学ぶためには、指導案検討に焦点を当てた協議よりも子どもの学びの事実の省察に焦点を当てた議論のほうが効果的だ。前者では力量の違いが発言の多寡に影響するのに対し、後者の場合はすべての教師が同じ土俵でコミュニケーションを図りやすい。北田佳子氏の原稿では学びの共同体に取り組んだ学校の教師たちがいかに子どもを見る目を鍛え、教師として成長しているかが紹介されている。協働が成立している状況を北田氏は「子どもと教師という人間一人ひとりをかけがえのない存在として大切に育もうとする」ということばで紹介している。

(2)　学年会、教科会などサブグループにおける協働

　学校を組織としてまとめる際に、学年会や教科会などのサブグループは重要である。福井県の3校、浜松市立可美小学校、横浜市立岸谷小学校はOJTの推進に学年会や教科会を活用している。福井市立森田中学校においてはあえて異なる教科の協議グループを構成している。横浜市立笠間小学校におけるメンターチームも、OJTのサブグループとみなすことができる。

　学年会や教科会は学年経営、教科経営あるいは指導案検討という共通のテーマで議論できる少人数グループである。メンターチームにおいては学び合いと同時に相互に認め合い助け合うケアリングの関係も見られる。

　少人数で子ども同士が協議する協同学習が子どもの主体的な学びを促進するのと同じような効果が、教師集団においても見られると解釈できる。

(3)　振り返りと検証改善

　澤本和子氏が指導するお茶の水女子大学附属小学校はもとより、浜松市立可美小学校、横浜市立岸谷小学校、津山市立北陵中学校など、OJTの手法として振り返りを実施している学校は多い。振り返りとは澤本氏も書いているようにドナルド・ショーンがリフレクションという言葉で世界的にその意義

を再認識させたものである。日本では授業研究のなかで実質的に実践されていたものを、近年は意図的に枠組みを設定して全教師が自らの実践を振り返るようにする学校が増えている。

　授業そのものに対する振り返りに加え、学校経営に関する振り返りも重要である。敦賀市立敦賀南小学校と由利本荘市立西目小学校、西目中学校における学校評価を基にした検証改善サイクルがOJTに与える影響は大きいだろう。

(4)　情報の共有

　横須賀市立夏目小学校の校長通信、神奈川県指導主事の岩渕和信氏の「はにぃ」、由利本荘市立西目小学校の研修通信、さらには浜松市立可美小学校の電子化されたカリキュラムデータベースや大阪市立花乃井中学校の花乃井ノートも、優れた取り組みを共有化するための手法ととらえることができる。

　次期学習指導要領改訂に関連して、カリキュラムマネジメントということばがクローズアップされている。田村氏はカリキュラムの編成過程に焦点を当てているが、千葉県の館山市立北条小学校のように、単元カリキュラムを一元的にデータベース化し、年間のPDSサイクルで改訂を続ける学校の姿も、これから増えるのではないかと予想している（21世紀カリキュラム委員会、1999）。また、カリキュラムだけでなく学校運営上の諸情報をデータベース化した際は、野中郁次郎氏が推奨するナレッジ・マネジメントにつながると予想している（野中・竹内、1996）。

(5)　教育委員会の有効活用

　教育委員会の指導主事が所轄下の学校を訪問する機会は多いだろうが、それが学校のOJT計画にどのように位置づいているかは地域により異なる。秋田県の3校と福井県の3校、幸田町立萩谷小学校の原稿では、教育委員会が訪問する機会がOJTの年間計画に組み込まれ、有効に機能している様子がうかがえる。このような体制が構築できていると、学校によるOJT体制の格差が縮小される。私が秋田県、福井県を含む6都道府県の学校文化を調査したところ、秋田県と福井県の学校文化が飛び抜けて良好だった（国立教育政策研究所、2015）。この要因は両県の教育委員会の学校訪問体制によると考えている。

(6) 指導方法の標準化

　台東区立富士小学校と川崎市立川崎小学校は、指導方法の標準化を行っている。富士小学校は「富士小モデル」と称して授業の流れや板書スタイルの標準化を、川崎小学校は「教師の秘伝」と称して学級経営と授業における協議方法を標準化している。川崎小学校の原稿に書かれているように、標準化した方法を教師に示すと、当初は「わからない」という反応が示される場合が多い。しかし、多くの現場で実践され、校長自身の体験にも裏打ちされている手法であるため、続けていくと間違いなく効果が出てくる。

　同じような標準化を秋田県も実施しているため、編纂時はその内容を期待して秋田県の３校に依頼した。ところが、秋田県の３校の原稿は、いずれも主に校内体制に関して執筆されていた。このことを私は、それこそが秋田県が指導の標準化をなしえた秘訣ととらえている。各学校は教師集団の自主性を尊重し、主体的に校内研究体制を工夫して授業を創り出しているし、指導主事が訪問した際も学校の取り組みを尊重した指導を行っている。指導内容の標準化をめざす際は、それだけを目的とするのではなく、教師たちの主体性を尊重した戦略が必要と考えられる。

(7) 旧来のOJTからの脱却

　川崎市立川崎小学校と浜松市立可美小学校はともに、旧来型のOJTが形式主義に陥りやすく、そこからの脱却をめざして新しいOJTを考案した。この問題意識の持ち方が、多くの学校に必要と考える。多くの学校が従前からの学校文化を変えることができない。年間３回だけ授業研究会を実施している学校、指導案の検討がほとんど行われていない学校、指導案検討に過度の時間をかけながら事後検討会が形式的に終わりがちな学校、学校行事が過剰でそのために授業そのものの検討の時間が割けない学校。これらの学校文化がいったん成立してしまうと、その学校にふさわしいOJTを考案する際の足かせになる。

　必要なのは手法でなく、自校の教師をどう伸ばすか、そのために何を行うかという考え方だ。目的意識が不明瞭なままに方法だけを変えてもうまくいかない。川崎小学校と可美小学校は校長の経営戦略が先にあり、そのために必要な資源の獲得（外部講師等）や校内体制の改編を行っている。

(8) OJTの学校経営上の位置づけ

　由利本荘市立西目中学校は「秋田県で研究主任は教務主任と並ぶ学校経営の大きな柱である」と書いた。西目小学校では研究主任が研修だよりを発行していることを紹介している。敦賀市立敦賀南小学校が「限られた授業名人が学校全体の研究をリードするのではなく」「全校体制で授業研究会を行うことで、教員の授業力の向上をめざ」すことが大切と書いたのは、同校の強みだけでなくOJTの本質と重要性を表現している。

## 6．OJTがめざすところ

　以上の各校のOJTの特徴を概観すると、本書をご覧になる読者の学校でどのようなOJTがふさわしいか、見えてくるのではないだろうか。

　手法は多様に存在する。すべてを実践している学校はないし、無理だ。自校の条件から取り組めそうな戦略を選択することが重要だし、可能だろう。

　共通して留意すべきは、教師の協働性ではないだろうか。これを否定する原稿は、本書にはない。協働性を育み、維持しながら学校の既存の殻を破って新しいOJTをめざさないといけない。どうやって協働性を育むか、

　イメージすべきは、教師たちが和気藹々と、楽しそうに議論する姿である。それは楽な議論をしようというのではない。そしてベテランや発言力のある一部の教師に偏ることなく、すべての教師が参加できる、やりがいのある、充実感のあるものである。

　次章以降から、活力とアイデアを得ていただきたい。

《参考文献》
(1) クーパーライダー＆ウィットニー『AI「最高の瞬間」を引き出す組織開発――未来志向の"問いかけ"が会社を救う』PHPエディターズグループ、2006年。
(2) 国立教育政策研究所「教員の質の向上に関する調査研究　報告書」2011年。
(3) 国立教育政策研究所「『地域とともにある学校』の推進に向けた教育行政の在り方に関する調査研究（報告書）」2015年。
(4) 佐藤学『学校を改革する――学びの共同体の構想と実践』岩波書店、2012年。
(5) 田中博之「全国学力・学習状況調査において比較的良好な結果を示した教育委員会・学校等における教育施策・教育指導等の特徴に関する調査研究」（文部科学省委託調査報告書）2011年。

(6) 千々布敏弥「指導主事による校内研究活性化のための指導モデルの開発」(科学研究費補助金研究成果報告書) 2015年.
(7) ドナルド・ショーン『専門家の知恵——反省的実践家は行為しながら考える』ゆみる出版、2001年.
(8) 21世紀カリキュラム委員会「地球市民を育てる」1999年.
(9) ネル・ノディングス『ケアリング——倫理と道徳の教育 女性の観点から』晃洋書房、1997年.
(10) ネル・ノディングス『学校におけるケアの挑戦——もう一つの教育を求めて』ゆみる出版、2007年.
(11) 野中郁次郎・竹内弘高『知識創造企業』東洋経済新報社、1996年.
(12) 横浜市教育委員会『「教師力」向上の鍵——「メンターチーム」が教師を育てる、学校を変える!』時事通信出版局、2011年.

# 1章　新しい授業研究を模索する

神奈川県川崎市立川崎小学校
東京都台東区立富士小学校
大阪府大阪市立花乃井中学校
静岡県浜松市立可美小学校
神奈川県横浜市立岸谷小学校
神奈川県横浜市立笠間小学校
神奈川県横須賀市立夏島小学校
神奈川県中井町立中井中学校

◆新しい授業研究を模索する　《神奈川県川崎市立川崎小学校》

# 冊子「教師の秘伝」による授業改革

校長　吉新一之

### ❖今本校が取り組んでいるOJTとは

　研究のための研究にならない。子どもに向き合う時間を充実させたい。忙しすぎないように、教育計画に何か新たな取り組みを入れるときは、何かをやめる。〈時間・労力〉対〈効果〉で常に教育活動を見直す。一度やってみてよかったからといって、継続していくと安易に考えない。学びはプロセス。つくりあげていくときの過程とエネルギーが重要。こういうことをやらなければという結果を求められる活動は、いずれプロセスが重視されなくなり、実施するという結果だけ求められるようになる。その場の出来映えがよくても、教育では「結果よければすべてよし」ではない。なぜなら、教育は思い出づくりではなく、プロセスでどんな学びをして、どんな力をつけていくかということが、最も重要だからである。また、休み時間には、教師が子どもと遊べる余裕をつくるための条件づくりも大切である。休み時間は、児童の人間関係、興味・関心、社会性を把握するのに最も有効であり、社会性を発達させていくための有効な手立てがとれる場だからである。休み時間に他の仕事に追われているような学校では、大切な指導がおろそかになってしまう。
　では、具体的にどうすればよいか。
①会議を少なくする。学年会、学年研究日は、極力週１回ずつ行事予定に位置づけたい。職員会議も精選して、会議体でなくてもすむ内容は、打ち合わせや回議文書で対応する。その他の会議は、定期的に行うことをやめて、必要に応じて招集して開催するようにする。
②効果の少ない行事等はやめることも視野に入れて見直す。何に重点的に取り組むことが大切かを、教職員間で共通理解したり、保護者や地域にていねいに伝えたりしていくことも必要になる。理解を得られない場合は、それほど重要でない取り組みをしようとしていたと反省して、見直すことが

必要である。

③冊子・文書の作成は、とくに〈時間・労力〉対〈効果〉の視点で、必要ないと判断できるものはなしにする。とくに研究冊子は、立派なものを作成しても、自己満足にはなるが、あとで活用されることは少ない。このような手立てを取り、業務内容を精選して、教師が時間的な余裕をもてるようにすることで、退校する時間も早まり、教師の社会的な経験も増え、視野が広がり、アンテナを張っていれば、社会の現実や要請を踏まえた積極的な教材づくりにも主体的に取り組めるようになる。

　これまで述べてきたように、業務内容の精選・重点化を図ることで、教師が子どもと向き合う時間を充実させるとともに、教師の日常の生活に余裕ができるようにして、教材研究が深められる。とくに、研究にも重点的にエネルギーを注ぐことが可能になる。

　学校は、当然組織であり、教育活動は、意図的・計画的に営まれるべきものである。しかしながら、多くの学校は、教師の個性を生かすべきということを名目にして、バラバラの一貫性のない取り組みが行われているのが実情である。その結果、「あの先生は当たり。あの先生は外れ」という結果になる。このような状態でも児童の知識の習得率に関しては、大きな差は生まれないかもしれない。しかしながら、学び方や学ぶ力、資質・能力の育成に関しては、積み重ねがほとんど期待できないのが現実である。まず、この点を根本から改めなければ、すばらしい学校教育目標や研究テーマを掲げても、絵に描いた餅になってしまうことだろう。

　では、どうすればよいのだろうか。学校の目標、育てたい子ども像、つけたい力、研究テーマ等について、全員で時間をかけてじっくり議論して、それらが価値あるものとして、共通理解を図ることが大切であろう。そして、具現化していくための具体的な手立て、共通して取り組むことを構成メンバーが、自分たちでつくりあげていくことが筋である。教育活動と同様に、このプロセスこそが、教師の最も大切な学びであり、ベストの方法であると考えられる。多くの校長は、このことの大切さを深く理解して、このように取り組んでいこうとしているのではないかと思う。

　しかし、校長の人事異動が2〜3年で行われている地域では、不可能に近

いと言える。次の校長が引き継いでいけばできると理窟のうえでは考えられる。しかし、校長は校長としての個性があり、得意分野があり、考え方の違いもある。たとえ引き継いでいこうとしても、微妙な違いが、だんだん大きな違いになってしまうということもある。ただし、学校の子どもたちに力が積み重ねられていくとともに、教師の指導方法も自分たちでつくりあげてきたものであれば、校長が代わっても自然な形で引き継がれていくのではないかとも思える。これはごく希な事例かもしれないが。

　校長として新しい学校に赴任しても、最初の年度は、前年度の取り組みを踏襲していくことが自然である。校長は、これまでの教育活動、地域の実情、保護者の願い、教師の実態を把握できていないので、当然より望ましい方向性を提示することは、一般的には困難な作業となる。そこで、１年目は、前年度からの流れを尊重しますということになる。校長が自分の思いを提示して、教育活動が実践できるようになるのは、早くて２年目からである。仮にその条件が整って、２年目から校長の考えに基づく取り組みを開始したとしても、取り組み始めた年は、実践しながら共通理解を図っていくことが中心となり、充実した取り組みになることはむずかしい。本格的な取り組みは、３年目からとなる。取り組みが充実してきても、校長として赴任してから３年目なので、この年度を最後に異動してしまうことも考えられる。そうすると、この取り組みが継続して、児童の力として積み重ねられていく状況や結果を知ることなく、終わってしまうということも懸念される。つまり、自分がめざし、取り組んできたことの成果を検証できないまま、終わってしまうのである。

　このようなことが予測できることと、前任校の校長としての経験も踏まえ、校長として赴任して２年目に、共通性と一貫性のある教育を実践して、児童につけたい力を年々積み重ねられるようにするために、校長から重点目標と具体的な手立てを提示する必要があると判断した。

　この手立てを示す冊子を「教師の秘伝」と名づけて、提示した。この内容の共通理解を図るために、研修会を実施した。当初、秘伝は、１・２・３の３分冊で構成した。この秘伝は、集団づくりを通して、どこにでも通じる「思考力を基盤にした汎用的な力」を養うことが根底にある。

秘伝1は、「全員が挙手して進んで学んでいくことができる集団づくり」、秘伝2は、「生活上の問題について話し合い、自分たちで生活を向上させる集団づくり」、秘伝3は、「学習問題解決の話し合いを通して、思考力・判断力・表現力・創造力・人とかかわる力を養うことができる集団づくり」の三つの内容である。

ここからは、秘伝1～3までのそれぞれの概要と取り組んできた様子について触れていくことにする。

## ❖秘伝1

秘伝1は、児童全員が挙手できるようにしていくことが前提となる。全員挙手ということは、児童が1人も見捨てられないということにつながる。挙手するということは、正しい答が思いついたからということではない。「自分の思っていることを伝える準備ができました」という印である。教師から見れば、授業に全員が参加できていることを確認する手段である。これが秘伝1の最も重要な点である。しかしながら、当初先生方は「むずかしい」「あり得ない」「イメージが描けない」という気持ちをもっているように感じた。そこで、私は、1年生から6年生までの算数の学習を1単元実施して、先生方に実際に見てもらい、可能であることを示すことにした。このときの授業は、児童の実態から教科書の教材のレベルから入るのは厳しいと考え、全員が答えられそうな発問から学習を進めていき、その後、この指導した内容と同じレベルのプリントを用意して、児童に100点を取らせてから、教科書の練習問題、ドリルに進むように段階を踏ませた。その結果、「児童のやる気が出てきた」「算数の時間を楽しみにしている」「算数が好きになってきた」「教師は、全員発言のイメージが描けた」という期待以上の反応があった。保護者からもたくさん「子どもが楽しみにしていて、やる気が出てきた」という感謝の言葉がたくさんあった。このことが秘伝の理解を深めていくきっかけとなり、取り組みが具現化していくための節目になったのではないだろうか。

ここで秘伝1にもどるが、秘伝1は、授業をしながら学級経営を合わせてしていくという考え方である。できる子、できない子、意欲の高い子、意欲の低い子、学級集団のなかにいる全員が学びの主体者である。どの活動でも

「全員」が取り組めるように条件を整え、「全員」が「できる」ではなく、まずは「全員」が「参加できる」ようにすることである。すべての授業において児童に対する発問は「全員」が挙手できることを前提に工夫する。「全員」挙手は「全員」よくなるに通じる。全員で学習し、支え合って、全員が高まっていくことが大切。わからない子がいるときは、進んで教えに行く。わからないときは、進んで教わりに行く。じっとしていないことが大切である。この支え合い、助け合いを通して、授業をしながら、人とかかわることの大切さやかかわり方を学ばせていく。一人でも学習が嫌いになったり、取り組もうとしなかったりしたら、学級はよくならないという「価値観」を学級全体に教師がつくりあげる。「全員挙手」は、全員が集中して主体的に学習に参加するためである。

　それでも、進んで挙手できない児童がいる場合がある。挙手できない・発言できない児童がいるときは、次の三つの視点から見直す必要がある。一つめの視点は、何を言っても受け入れられる集団づくりができているか。二つめの視点は、教師の発問が、全員発言できるように練られているか。三つめの視点は、児童個人に、発言に抵抗がある、恥ずかしがり屋など問題を抱えていないか。これら三つの視点である。挙手して発言できない児童がいるときは、教師の重要な課題としてあせらずじっくり取り組んで、周囲の児童とのかかわりや教師の働きかけからなど、状態に応じた手立てをとり、まず、安心させることから進めていく。

## ❖秘伝２

　教師の秘伝２は、生活上の問題についての話し合いで、社会性を発達させていく集団づくりをしていくものである。人は社会を形成して生きており、関係ないと思う人でも、どこかで接点があり、共同生活をしている。その共同生活では、多様な価値観、おかれている環境や状況の差異、そのときの状態などにより、トラブルが起こりがちになる。学校生活も同様であり、学校生活での問題を、みんなの問題としてとらえ、解決のための話し合いをして、解決していくことを体験させていく。そして、助け合いや規範があって、だれもが安心して、のびのびと過ごせる学級集団づくりを自分たちでしていく。

このように自ら問題を解決する体験を通して、問題に立ち向かい人と折り合いをつけながら解決する力を養い、社会性を発達させていく。そのためには、①自分たちで話し合い、みんなにとってよりよい形で、問題を解決しようとする態度、②相手のことも考えて、あたたかい気持ちで注意する態度、③注意されたとき、感謝して、素直に受け入れて、自分をよりよくしようと見直す態度、④トラブルがあったときは、進んで自分の言動を振り返り、見直そうとする態度、⑤柔軟に思考し、みんなの幸せを考えて、問題を解決しようとする態度、⑥トラブルを解決するために、問題提起して、解決に向けて努力する態度が大切である。

　正義があり、助け合いがあり、だれでもあたたかく受け入れられて、最終的に全員がよくなれる集団でなければならない。注意されたら、自分をよくするためにしてくれたことと理解し、注意してくれたことに感謝して素直に受け入れ、自分を改められるようにしていくことが、社会つまり人のなかでよりよく生きる力をつけていくことにつながるものである。このような力をつけていくために「全員で話し合い、認め合い、注意し合い、高め合う集団」づくりを進めていくことになる。

## ❖秘伝３

　教師の秘伝３は、学習問題解決の話し合いを深めて、思考力・判断力・表現力・創造力・人とかかわる力を養うことができる集団づくりをめざすものである。話し合いと言っても、意見を積み重ねていく「議論」が成立しなければ、思考力を養うことはできない。どんなに活発に発言していても、発言に関連性がなくて、発言が羅列されていくだけでは、思考しているとは言いがたい。子どもたちが自分たちで発言をつないで、関連させ、比較し、意味づけして、考えを統合していくことができなければならない。最終的には、統合した考えを、自分の生活経験や価値観、心につないで、一人ひとりが新たに知識を構成できる力をつけていくことが大切である。塾で習った子や知っている子だけが発言して終わってしまう授業やすでにある知識を確認して終わってしまう授業は、知らない子の意欲を低下させるだけの授業、表面的でレベルが低く、思考が伴わない、浅い授業となってしまう。

最終的には、児童の「価値観」が出されたり、「価値判断」がなされたりするような、本音の出る深まりのある授業をめざして、その子の生き方や価値観に触れ、生活に役立てたり、生き方につながっていったりする学びをめざすことが大切である。

## ❖翌日から生かされる研究とするために

　秘伝をもとにした取り組みを開始すると、短期間で子どもたちの変化がいちじるしく現れる。全員が主体的に授業に参加できるようになり、集団としての士気が高まり、学級集団としてのまとまりが出てくる。児童は、進んで教え合ったり、助け合ったり、話をよく聴いたり、プラスの方向への循環が開始する。教師は、授業をやっていても、その他の指導をしていても、児童が話をよく聴いて、考えるようになるので、いろいろな場面で児童のよさを発見できるようになり、教師としての喜びと充実感を感じられるようになる。この方向性をはっきりと定めて、取り組みを充実させる有効な手立ては、もちろん校内研究である。そして、学び方や学ぶ力を養う有効な場面は、学習内容を通して行われる研究授業である。

　しかしながら、私が経験してきた校内研究のほとんどは、各学年・学級が年間1回の研究授業を行うことになっており、学年で研究している教科の一つの単元について検討したり予備授業をしたりして、指導案をつくりあげ、研究授業を行うというものである。研究授業を行う教師や学年の教師の学びは深まっていくが、研究授業が終わってしまうと、その学年では、実質的な取り組みは停止してしまい、あとは通常の学習指導にもどってしまう。極論すれば、年に1回の一定期間だけ、しかも1単元のみの研究になっているということである。しかも、研究授業の協議における話題の中心は、教材論や、1時間の流し方、流れ方、発問や働きかけ、課題の適否となり、たいへん狭い範囲になりがちである。「こういう発問をすればよかった」「このような資料を使うべきだった」「課題はこうするべきだった」など活発な話し合いが行われるが、それらが、次の日から全学年や学級において具体的にどのように生かされていくべきか、積み重ねられていくべきか、確認されることはできていなかった。つまり、協議会の内容が転移応用できて、次に直結する力

になるということは、むずかしかったということである。教科という視点で考えると、同じ内容の授業をやるのは、1年後であり、一握りの教師がやることになるだけである。

　このことからも、研究授業のあり方を改める必要があるのではないかと考えていた。その場限りでなく、次の日から生かされる積み重ねがある研究にしなければならないことを痛感していた。そのためには、1人の公開授業の回数を増やして、児童の変容をみんなが検証できる研究にする必要がある。また、授業後の研究協議の内容は、①本時のねらいの達成に関するもの、②単元全体の構造、③他の学習との関連性、④どのような資質・能力を養うことにつながっているか、などの視点からも協議がなされるようにする必要があると考えた。これらのことが可能になれば、実践的で翌日から全学年・学級で生かされる研究になっていくのではないだろうかと考えた。

### ❖汎用的な力

　多くの学校では、1教科に絞り込んで、校内研究を実施している。これはけっして悪いことではないが、ここで深めてきた研究が、他の教科への広がりを見せて、すべての指導が向上していくという狙いを達成することがむずかしいという現実がある。研究内容が変わったり、構成メンバーがたくさん代わってしまったりすると、跡形もなくなってしまい、苦労してつくった冊子が残っているだけということもしばしばある。広がりを見せる研究と、広がりがなく一定の段階で全く跡形もなくなってしまう研究の違いはどこにあるのだろうか。それは、他の教科や領域、学校生活にも通じる汎用的な力に着眼していないことによるものではないかと考えられる。

　教科の特性を掘り下げていき、研究を進めていくことも、自然なことである。組織的・継続的に取り組むことができれば、大きな成果につながることと思える。しかし、これまで述べてきたような理由で、たいへん困難な作業でもある。

　思考力を基盤にした汎用的な力を養うことは、たとえば、学習指導要領にある思考力・判断力・表現力を養うことにもつながっていくものである。教科の特性における思考力を中心にした力を養うことも大切であるが、ここか

ら始めることは、たいへんむずかしいことである。教材の工夫、課題の工夫、発問の工夫、1時間の流し方の工夫だけでは、思考力を基盤にした汎用的な力を養うことは困難だからである。対話つまり相互作用を通して、学ぶ経験を積んでいくことで、発言をつないで、積み重ね、考えを統合していくことができる集団になり、一人ひとりに思考力を基盤にした汎用的な力をつけていくことが可能になるからである。

　そこで、本校では、「教師の秘伝」を活用して、教師が共通の取り組みをして、思考力を基盤にした汎用的な力を養うことから始めたのである。本校の思考力を基盤にした汎用的な力とは、
⑴　基礎的・基本的な知識・技能を児童が主体的に習得していき、自分のものとして活用できる力【知る】
⑵　多様な考え方、経験、価値観を出し合う話し合いをして、思考を深め、新たな知識を創造できる力【考える】
⑶　学んだことを、自分や生活とのかかわりでとらえ、自分の生活や生き方に生かすことができる力【行動する】
の三つである。これらの元になるのは、主体性である。秘伝での取り組みを始めると、いろいろな場面で児童が進んで行動できるように変容してくることを教師が実感できる。

　また、汎用的な力とは、学習や集団生活で学んだことを自分の生活や生き方に生かすことができるようにすることをめざす実践的なものである。学習で習ったことを、単なる知識として、自分の頭の中の知識のネットワークにつなげて終わりでは、テストや試験のためのその場限りの知識で終わってしまうが、これとは異なる。

　学んだことを自分の生き方や生活に生かせるようにしていくためには、学習内容に児童一人ひとりの個別の経験や環境、価値観、考え方とのつながりをもたせていくことを重視した学習活動が展開されるようにしなければならない。そのために、日常の授業において多様な考え方を気軽に出し合い、意見をつないで、考えを統合していくことができる集団づくりをしていくことが不可欠である。この学びのなかで、最終的には、自分の生活経験や価値観、心につないで、一人ひとりが知識を新たに構成していく力をつけていくこと

をめざしていく。この力が、多くの解決できない問題をかかえているこれからの時代に生きる子どもたちにつけていかなければならない力であると考え、教育活動を実践しているところである。

## ❖OJT推進の中心的組織

　この研究を推進していくためには、研究のための組織化を図ることが不可欠である。本校では、各学年の代表で構成される「推進委員会」、チームで取り組む「部会」、全員で取り組む「全体会」の三つの組織を構成しており、ごく一般的なものである。部会は、秘伝部会、集団づくり部会、21世紀型能力・スキル部会の三つの部会で構成している。全体会は、全員が出席することになっており、研究授業の日や全体で確認する内容が出てきたときに開催される。推進委員会は、主に年度当初と年度末、授業研究の前後に開催することにしている。部会は、各学年が3部会のどこかに所属するようにして、学年でそれぞれの部会の取り組みについて共有化できるようにしている。部会の開催は、必要に応じて、リーダーが招集して実施することになっている。

　以上が研究のための組織であるが、実質的に進めていくのは、学年であり、実践を踏まえて実態をもとにした話し合いができる学年会と学年研究の時間がたいへん重要なものとなっている。

## ❖OJTのための年間スケジュール

　授業研究会を年間6回設定している。その6回のうち1回はどの学年も5校時の提案授業を実施する。提案授業は1クラスとしているので、授業を行うクラスは、各学年が話し合いで決めている。4校時は、全学級の担任をA・Bの2グループに分けて、研究授業日にグループごとに交互に授業をしている。つまり、4校時には、すべての学級担任が、年間で3回授業を行うことになっている。

## ❖学年会、教科会の開催状況

　本校では研究に関しての教科会は開催していない。学年会と学年研究日を極力週1回ずつ放課後の行事予定に入れて、研究について話し合いが充実す

るように条件を整えている。会議は4時ごろから開始する。短いときは、1時間程度で勤務時間内の5時で終わるが、だいたい5時30分ごろまでやっている。学年やそのときの内容によっては、もっと遅くなることもある。

## ❖指導案の検討状況

4校時の研究授業、5校時の提案授業の検討は、学年を中心に行っている。提案授業については、低学年部会・中学年部会・高学年部会を開催して検討している。時間は、基本的に学年研究の時間や学年会の時間を活用している。放課後の会議は、職員会議以外は設定されていないので、学年研究の日や学年会以外の日でも時間を設定しやすくなっている。推進委員会では、表記等の確認をするだけにしている。

## ❖授業研究当日の流れ

研究授業日は年6回設定している。授業研究日の4校時は、担任の半分が研究授業を行い、授業をしていない教師が、学級を自習にして参観する。きちんと自習ができない学級の担任は参観できないこととしている。5校時は、1学年の1学級だけ提案授業を行い、全員が参観することとして、他の学年・学級の児童は下校する。その後、最初に4校時の授業についてグループ協議をして、次に5校時の授業についてグループ協議をする。その後、全体で協議をして、講師の先生から、ご指導をいただくようにしている。

## ❖研究紀要などの成果のまとめ

とくに冊子としてまとめることはしていない。具体的な取り組みを行うための大本の資料として、「教師の秘伝」があり、秘伝検討部会で、研究を進めながら重要な要素をまとめた「教師の秘伝」を作成しているため。

## ❖外部講師について

外部講師として、国立教育政策研究所総括研究官の千々布敏弥先生をメインに継続してご指導いただいている。

◆新しい授業研究を模索する 《東京都台東区立富士小学校》

# 「富士小モデル」による授業改善

校長 　金子雅彦
東京都北区立なでしこ小学校教諭／前富士小学校教諭 　川越洋平

　授業が上手になれば、子どもたちは自然とその教師を信頼し、その教師を中心とした温かな人間関係が生まれ、教室は子どもたちの大好きな居場所になる。授業改善は、教師にとって最善のOJTの手法である。授業を改善するために、経験豊富な教師の授業を多く見ることや、日々の授業を他の教師に見てもらい指導や助言を得ることはOJTとしての王道であるが、日常的に第三者が特定の個人にはりつくことはできない。そこで本校では、日々の授業の基本形を「富士小モデル」（図参照）として定め、毎時間の授業をそのモデルを手がかりとして組み立てることにした。一つの型を拠り所として授業を組み立てることで、一貫した視点をもって授業を行うことが可能になるばかりでなく、全校の教師が同じ視点から互いの授業実践を評価できる。富士小モデルは次に紹介する五つの視点で構成されている。

(1)　必ずめあてを提示する

　授業を展開するうえで一番大切なことは、１時間の授業のなかでねらいがぶれないことである。ねらいが一貫していない授業は、学習の見通しがもてず、学習を振り返ることもできない。めあてはその授業のねらいに沿って、この１時間の学習の見通しがもてるようにするものである。めあてをはっきりともつことができれば、主体的に１時間の授業に取り組むことができる。

(2)　主体的な学習活動（習得した知識の活用場面）を設定する

　授業経験が少ないほど、１時間の授業が講義型になる。教師は知識を伝えているので教えたつもりでいるが、子どもたちは何も習得できていないこともある。習得した知識を活用した問題解決学習、自分の考えをまとめる活動、話し合い活動や発表など、子どもたち一人ひとりの課題意識に基づく主体的な学習活動を組み込むことは、授業の展開の大切な要素である。

(3)　終了時に必ず振り返りを行う

　振り返りを行うことで本時のめあてや学習した内容を再確認することがで

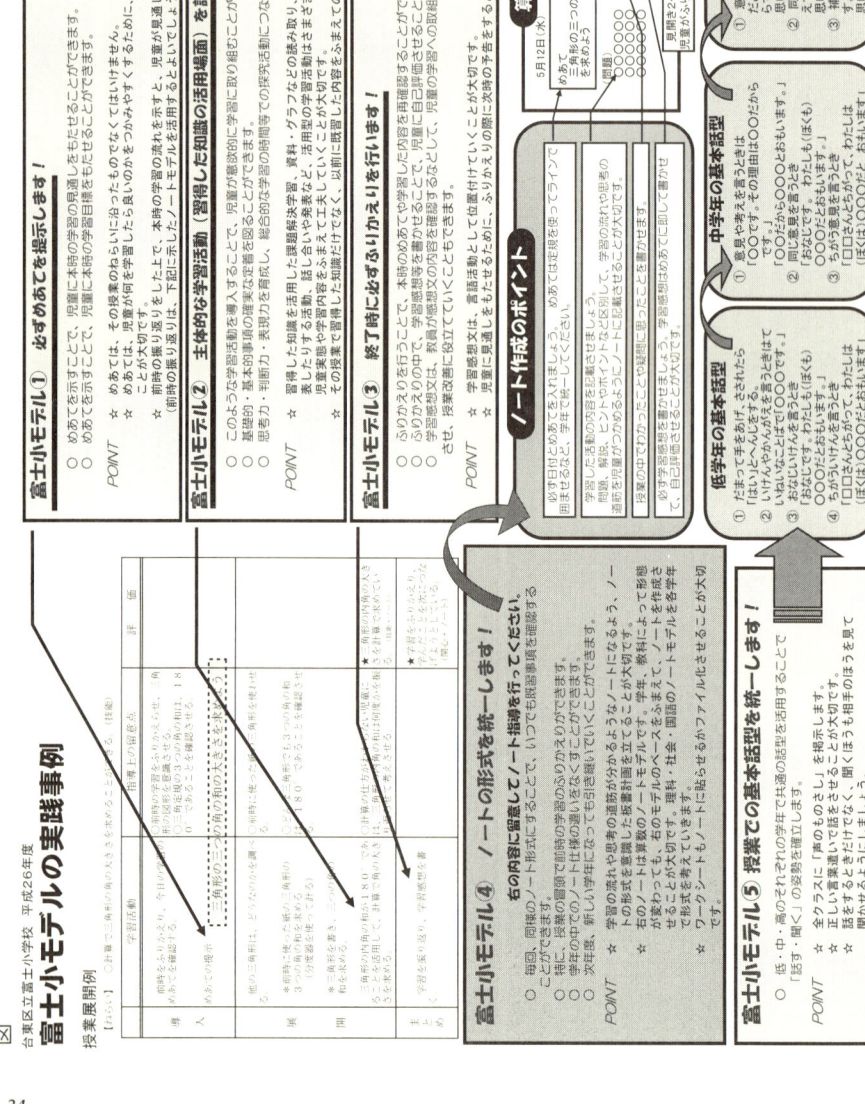

き、また本時の学習について、児童に自己評価をさせることができる。また教師が振り返りの内容をその都度確認をすることを通して、児童一人ひとりの取り組み状況を把握し、児童への個別支援を充実させることができる。

⑷　ノートの形式を統一する

　前述の三つの視点を反映して、教科や学年に応じたノートの表記形式を統一し、ノートを作成する力を発展的・系統的に指導していく。毎回同様のノートの形式にすることで、いつでも既習事項が確認でき、とくに授業の冒頭で前時の学習の振り返りをすることができる。たとえば低学年の算数なら、「めあて」→「もんだい」→「わかったこと」→「ふりかえり」という項目立て、高学年なら「めあて」→「問題」→「自力解決」→「他の考え」→「まとめ」→「学習感想」といった具合のノート形式を基本としてノートの形式をつくることで、授業の展開も同様の組み立てになっていく。同じように発達段階や教科に応じたノートの形式を作成し、全教師で共通理解し、黒板掲示用のカードを全クラスに配布していくと、子どもたちは6年間を通して、自然とノートを作成する力を身につけていく。さらに1年生のころから、定規を使った線囲みを練習させることで、定規の使い方の向上も期待できる。

⑸　授業での基本話型を統一する

　低・中・高それぞれの学年で共通の話型を活用することで「話す・聞く」の姿勢を確立させたいと考えている。低学年から中学年・高学年へと系統的・継続的に取り組むことが、授業のなかで友だちの意見を受け止め、自らの意見を主張することの基盤になると考えている。

## ❖授業改善の研究組織

　本校は研究推進委員会を中心組織とし研究を進めている。メンバーは校長、副校長、主幹教諭、研究主任、副主任、学年主任、専科主任である（平成26年度）。主に各分科会の研究の進捗状況を確認、研究全体会へ向けた学年・専科の指導案検討会などが議題となっている。また、研究主題や研究の視点、仮説の検証方法などについて重要事項の協議、決定を行う。

　また、本校は平成26・27年度東京都教育委員会人権尊重教育推進校に指定されている。長年人権尊重教育について研究を重ねており、現在は「豊か

なかかわりから『いのち』を輝かせる子どもの育成～集団での学び合いの中から、高め合うことのできる子ども～」という研究主題で研究を進めている。

　人権尊重教育を円滑に推進していくために、研究推進委員会の下には人権部と環境部が設置されている。人権部では、人権集会や人権標語作成の計画設定、調査研究に欠かせないアンケートの集計（心のアンケート）、考察等に取り組む。環境部では、人権教育の視点に沿った環境整備に取り組んでいる。主に教室環境や言語環境が児童一人ひとりの人権を大切にできているかを定期的に振り返り、課題があれば改善を図っていく。

## ❖研究のための年間スケジュール

　本校は授業研究会を年に7回（各学年と専科が）実施している。年度当初の研究全体会にて、どの学年・専科がどの時期に研究授業を行うのかを話し合う。その際、本校の道徳の時間や各教科の年間指導計画および人権教育の年間指導計画を基に、各学年の実態に応じて、適切な時期を定めていく。

　各学年・専科の研究授業日が決まると、それに向けた話し合いの場を、分科会として設定する（研究分科会）。分科会では、児童の実態把握や富士小モデルを取り入れて指導案検討を積み重ねていく。分科会で練られた指導案は、研究推進委員会において他学年にも周知され、そこでも検討会が開かれる。

　つまり、本校の研究（OJT）は、①各学年・専科の研究授業日の設定→②低学年・中学年・高学年・専科に分かれた授業研究会（分科会）の実施→③研究推進委員会において他学年に周知→④月に1度の研究全体会における研究授業→⑤検証作業と進められていく。

## ❖学年会、教科会の開催

　本校では、毎週金曜日の放課後に学年会が設定されている。1週間の成果と課題や次週の予定、目標の確認、授業研究や児童の実態等、状況に応じて話し合っている。また、不定期であるが道徳や体育などの教科において、年間指導計画にタイアップした研修会なども開くことがある。各教科の専門性の高い教師が発起人となり開催される。こうした教科に関する研修を定期的に実施するなかで、富士小モデルの具現化に向けた話し合いを深めていく。

## ❖指導案の検討状況

　研究主題に沿って設定されているめざす子ども像が、低・中・高学年ごとに設定されている。そのような児童を育てるために何をしていけばよいかを常日頃から大切に考えている。日常の授業から実践している「富士小モデル」と、本校の研究の視点を関連させた指導案検討が行われる。

　本校の研究の視点は二つある。一つ目は、人と豊かにかかわり人権課題について深く探究するためのカリキュラムの充実である。本校には、先人の方々から受け継がれ、精選や改善が積み重ねられてきた「人権教育の年間指導計画」が存在する（以下カリキュラムと呼ぶ）。そのカリキュラムに沿って計画的・系統的な教育活動を展開し、道徳の時間と各教科等との関連を図った指導を行う。二つ目は、人権教育の視点に迫るための手だての明確化である。本校では、その手だてを効果的な「集団での学び合い」活動に絞った。発達段階に応じ、系統性をもたせた学び合い活動を展開させることを重点に置いた。

　各学年児童の実態や発達段階に応じた手だて、授業展開を分科会で繰り返し協議し、児童の肯定的変容が見られるよりよい授業を見出していく。

## ❖授業研究当日の流れ

　授業研究当日は、５時限目に当該学年の研究授業が行われる。参観する教員は３色の付箋を持参し、あらかじめ伝えられる協議会の視点に沿って、よかった点、課題や改善点、その他（感想や質問事項）等を各色の付箋に書き留める。授業後、各分科会に分かれ、個々が書き留めた付箋をもとに、意見交換を行い、短冊にその意見をまとめていく。各分科会が持ち寄った短冊を協議会場の黒板に掲示し、司会がその短冊をもとに協議会を進行していく。多くの教師が意見を述べ、多くの気づきや発見、今後の日常授業に生かせる内容が協議できる環境が常に向上していくことをめざして取り組んでいる。

＊

　１年間の成果や課題は、リーフレットを作成し各実践校や区内の幼・小・中、都内の各教育委員会等に送付させていただいている。次年度へ向けて、成果や課題を知っていただき、今後の本校の研究に生かしたいと考えている。

新しい授業研究を模索する　《大阪府大阪市立花乃井中学校》

# 「花乃井ノート」でスキルアップ＆チーム力アップ

前校長　宮田逸子

「教職員一人ひとりの力量を向上させ、学校総体として組織力をあげる」。これは、学校のリーダーであるなら誰しもが抱く悲願であり、それを達成させるためにはさまざまな方法があることも事実である。研究プロジェクトチームの構築、計画的・継続的な研修、年間指導計画の見直しと再構築等々、多岐にわたる。しかし、ここでは「記録」という手法を通して、個々の教職員が意欲的に力を発揮し、結果として組織体が一つにまとまり、一枚岩になっていく一つの実践を紹介したい。

当時、花乃井中学校は、学校評価のため本校に来てくださったことを契機として、国立教育政策研究所総括研究官・千々布敏弥先生に定期的に学校に来ていただき、一人ひとりの教師の授業観察をしていただいたり、教職員にご指導を賜ったり、全体研修会をもったりしていた。そのことが教職員の力量を向上させ、学校全体の志気を高めていったことは言うまでもない。そのことの前提に立ち、それに加え「記録する」ということの意味と、それが教職員や学校にもたらす効用について述べたい。

## ❖ 「花乃井ノート」の誕生

当時、花乃井中学校では、教職員の力量を高め、組織の活性化を図るために思いつく限りの取り組みを行っていた。
①地域等から広く外部の人材を取り入れ（常時50名程度）、指導体制のバックアップと強化を図った。
②教務主任、学年主任、生徒指導主事等、リーダー相互の情報の共有と密接な意思疎通を図り、リーダーのなかに「学校経営の視点」を育成し、リーダーのもつ役割を強化した。
③学校のホームページが斬新になるよう工夫し、また、学校だよりを定期的に掲載し、日々更新を欠かさず行い、学校が地域に根づいていくよう工夫

した。
④学校評価の改善と充実を図り、その結果を公表し課題と改善方法を明らかにした。
⑤土曜日や夏季休業日、放課後等を最大限活用し、生徒の学力向上のための講座をできる限り多く開設した。

しかし、こうした取り組みは大なり小なりどの学校も取り組んでいることである。そこで、ここにひと味違うスパイスを効かせたいと考えた。それが実践を「記録すること」であり、「その記録を小冊子（150頁程度）として毎年残していくこと」であった。教務主任とも相談しながら、「花乃井ノート」と名づけた。教職員の誰もが自分の学年や教科に限らず、広く学校の全教職員の実践ならびに学校の教育活動のすべてを俯瞰できるようにした。

## ❖ 「花乃井ノート」の効果

人間の記憶は曖昧であり、時として消えていき、よい成果も、また逆に課題も問題点もどんどん忘れ去られていく。次に実践するときには、一から考え直し手間取るか、昨年と同じことをするという結果になってしまったりする。実践を紙媒体の小冊子にまとめ、全教職員に配布するとさまざまな効果が生まれる。
①紙媒体にして実践を公開する（PTAの代表にも配布した）ことで、実践者には実践に対する責任の自覚が生じてくる。そこから平素の教育実践に対して、意識的・無意識的に実践者の努力が促されていき、いい加減なことでは済まされなくなる。そのことが自ずから教育実践の向上につながっていく。
②学校文化をつくりあげることができる。「花乃井ノート」には、全教職員の名前が明示されている。「われわれが1年間でこれだけのことをしてきた。こういうユニークな取り組みもできた」「これだけの成果をあげることができた」こうしたことが印刷物となって全教職員に配布されると（他校の教職員や他府県の学校からも参考のためにほしい言われたことも多々あった）、否応なく「花乃井中学校の実践」として息づき、一つの学校文化を創造していく。

③教職員が花乃井中学校で働くことに対するプライド・誇りをもつことができる。「花乃井ノート」をつくっているということ、そのこと自体が教職員の意識を変え、よい意味での責任感と自負心を促す結果となっていった。そのことで、何か新しいことに取り組むかどうかを決めるとき、何もしないという選択肢は自動的になくなる。「何も記録することがない」などということが通じなくなるからである。

④次の実践を考え見通すようになる。毎年同じ実践記録では、年度ごとに出す意味がない。どうしても変革が必要となってくる。そうした環境は、前向きな姿勢につながり、後ろ向きな発想が消し去られ、学校の組織全体を押しあげていく。

⑤生徒や保護者が自校の教育内容に信頼を置くようになる。花乃井中学校の取り組みが小冊子を通して地域・保護者の目に触れるようになり、教育や教育環境に信頼を寄せてくれるようになる。

## ❖ 「花乃井ノート」の内容

次に、実際の「花乃井ノート」のボリュームと中身について述べる。

第1集：平成17年度、125頁
第2集：平成18年度、138頁
第3集：平成19年度、146頁
第4集：平成20年度、180頁
第5集：平成21年度、180頁
第6集：平成22年度、168頁
第7集：平成23年度、224頁

以上のように頁数にばらつきが見られるが、初年度の「花乃井ノート」は125頁から出発した。中身も他校の実践とほぼ同様ではないかと思われる。しかし、発行し始めて7年、第7集では224頁にまで膨れあがっている。これは、年を追うごとに新しい取り組みが発案され、それへの挑戦がなされ、実践内容が次第に増えていったからに他ならない。

第1集の中身を目次から拾いあげると以下のようになる。

①本校の教育目標
②本校の教育指導計画
③本校の教育課程
④実践報告
　各教科の実践：国語、社会、数学、理科、音楽、美術、保健体育、技術・
　　　　　　　家庭、英語
　選択教科の実践：実践内容、選択授業のまとめ
　総合的な学習の時間の取り組み
　　１年生の取り組み（地域調べ、国際理解）
　　２年生の取り組み（職業体験）
　　３年生の取り組み（修学旅行に向けて、進路、高校出張授業、高校訪問）
　目標に準拠した評価について
　障害児教育の実践
　その他の実践
　　土曜スクール
　　「花乃井ほっとニュース」
　　小・中連携
　　学校図書館活動
　　学校評価

　前述のように本校の特色がまだ十分に育っていないように思われる。ところが第７集になると以下のように実践が広がっている。

①学校経営計画
②学校の教育目標
③本校の教育指導計画
④本校の教育課程
⑤実践報告：授業の質の向上に向けての取り組みと指導内容例
　各教科の実践：国語、社会、数学、理科、音楽、美術、保健体育、技術・
　　　　　　　家庭、英語

シチズンシップタイム（CT）の取り組み
　生徒に考えさせたい３つの柱と９つの項目
　絆（仲間づくり、人権問題、国際理解）
　命（環境問題、平和学習、性教育）
　夢（キャリア教育、政治問題、経済問題）
総合的な学習の時間の取り組み
　　１年生の取り組み（人権学習、パラリンピックキャラバン、福祉いろいろ体験〈点字体験、手話体験、車いす体験、ロービジョン体験、軍手疑似体験〉）
　　２年生の取り組み（キャリア学習、キッザニア甲子園、職業講話、職業体験、先輩の講話）
　　３年生の取り組み（人生設計、高校調べ、高校授業体験、高校訪問、高校訪問まとめ）
特別支援教育の実践
学校評価：学校評価実践要項、目的、具体的な取り組み、学校評価委員会、評価基準、学校関係者評価委員、学校評価PDCAサイクル計画、学校評価結果、学校自己評価書
授業評価システム：授業評価システム実施要項、アンケートの進め方
⑥「新しい公共」型学校元気アップ事業
学力向上プログラム
　地域講師の活用
　　１　学力向上アドバイザー
　　２　土曜スクール講師（生徒の自主学習、余暇の有効活用）
　　３　補充授業（スキルタイム）補助講師（数学科と英語科における全校体制での補充授業）
　　４　テスト前サポート教室講師（放課後の自主学習支援）
　　５　英語夜間講座（夜間の英語の補充講座）
　　６　家庭学習プリント支援員（復習プリントによる毎日の基礎学習定着）
　　７　特別支援教育補助講師

　　　　8　特別支援教育アドバイザー
　　　　9　一般公開講座講師（学校を開放し地域住民を対象に生涯学習講座を提供）
　　道徳教育プログラム
　　　　道徳教育協力講師（さまざまな職種の方からお話を聞く）
　　読書プログラム
　　　　読み聞かせ講師（生徒への読み聞かせ）
　　栽培活動プログラム
　　　　壁面緑化活動
　　キャリア活動プログラム
　　　　職業講話、高校生活講話、職業体験
　　学校評価プログラム
　　　　学校評議員制度
　　情報発信プログラム
　　　　学校全体での組織的・計画的な広報活動の取り組み
⑦小・中連携：小・中連携プロジェクト
⑧その他
　　生活指導資料
　　「花乃井ホットニュース」
　　新聞雑誌等本校の実践掲載記事
　　次年度の年間指導計画

## ❖手間暇をかけず簡単に

　ここでは一つひとつの実践内容を紹介することが目的ではないので、内容の詳細には触れないが、このように比較して見ると、項目を見るだけでもその違いがはっきり浮かびあがる。着実に実践内容が変化している。しかし、その効用はわかるが、「記録する」「冊子にして残す」となると、誰しもが思うのが「手間がかかる」「誰がするのか」「時間がない」といったことであろう。

　そこで「手間暇をかけずに簡単に考える」ことをお勧めしたい。これは、

研究論文でもなければ研究冊子でもない。単なる実践記録である。凝った体裁はいらない。一定の結論を出すために、仮定があり、導入があり、検証があり……といったこむずかしいことはいっさい必要ない。序論も本論も結論も極端に言えば不要である。どの学校でも、毎日のように、何か教育活動をするときには、活動実施要項や実施計画書が準備されている。それらを特定の教師の個人持ちデータにとどめず、全教職員の共有ファイルに綴じ込み、それを年度末にまとめるだけである。ただ、各教科の実践だけは、教職員全員で作成してもらう必要がある。頁数はそれほど多くないので、空きの時間で十分まかなえる。1年間を通して実践したことを、全体として形に残し、皆が共有するということは、全員で改良点を探し、全員の目でこれからの自校の発展の可能性を見いだしていこうということに他ならない。

　記憶は消える。消えてしまっては、いつもゼロからの出発でしかない。積みあがっていかないところに発展は望めない。ステップ・バイ・ステップ、生徒のために何ができるのかを考え続け、地道に実践を積みあげていく教職員集団であり続けたい。

◆ 新しい授業研究を模索する 《静岡県浜松市立可美小学校》

# 学年を鍵にした「研修での協同的な学び」

前校長　内崎哲郎

　教師は、自分自身が最大の教育環境であるということを日々実感し、授業は教師にとって本務であるということを、教師一人ひとりが厳しく認識し、職務に専念しなくてはならない。そのためには、子ども一人ひとりの学びを保障することが何よりも最優先され、次に、教師の授業実践とその反省が続いて優先されなくてはならない。今、このことが大切にされた授業改革が求められている。

　私は、平成21年4月から平成24年3月まで浜松市立可美小学校に勤務した。そのときに取り組んだ「授業改革を支える校内研修」について紹介する。

## ❖ なぜ校内研修の改革か

　学校現場には校内研修を形式化・形骸化してしまうような要因が数多く内在している。たとえば、さまざまな多忙を理由に、授業研究のための授業公開を避けたがる傾向がある。授業者のためと言いながらいたずらに指導案をたたくあまり、かえって授業者の思いが尊重されず「妥協の産物（!?）」と化した指導計画になってしまうこともある。指導案についても、内容や書きぶりを一定の「形式や書式」に統一せんがために無理が生じたり窮屈なものになってしまうこともある。また、授業公開の何週間も前に提出を求められるために、公開当日までの子どもの変容にそぐわなくなることもある。さらに、授業後の反省会では、当たり障りのない印象批評に終始したり、「あとの祭り」的な授業者批判・授業批判と授業者自身の「懺悔」とが交錯したりするだけの「空しい時間」になってしまうこともある。授業後、授業者が「研究授業は、もうやりたくない」と感じたら、いくら慰めてもここには教師の成長する機会はないだろう。同僚が同僚の芽を摘んでしまっているのである。

　授業力向上のためには、教師全員が授業を公開し、それぞれの教師の授業のあり方や子どもの表れから自分や同僚の授業を振り返ることが望ましい、

と考える。ところが規模の大きい学校では教師全員が授業公開するには、たとえ1人年1回であっても莫大な時間を要することになる。また、学校行事や出張等の関係で、一定数以上の参観者が見込める「公開日和」は意外と限られてしまう。その結果、公開日程が重なりやすく一つの授業をみんなで参観する従来どおりの授業研究はしにくい状況になる。仮に日程をやりくりしてなんとか実施できたとしても、「年1回の授業公開で済む」となれば、「見せる授業」「（公開時のみを）取り繕う授業」の温床になりかねない。では、1人当たりの公開回数は増やせるのか……これまでの方式では上記以上に厳しい実施条件をクリアする必要があり限界がある。では、「全員公開」の原則を崩して代表者制にするか……実施条件でのハードルは低くなろうが、教師間に不公平感や研修推進に対する「当事者意識」の温度差が生じかねない。

　本校が校内研修のあり方において大きくパラダイム転換を図ろうとした背景には、以上述べたようなさまざまな負の要因を克服し子どもたちの「学びの充実」をめざそうという「願い・ねらい」がある。

## ❖校長のブレーンとしての外部講師

　外部講師の招聘は授業に追われる教師にはまたとない研修の機会になる。学びの質をさらに高めるためには積極的に外部講師を招き、専門的な知見や授業での子どもの表れを通した出来事などを聞くことは必要である。

　気をつけたことは、講演だけでは授業改革に結びつかないし、また、1回だけの招聘では研修の後押しにはならないということである。したがって、校長のビジョンに沿ったブレーンとしての外部講師を長期的に招聘することが大切である。外部講師が理論的に話すことの重みは大きい。

　さらに、講師に校長として全教師に説明しにくいことを学問的・理論的に指摘してもらうことにより、教師だけの研修が「井の中の蛙」にならず、今後の課題も具体的に提示されることにもつながる。

　本校は、平成21年度から横浜国立大学の髙木展郎教授を年3回招聘し、授業公開と授業反省会をセットにした研修に取り組んでいる。このような研修を重ねるうちに、直接、外部講師の批評を受けることでいっそうの授業の充実を図りたいと、授業公開を望む教師が増えていった。

図1　校内研修組織

全 体 研 修 会

| 研修推進委員会（第2水曜日開催を原則） | ＜全体・学年別研修 第1、3、4水曜日開催を原則＞ |
|---|---|
| 校長・教頭 主幹教諭　1年部研推委員（学年主任） | 1年部教員（学年付き教員も含む） |
| 　　　　　　　2年部研推委員（学年主任） | 2年部教員（学年付き教員も含む） |
| 研修主任　　　3年部研推委員（学年主任） | 3年部教員（学年付き教員も含む） |
| 　　　　　　　4年部研推委員（学年主任） | 4年部教員（学年付き教員も含む） |
| 　　　　　　　5年部研推委員（学年主任） | 5年部教員（学年付き教員も含む） |
| 　　　　　　　6年部研推委員（学年主任） | 6年部教員（学年付き教員も含む） |

養護教諭・栄養職員（必要に応じて…事務職員・用務員）

　また、講師の招聘と同時に、校内研修を他校に公開するようにした。他校の教師に研修を開くことで、教師の緊張感や集中力は増し、校内研修の価値はいっそうあがると考えたからである。

## ❖組織・機構の改革

(1)　校内の研修体制

　髙木教授は、「校内研修のパラダイム転換」について次のように述べている。「1単位時間の授業研究をするのではなく、単元としてのまとまりや年間のカリキュラムをもとにした授業における評価をも見通した指導計画を立てることを、これからの授業研究では、求められている。この様な授業研究を行うためには、研究授業を教師一人ひとりに任せるのではなく、学校全体で共同して取り組む必要がある。一人ひとりの教師の授業についての力量を見るのではなく、所属する学校の児童生徒に対して、全ての教師がかかわることの中から授業づくりを行うことが問われている」（神奈川県平塚市教育研究所「平塚教育」平成16年7月）。この考え方に基づき、図1のように研修組織を見直した。

　本校では全学年とも4名の学級担任と1名の担任外教師との合計5名を配置している。担任外教師は、「主幹教諭」や「生徒指導主任」など学校運営

の中枢にかかわる分掌を担当する教師である。そして、この5名からなる学年部組織を、そのまま校内研修の「推進組織の単位」として位置づけた。

　各学年の研修推進委員は学年主任とした。授業の充実には、学習習慣や生活習慣の徹底もかかわってくる。そのためには、学年統一して「同一歩調」で取り組んでいくことが、より成果があがると考えたからである。また、「学年副主任」は、学年主任をフォローしつつ、各学年の研修推進のサポート役を担うベテラン教師にした。

(2)　研修推進の核となる研修主任は「担任外」

　研修主任は、若手が抜擢されることが多い。しかし、研修主任には、「研究内容の水準を高める」「研究をリードする」「適切な指導・助言」などを行うことが求められるため、豊かな経験をもった教師がつくべきだと考える。

　本校では、研修主任を「担任外」とし、可能な限り「持ち授業時間数」を減らした。その代わり、どの学年の研究授業も参観し、事後研修も含めた様子や方向性、総括した内容等を随時、全体に広め、共通理解を図れるようにした。また、その立場を生かし、どの学年別研修にも直接参画し、研修推進委員会以外の場でも各学年の課題や問題点を吸いあげたり、研修推進委員をサポートしながら校長の意向をそれぞれの学年の実情に合わせた助言や方策に「変換」して伝えたりする任にあたらせた。学年集団を主たる研修の場とすると、ややもすれば学年間の意思統一や協力体制の確立に問題が生じがちである。しかし、この障壁は研修主任を「ニュートラル」なポジションに置き、「研修推進の要（かなめ）」として機能させることでかなり改善できると考えた。

(3)　研修の規模

　研修にかかわる集まりは毎週水曜日の放課後とし、それぞれの研修会の規模と開催目的（意義）は表1のようにおさえた。ここでは、全体研修会のように全教職員を動員するような大規模な研修会の開催を必要最小限にとどめ、詳細にまでわたる協議や研修情報の共有化および各学年間の連絡・調整については、原則として月1回開催される研修推進委員会で行うようにした。残りの水曜日は学年別研修日として、各学年の事情に応じて「小回りの利く」実質的な研修実践の場とすることとした。

表1　研修会の規模と主な開催目的（意義）

| 研修会の規模 | 開催目的（意義） |
| --- | --- |
| 全体研修会 | 訪問指導・大枠での協議・共通理解事項等の確認 |
| 研推委員会 | 研修推進に関する詳細にまでわたる協議・研修情報の共有化・各学年間の研修実践や進捗状況に関する情報交換 |
| 学年別研修会 | 実質的な研修実践の場<br>研推委員…各学年部における研修主任として、学年別研修を推進する<br>原則として毎週水曜日放課後（学年の実情に合わせる） |

(4) 研修の推進

　学年内では誰が中心授業者ということもなく互いに単元のどの過程の授業でも参観し合う。また、45分間すべてを参観するのではなく、授業者や参観者が課題としている授業過程—たとえば、導入部、練り合いの場面、まとめの段階など—に絞って参観することで、授業者や参観者の課題解決にピンポイントで応えることもできる。この方式によって授業の公開頻度は格段に高められた。研修日程は表2のとおりである。

## ❖授業構想の共同立案－同時実施（相互参観）－相互評価

　校内研修の活性化には、教職員の「同僚性の確立」が重要であると言われる。「同僚性の確立」とは、同じ職場に働く者として研修推進に対しても等しく「当事者意識」をもつ状態のことであり、つまるところ「意識改革」である。しかし、こと「意識」の改革となると指示や命令などで容易に変えられるものではないのも事実である。そこで本校では、「意識」そのものの変革を迫るのではなく、表3のように研修の「システム」を変え、そのシステムに沿って実践していくなかで、結果として意識が変わっていくことを期待した。

(1) 事前研修

　事前研修でのポイントは「授業者から提案された指導案を参観側の教師が検討する」のではなく「（学年）共通のカリキュラム案を共同で創りあげる」点である。指導案づくりは、教師に課せられた大切な仕事の一つである。しかし、教師が指導案の形式に拘束されたり、指導案作成のための時間に追われたり、悩んだりしている。また、周りから、指導案のことを言われるたびに授業者は気が重くなる。そこで本校では、指導案を廃止し、目標だけを明確にしたカリキュラムづくりに取り組んだ。カリキュラムは、その学年の授

表2　研修日程

| 月 | 日 | 形態 | 研修内容 |
|---|---|---|---|
| 4 | 5<br>14<br>21 | 研推<br>全体<br>学年 | ・研修の方向性について確認<br>・年間を見通した授業計画<br>・研修教科の方向性について確認 ☆提案授業を参考にしながら、学年の子どもの状況を基に授業について話し合う。 |
| 5 | 12<br>26 | 全体<br>研推 | ◎提案授業（研修主任のクラス）<br>・カリキュラム案について |
| 6 | 2<br>16<br>28 | 学年<br>研推<br>全体 | ・授業公開の準備（カリキュラム案作成）<br>・授業公開の視点を確認<br>◇**外部講師を招聘しての研修（1回目）**<br>・全クラス公開・中心授業1クラス<br>・授業公開を受けての話し合い ☆お互いの授業を見合い、学校が求める授業について確認する。 |
| 7 | 26 | 全体 | ◇**外部講師を招聘しての研修（2回目）**<br>・髙木教授を招聘しての講話とワークショップ |
| 8 | 4<br>5<br>6 | 全体<br>と<br>学年 | ・授業公開日のカリキュラム案の作成・検討 |
| 9 | 8<br>22 | 全体<br>学年 | ・2学期の研修についての確認<br>・授業公開日の準備（カリキュラム案の検討） ☆お互いの授業を見合い、学校が求める子どもの姿を確認する。 |
| 10 | 13 | 学年 | ・授業公開日の準備（カリキュラム案の検討） |
| 11 | 25 | 全体 | ◇**外部講師を招聘しての研修（3回目）**<br>【授業公開日】（全クラス公開） |
| 12 |  | 個人 | ・研修の反省と今後の課題について |
| 1 | 12<br>19 | 研推<br>学年 | ・まとめ方の授業公開について<br>・授業公開日の準備（カリキュラム案の検討） |
| 2 | 9 | 全体 | 【まとめの授業】（全クラス公開） |
| 3 |  | 研推 | ・来年度の構想について |

業者が誰でも使えるものである。これによって授業研究参加者は事前に、単元を通した授業過程・授業方法・授業内容についての共通理解を図ることができた。

(2) 授業公開

　授業公開（事中研修）では、主として教師と子どもとのかかわりや子どもたち同士のかかわり、子どもたちが何を学んでいるか、つまり「学び手がいかに学んでいるか」について参観するよう心がけている。カリキュラム案の

表3　授業研究のプロセス

> **①単元及び授業構想の共有化を図る事前研修会**　＝Plan
> ・単元（授業）計画を各学年ごとに共同立案する。
> 　※単元（授業）計画案の形式は、「可美小版カリキュラム」（ファイルは、職員室サーバーに保存）」とする。
> ・教材研究（資料選択やその活用法）を共同して行う。
> ・学び手の研究や情報交換を共同で行う。
> 　※学年付きフリーも各学年別研修会に参加し協議に加わるとともに、必要に応じてＴＴとして（道徳の場合は外部講師的な位置づけ等）授業の支援をする。
> **②公開授業の実施**　＝Do
> ・参観者は、常に子どもの学びと授業者の授業力向上のパートナーとして、"もうひとりの授業者の眼"となって、授業者にその学級の子どもたちの学びに関する情報提供（子どもの表れを付箋紙などにメモしたものを手渡すなど）を行い、その後の指導・支援に役立たせたり、授業参観後に子どもたちに感想を述べることで子どもたちへの"励み"としたりしたい（場合によっては、ＴＴとして必要に応じて積極的に参観授業に関わっていくことも心がける）。
> **③「振り返り」（「リフレクション」）の実施**　＝Check
> ・授業後に実施する「リフレクション」とは、子ども自身に授業を振り返らせることにより、教師がそれまでの学習過程（展開や手だて）を振り返ることができ、より深い児童理解やその後の指導・支援に役立てていくことができる手だてである。
> ・授業の終了時に、子どもに「今日の授業で何を得たのか」「感心した他の子どもの発言」などについて振り返らせ、シートに記入させる。
> **④子どもの"姿"で語り合う事後研修会**　＝Action
> ・事後研修会では、参観者による「リフレクション」の様子などをもとに、研究授業に於ける子どもたちの表れや今後への課題などについて、"固有名詞"を伴った子どもたちの"姿"を通して語り合い、「結果」としての授業評価を行うのではなく"次の授業に繋がる"改善点を明らかにすることを目指した実質的な協議を心がける。

共同立案によって、単元を通して評価規準やその評価方法も含めた授業過程などが共通理解された。

(3) 事後研修

　事後研修では、「子どもが生き生きしていた」などという印象批評は避け、授業中の子どもの具体的な事実や表れに基づいて協議する。カリキュラム案の共同立案によって「後の祭り」的な授業者批判・授業批判が話題になることはない。授業者が自らの授業を振り返り（懺悔のごとく）「反省」を述べることもしない。あくまでも、自分たちが見た授業そのもので語り合う。こうすることで若い教師も意見を言いやすくなった。

## ❖指導案からカリキュラム案

　本校の授業研究では、前述したように１時間単位の授業のみならず単元全体を研究対象としている。そのため「指導案」の形式も従来のものとは異なり、単元全体を見通せる言わば「可美小版カリキュラム」を作成するようにした。表４・５に国語科のカリキュラム例を示す。

(1) カリキュラム案1頁目

　このカリキュラムは1単元2頁で構成され、1頁目（表4）では、主として単元で「つけたい学力」と「評価規準」を明らかにしている。この頁の内容を考えるうえで拠り所となるのは、各教科の学習指導要領における「1　目標」や「2　内容」に示された事項と国立教育政策研究所が公表している「内容のまとまりごとの評価規準及びその具体例」である。これらの公的な"ものさし"を基に、本校の子どもたちの実態や授業でめざす子ども像（「聴いて考えてつないでいる」子どもの姿）とを勘案しながら「身につけさせたい力」や「単元の目標と評価規準」等は設定した。

(2) カリキュラム案2頁目

　2頁目（表5）は、1頁目で明らかにした「単元の目標と評価規準」を基に、その評価方法や主な学習活動等を単元のどのプロセスに配置していくかを一覧できるようにした。この頁でとくに強調したいのは、「評価規準の（B）に実現しない子どもへの具体的な手だて（評価規準の四角囲み部分）」と授業者及び実施予定（一覧表右端）を明らかにしたことである。前者を明らかにすることによって、指導したことを評価するだけではなく「おおむね満足できると判断される状況」に至らない子どもへの指導についても具体化することが可能となる。また後者を設けることによって、授業計画がオープンになり、研修課題の解決に向けて授業者が「見てほしい」あるいは参観者が「見たい」授業過程に絞って"ピンポイント"で参観することが可能となった。

(3) カリキュラム案（データ）の保存

　「可美小版カリキュラム」は電子データ（エクセルファイル形式）で作成され、職員室のサーバパソコンに保存されるため、校内LANによって教職員なら誰もが閲覧・編集が可能である。そして、単元の授業を終了し事後研修を経て加除修正されたカリキュラム案は"上書き保存"され、来年度以降の授業研究に引き継がれながら、常によりよいものへと更新されていくことになる。この一連のプロセスこそ、まさにカリキュラムマネジメントであり、それが教師個々にではなく学年部組織を中心としたチームプロジェクトとして取り組まれていくところが大きなポイントである。

1 新しい授業研究を模索する

表4

○読むこと〔小学校高学年〕

【学年目標】
ア 目的に応じ、内容や要旨をとらえながら読む能力を身に付けさせるとともに、読書を通して考えを広げたり深めたりしようとする態度を育てる。

【学習指導要領の内容】
ア 自分の思いや考えが伝わるように音読や朗読を工夫すること。
イ 目的に応じて、本や文章を比べて読むなど読み方を工夫すること。
ウ 目的に応じて、文章の内容を的確に押さえて要旨をとらえたり、事実と感想、意見などとの関係を押さえ、自分の考えを明確にしながら読んだりすること。
エ 登場人物の相互関係や心情、場面についての描写をとらえ、優れた叙述について自分の考えをまとめること。
オ 本や文章を読んで考えたことを発表し合い、自分の考えを広げたり深めたりすること。
カ 目的に応じて、複数の本や文章などを選んで比べて読むこと。

【評価基準】

| 国語への関心・意欲・態度 | 読む能力 | 言語についての知識・理解・技能 |
|---|---|---|
| ・目的に応じた読書をして、考えを広げたり深めたりするために図書資料を選んで読んだりしている。・自分の考えを広げたり深めたりするために主体的な立場で図書資料を選んで読んでいる。 | ・自分の考えを広げたり深めたりするために主体的な立場の読み方を工夫したりするなど、文章の内容に関する別の資料を読んで理解したり、文章の内容に応じて文章を比較しながら自分の考えを深めている。・叙述に基づいて、登場人物の性格、情景などを多面的に押さえて読んでいる。・表現に着目して読んでいる。・事実と感想、意見などの関係を押さえ、それらについての自分の考えを明らかにしている。・目的に必要な情報を得るために本や図書館を利用し、効果的な読み方を工夫している。 | ・当該学年までに配当されている漢字を読んでいる。・仮名及び漢字の由来、特質などについて理解している。・語句に関する知識を広げ、文章の中で語彙を豊かにしている。・文の構成について理解したり、語句の係り方や語順、文脈などに注意したりして読んでいる。・語感、言葉の使い方に対する感覚などについて関心をもっている。・古文や漢文、近代以降の文語調の文章について、内容の大体を知り、音読したり、文語体に親しんだりしている。・文章の中にはいろいろな構成があることについて理解している。 |

【言語活動例】
・自分の課題を解決するために、意見を述べた文章や解説の文章などを利用すること。

目指す響き合う子どもの姿

登場人物の心情の変化、森や自然に対する考え方をとらえ、それに対する自分の立場を明確にしながら自分の考えをまとめ、友達の考えを聞いたり、話し合い活動を行ったり、自分の考えを受け止め、多様な学習者の考えを明らかにしながら自分の考えを深めたり、さらには新しい課題を生み出すことができる。

【授業の構想】
単元名:読書の世界を深めよう〔森へ〕〔本は友達〕

| | 構造の具体例 |
|---|---|
| 1 単元について | 5年生の「千年の釘にいどむ」「からくりの中の神様」「大造じいさんとガン」は、いずれも登場人物の相互関係や行動、言葉から人物の考えや心情に迫り感じ方や考え方をとらえて、感じたことや考えたことを書き表す学習を通して、多くの学習の多様な考えに対して自分の考えを明らかにしながら自分の考えを深めるというものである。本単元「森へ」「本は友達」は身近な感覚で読み進めながら森の中に身をおいて感じる作品の読み味わいを意識してきた子どもたちに対して、森を歩く著者自身が自然の中で感じていることを感じ五感を働かせて作品を読むことを意識しての構成となっている。「森へ」に対しては自然の描写から著者の森の心情の変化や命への感情などを通して、森への気持ちの考えをまとめる作品である。そこで本単元では取り扱う「森へ」に対しては著者の考え方をまとめたり、自分の考えを話し合って発表し、そして新たな課題の解決を考えたりするための複数の本や文章などを選んで目的に応じた読書とする。また一人ひとりの意識を高めるために、友達が選んだ話から新しい発見や新たな考え方を得るようにしたいと考える。目的に応じた読書として目的に応じた話題の本を選んでいるかを味わう活動として著者の他作品を取り入れていきたい。 |
| 2 単元の目標と評価基準 | ①目的に応じて読書の意欲をもって読もうとしている。②どの場の考えを明らかにしながら読もうとしている。③生徒に対する自分の考えをもって読書しようとしている。④著者の考え方や生き方などを工夫しながら自分の考えを広げたり深めたりして読むことができる。⑤目的に応じた自分の考えを明確にして読むことができる。⑥キャッチコピーなどを工夫しながら、読書の魅力を紹介する自分の考えを広げたり深めたりして読むことができる。著者の心情をとらえ、著者の心情を味わって読むことができる。 |
| 3 教材の目標と評価基準 | ①静かに進んだクラスなどの自然を豊かに想像し、著者と自然や命、生きものに対する相互関係から、森の中の魅力や自然の動きを味わって読むことができる。②場面の情景や著者の立場から、描かれた情景の心情を読み取ることができる。③比喩や倒置、擬音語、擬態語などの効果的な表現に注目して、その効果を味わうことができる。 |

53

表5
【授業の具体例】

| 時 | 単元の評価基準 | 評価方法 | 主な学習活動 | 支援 | B評価に到達させるための手だて | 6-1 範子 | 6-2 文子 | 6-3 伊藤 | 6-4 池合 |
|---|---|---|---|---|---|---|---|---|---|
| 1 | ①さまざまなジャンルの本に関心をもち、読書への意欲をもとうとしている。 | 発言内容の観察 | ・写真絵本『森へ』を用いながら、あらすじをつかみ、初読の感想を書く。 | ・いろいろなジャンルの本を読む意欲を高めるために、教室や廊下に［おすすめ読書コーナー］を設ける。・写真と結びつけて森の情景がイメージしやすいように、絵本『森へ』の読み聞かせをする。 | | 6/23 | 6/18 | 6/21 | 6/23 |
| 2 | | 記述や発言内容の分析 | ・初読の感想、印象を発表し合い、学習課題を決め、学習の見通しをもつ。 | ・自分の学習課題をもたせるために、初読の感想や友達の考えを交流する時間をつくる。 | | 6/25 | 6/21 | 6/22 | 6/24 |
| 3 | ③著者の心の動きと場面を叙述に即して読むことができる。④比喩的な表現に注目して、その効果を味わうことができる。 | 記述や発言内容の分析 | ・表現の効果に着目することで筆者の気持ちの変化を読み取る。 | ・自分の考えに自信をもたせ話し合いができるように、一人学びの時間を十分にとる。・著者が森に近づくことへの恐怖を表している表現的な叙述表現を確認する。・学習コーナーに、毎時の学びの跡を掲示することで、筆者の心情の変化を読み取りやすくする。・一人学びで気づいたときは、音の表現にのみ着目して叙述を見つけるよう助言する。 | ③ | 6/28 | 6/23 | 6/24 | 6/28 |
| ④ | | | はじめ 森に近づく筆者 | ・少しずつ森の中にとけ込んでいくような筆者の気持ちのつながりに着目させ、学習掲示を効果的に使う。・生命力の強さに感動する筆者の気持ちを押さえる。 | | 6/29 | 6/25 | 6/28 | 6/29 |
| ⑤ | | 行動の観察 | 中 森の中へ入り、様々な生き物に出会う筆者 終わり 森のこだまが消えた筆者 | ・様々な生き物との出会いを順序よく考えたり、比喩表現を参考に自分の気持ちを想像したりできるように、ワークシートを配布する。・気味の悪い木や大木の正体がわかったように、人間という存在だけでなく、今まで森の中に生きているものすべての気持ちを想像させるため、友達の意見を交流できるような話し合い活動を紹介する。 | | 6/30 | 6/28 | 6/29 | 6/30 |
| 6 7 | | | ・テーマを決めて、自分の考えを、まとめ、グループで話し合う。［自然について］［命について］［生きること］ | ・これまでとは違った目的意識や相手意識の明確な読書発表会をするために、読みたい本の要望を出し合い、それに応える友達の姿を大切にする。その後、［森へ］の続きを話す場を設ける。 | | 7/1 7/5 | 6/29 6/30 | 6/30 7/1 | 7/1 7/5 |
| 8 9 10 11 | ①さまざまなジャンルの本に関心をもち、読書への意欲をもとうとしている。②クラスの友達に薦めたい本の魅力を紹介の仕方を工夫して発表することができる。⑤キャッチコピーなどを工夫しながら、読書感想文を書くことができる。 | 記述の確認 | ・『本は友達 読みたい本の要望を出し、みんなで集まって読む。・情報カードをもとに、お薦めの本の紹介の仕方、キャッチコピーを考える。・読書発表会をする。・読書感想文を読む。 | ・人間はもちろん、自分たちを取り巻く自然という大自然の中に生きているものの一つであるために、読みたい本を紹介する。・自分たちが読んで感動した本を紹介するために、活発な話し合いができるようにする。・読んだ感想を伝え合うグループで話し合う場を設ける。・同じテーマのグループで話し合って意見を交流し合うようにする。 | | 7/6 7/7 7/8 7/9 | 7/1 7/5 7/6 7/7 | 7/5 7/6 7/7 7/8 | 7/6 7/7 7/8 7/9 |

教材名 読書の世界を深めよう『森へ』『本は友達』（光村図書6年上）

## ❖ 研修の日常化

　日常の誰の授業であっても、校長・教頭・主幹教諭・研修主任・同学年の教師同士はもちろん、どの教職員も自由に教室に入ることのできる雰囲気をつくりあげる。その際、参観者は自分の観察した子どもの表れを授業者に伝えたり、授業者の指導意図をくみ取りながら"臨時のＴ２"としてアドリブで授業支援にあたったりすることも"あり"とする。なお、参観した学級の授業者や子どもたちには必ず感想を伝えること（できれば話し言葉で）を心がける。

　また、授業の進め方や学級経営などで迷ったり困ったりしたことがあれば一人で考え込まずに、とりあえず職員室などで声をあげてみる。それを耳にした教職員は所属学年の枠や教職経験にとらわれることなく、気軽に相談に応じるよう心がけている。

## ❖ 「研究のまとめ」は教師一人ひとりの気づき

　本校では、授業研究の反省会は行うが、その都度の話し合いの記録はもちろんのこと、年間を通した「研究のまとめ」をしないことにしている。その理由は、「研究のまとめ」は次年度への展望を準備するより、「研究のまとめ」を形づくるための作業になることが多いと判断したからである。終わってしまったら振り返るという機会は少ない。したがってこのことに多くの労力を使った「研究のまとめ」の作成は必要ないと考えている。まとめのためのエネルギーとその成果物としての資料の活用の観点から考えて、多くの時間をかけ、あまり利用されない資料を「成果」としないからでもある。

　それより、毎年、年度当初に仕切り直すほうが、新たに転勤してきた教師にとって安心できるはずである。また、毎年同じことを繰り返していけば、一つの授業を見る目が豊かになる。

　これからも、学年を鍵にした「研修での協同的な学び」を継続していくことにより、授業改革を軸とした学校づくりへの取り組みが進められ、教師の同僚性がいっそう高められ、互いに知恵を出し合い、高め合っていこうという学校風土が根づいてくると確信している。

◆ 新しい授業研究を模索する 《神奈川県横浜市立岸谷小学校》
# リフレクションによる授業デザインのサイクル機能化

神奈川県横浜市立羽沢小学校長／前岸谷小学校長　齊藤一弥
岸谷小学校教諭　小山雅史

## ◆今本校が取り組んでいるOJTとは

　これからの社会を生き抜いていく子どもたちに身につけてほしい力とは何か。本校横浜市立岸谷小学校では、子どもの資質・能力を育成する授業のあり方を見つめ、教師一人ひとりの授業力を向上させていく取り組みを平成25年度より算数科を中心として進めている。平成26年度は研究主題を「思考力・判断力・表現力を育成する授業デザイン」と設定し、授業前、授業中、授業後における授業デザインをどのように描くか、教師の果たす役割は何か、検証してきた。

　よりよい授業をめざす授業研究という営みは、子どもたちの力を伸ばし育む学校づくりという営みそのものである。目の前にいる子どもたちが、将来どのような社会情勢のなかでもたくましく生き抜いていくために、学校は学校が果たすべき役割、教師が果たすべき役割を全うしなければならない。しかし学校を組織する一人ひとりの教師は年代も異なれば、キャリアも異なり、教師がもつ授業についての課題も個々に異なる。教師が自身を振り返り、自身の課題をとらえ、その改善を図ることで授業力の向上をめざすことが必要となる。こうした授業力を向上させていこうとする教師一人ひとりが、協働的に授業研究を推進していくことにより、学校組織という集団の質が高まり、学校教育の質が高まり、そして個々の子どもの力が育成されるということを期待している。

　では、子どもの資質・能力を育成する授業とはどうあればよいのか。本校がこれまで研究を進めてきたなかで、徐々にではあるが、めざす授業について職員間で共有化されつつある。

　授業づくりでは「身に付ける力の明確化」「子どもの実態把握」「授業構成力」という三つの要素が大切であると考えている（図１）。教材の価値を見

出し、身につける力を明確にし、子どもの実態をとらえたうえで、授業という場で具現化していく。授業を行ううえでこの三者はどれも欠かせない要素である。

図1　授業力向上のための三つの柱

このように、授業を支える要素がとらえられてきたなかで、資質・能力の育成を具現化していく場としての授業そのものはどのようにデザインしていけばよいかという課題がクローズアップされてきた。授業時間の展開を考えるだけでは解決されない。教師が想定したことをその形のまま授業として行うこともできない。子どもの実態が異なれば反応もその時々で変化するからである。授業は生き物である。授業は変わり続けるがゆ

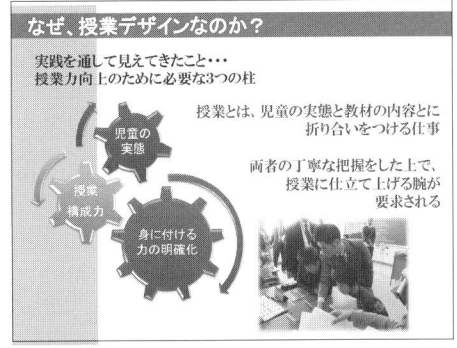

図2　三つの場面での授業デザイン

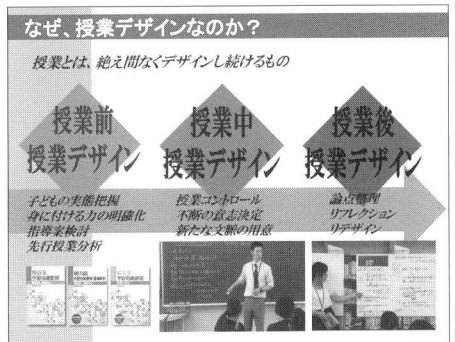

えに、絶え間なく授業をデザインしていく必要がある。そこで、授業前、授業中、授業後の三つの場面で、教師がどのように授業をデザインしていけばよいのか、教師の果たす役割について検証していくこととした（図2）。

## ❖教師の内省、授業改善を促すリフレクション

　授業前の指導案検討や先行授業においても、授業中の展開を判断する場面においても、授業後の協議会においても授業力を向上させていく取り組みが必要となる。授業前、授業中、授業後の三つの場面を切り離すのではなく、それぞれの場面で授業力をどのように高めていくかが授業力向上の鍵となる。その一つが授業後のリフレクションである。

　事後の協議会では、プロンプターと授業者が、プロジェクターに映し出した記録ビデオや静止画像をもとに振り返り、授業のターニングポイントとな

図3 指導案に想定される論点を記載

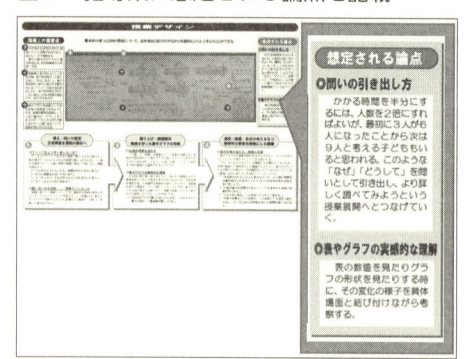

▼授業者とプロンプターによる論点整理

▼論点に沿ったグループワーク

る点を洗い出し、協議の論点を整理していく。指導案には「想定される論点」として事前に示しているものでもあり、想定されることが論点になる場合もあるが、想定していない部分が論点としてあげられる場合もある（図3）。プロンプターとやり取りするなかで、授業者自身も気づけなかった授業のポイントが見出されることもある。論点整理の果たす役割は大きい。論点を整理する過程で授業者は自身の授業を見つめ直すことになり、参会者は授業者の立場になって自分事として授業を考察していくことができ、またグループワークでの協議が焦点化され、参会者による一定の結論や改善の方向性を見出すことができるためである。その後整理された論点に沿ってグループで協議、検討し、その報告を受け、全体の場では授業改善の方向性について共有する。

さらに授業後の協議会を経て、個人はリフレクションシート（図4）を記入して授業を振り返る。授業に関する課題は個々によって異なる。毎回の授業研究会は、自分の授業力を向上させるための研究であり、自分事として研究を進めていく必要がある。年度当初、個々の課題に応じ個人目標を設定しているのはこのためであり、指導案にも個人目標を記載している。この個人目標は研究が進むにつれ変更さ

1 新しい授業研究を模索する

れる場合もあるが、個々が個人目標と関連づけ、毎回の授業について振り返ることで自ら授業をリデザインしていくのである。

こうした一連の取り組みがリフレクションであり、本校では授業力を向上させるために欠かすことのできない取り組みと考えている。リフレクションは授業後の授業デザインの場、リデザインの場として授業力を向上させることに直結しているものであり、また授業を評価し、改善策を打ち出し、日々の授業に生かしていくPDCAサイクルを機能化させる重要な役割を担っているものでもあるからである。

▼グループ発表・全体協議

▼推進委員会での協議

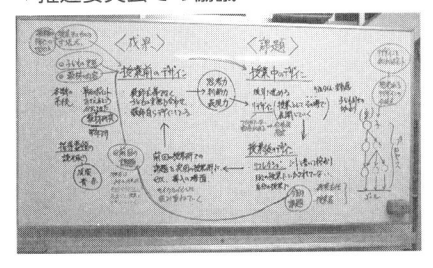

## ❖OJT推進の中心的組織

本校での研究は教育課程研究部が推進委員会として研究を推進している。学年2～3クラスの小規模校であるため、比較的教職歴の浅い、本校が初任校である者も推進委員会の構成員として活躍している。そうした状況から研究が深まらないのではとの懸念もあったが、それぞれキャリアステージが異なることが、研究テーマ、授業に対する考え方、子どもの実態のとらえなどで多様な意見を生み出すことになり、それをふまえて教職員同士、共通理解を深めながら研究を進めることができた。

## ❖授業デザインとPDCAサイクル

本校では年間13回の授業研究日を設定し、そのうち2回を公開授業研究会とした。授業研究に際しては、週に1回の学年研で授業について検討をし、事前に2回の指導案検討を行ってきた。指導案検討を2回設定したのは、授

図4　リフレクションシート

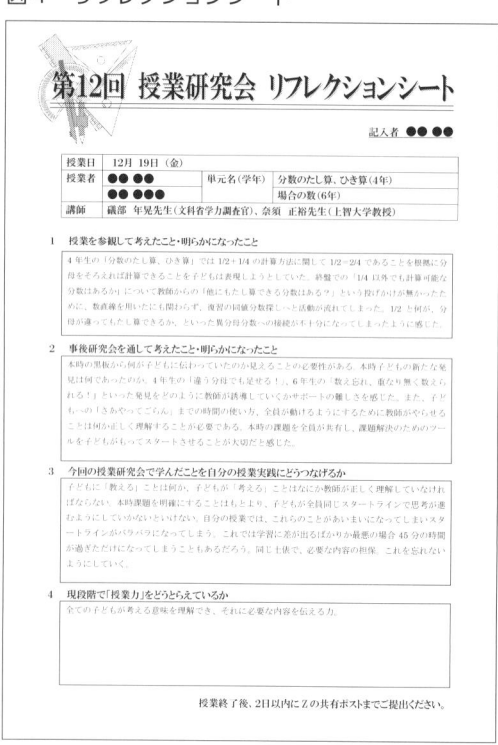

業を支える三つの要素や授業前、授業中の授業デザインについての共通理解を深めるためである。1回目は主に教材の内容や児童の実態などのとらえについて検討し、2回目は授業の具体的場面を想定し、実際と同じように授業を進めながら、どのように問題を提示し、どのように問いを引き出していくのか、共同思考やまとめをどのようにしていくのか、といった点を検討した。指導案検討後さらに他のクラスで先行授業を実施した。教師の発問が適切であるか、子どもがどのように反応するかなど、授業展開のなかで課題となる部分を事前に確認し、改善を図るために行っているものである。指導案検討や先行授業はつまり授業前の授業デザインに他ならない。授業前もその授業プランは絶えず変更、修正、改善されていくのである。

　授業研究日当日、実際の授業では、その授業をどのようにコントロールしていくか判断を迫られる場面が発生する。事前に想定していたことと異なる展開となる場合もあり、教材の価値をとらえ、子どもの実態との折り合いをつけ、授業という具体の場面で子どもたちに身につけさせたい力を身につける授業に仕立てていく必要がある。授業中の授業デザインをしていかなければならない。

　授業後、授業中の教師の判断が適切だったのか検証していく必要がある。それが事後研究会での協議、リフレクションである。

1　新しい授業研究を模索する

　こうした授業前、授業中、授業後の三つの場面での授業デザインはどれも切り離すことができないものであり、一連の取り組みはPDCAサイクルそのものであると考える。

▼指導案の検討

　平成25、26年度と年間を通し国立教育政策研究所教育課程研究センター教育課程調査官・笠井健一先生、学力調査官・礒部年晃先生を講師としてお招きし、ご指導をいただいてきた。また横浜市教育委員会指導主事の先生方や他校の校長先生、副校長先生方も講師としてお招きした。横浜市小学校算数教育研究会に所属されている他校の先生方には、外部

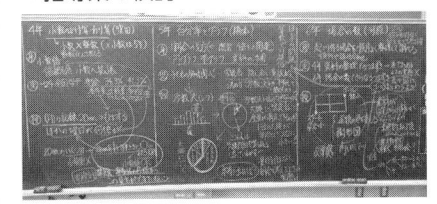

▼事後の協議会

アドバイザー、コーディネーターとして指導案検討やグループワークに参会していただいたり、事後の協議会でのプロンプターとしてご協力をいただいたりした。

　外部の先生方のご指導により、また本校教職員と協働的に研究にかかわっていただいたことにより、本校における授業改善に向けての方向性や今後の研究の方向性について明確にされてきた。

## ❖研究を振り返り、今後を見据える──授業づくりは学校づくり

　2回の公開授業研究会において、平成26年度の本校の研究の経緯、成果と課題、これからの方向性などについてまとめたKLSL（Kishiya Lesson Study Letter）を2号発行した（図5・6）。本校の研究は始まったばかりであり研究途上であるが、これまで研究を進めてきたなかで明らかにされてきたこと、成果や課題として見出されてきたこと、これからの本校に必要とされることなど共有するために、KLSLをまとめることとした。公開授業研

図5　KLSL1号　　　　　図6　KLSL2号

究会に参加された先生方にもご覧いただき、本校の研究についてご助言をいただくことができた。

　授業とは、絶えず変化し続けるものである。それゆえに授業デザインも絶えず変わり続けなければならない。こうした授業をつくる営みを、学校の教師集団が一丸となって取り組むことによりその組織力も高められる。子どもは変わり、成長し続ける存在である。それゆえに学校組織も絶えず変化し続けなければならない。授業づくりの営みは学校づくりの営みそのものであり、本校は授業そのものをていねいに見つめ直していくことで学校をつくり続けていきたいと願う。

《参考文献》
『初等教育資料』2015年3月号、東洋館出版社。

◆ 新しい授業研究を模索する 《神奈川県横浜市立笠間小学校》

# メンターチーム、授業研究、組織マネジメントを通じた授業力向上

校長　**後藤俊哉**

　本校は、横浜市と鎌倉市の境JR大船駅の近くにあり、700名を超える、栄区内では児童数の多い学校である。経験年数5年未満の教師が3割、10年未満を合わせると7割近くとなり、授業力向上は喫緊の課題である。

## ❖今本校が取り組んでいる授業力向上のためのOJTとは

　本校は大きく分けて三つのOJTに取り組んでいる。一つは、メンターチームによる取り組み、もう二つは全教職員による重点研究授業研究会および学校経営反省・改善である。

　メンターチームとは、経験の浅い教師同士で一緒に悩んだり課題に向き合ったりして共に学び高め合う組織である。ここ横浜市内の多くの学校が取り組んでいる。ここでは、自分たちが知りたいこと、学びたいことを気軽に聞き合ったり、教え合ったりしてお互いに教師としての力量向上を図っている。メンターチームの活動には、校長やベテラン教師などが参加してアドバイスを行うこともある。

　重点研究授業研究会は、「自ら考え　生き生きと学びあう子を目指して」をテーマに、自力解決の力を育てながら、豊かな学び合いのなかで自らの考えを深めていく子どもの姿を重点に置き、国語科を通して研究を進めてきた。

　学校経営反省・改善は、独自の学校組織マネジメントを用いて、「教職員全員でつくる『学校組織マネジメント』」を行い、「教育活動の見直し、そして改善へ」を行ってきた。

　この三つの取り組みは、授業研究会は年に7回、全員が授業を公開し、研究討議の時間を確保して全教師が参加して実施している。メンターチームの協議は、月1回、学年主任・教務で構成される運営委員会と並行して進めている。学校組織マネジメントについては、年度途中・末の学校経営計画の反省に関する職員会議を、付箋を使った組織マネジメントの手法を使って協議

している。

## ❖ メンターチームの取り組み——OJT推進の中心的組織

　メンターチーム「チームたけのこ」は、経験5年以下の教師9名と、6・7年目3名の12名で活動している。
(1)　チームのねらい
○経験年数の少ない教師が、話し合いを通して自分の考えを深めていく。
○行事や普段の学習等において意識すべき「ねらい」を明確にして共有する。
○普段思っている疑問・悩みをメンバーで共有し、解決方法を考える。
○メンバーの親睦を深め、一致団結して笠間小を盛りあげ、協働意識を高める。
(2)　活動の進め方と内容
　「学校生活において困っていること、解決できたことをみんなで共有し、メンターのメンバーが自由に話し合えるようにする」としている。そこに必要に応じてベテランの教師や外部講師が入る。
　スタート時に、「どんなことをしたい？」と活動内容を決める話し合いのなかで、以下のようなことが出された。
○情報交換がしたい。
○初任1年目、2・3年目の授業研は、事前にメンターチームで検討したい。
○穴あき指導案を用意して、展開をみんなで考える。
○体育の指導法、図工や音楽などの実技もやりたい。
○教室見学がしたい。
○示範授業を見たい。
○1年間を見通した学級経営について知りたい。
　10年未満が半数以上を超える職場では、模範となる「よい学級経営」「よい授業」が校内であまり見られないため、まずはゴールとなる「よい」スタイルを実感することが大切であることがわかる。また、講師については「講師に来ていただくと、自分が話せなくなる」として、「最初は話し合いを聞いてもらって、困ったときに教えていただくイメージ」を考えていた。
　まさに「啐啄の機」。ここにOJTのポイントがある。すなわち、初めから

講義ではなく、自ら考えたテーマをもとにいろいろと話し合い、困ったときに助言をもらうほうが効果的である。

具体的には、「1年間を通した学級経営」というテーマを設定したので、学級経営に詳しい校内の教師とともに、1年間通してかかわっていただく外部講師を招いた。その際、まずは聞きたいことをすべてあげてもらって、事前に講師に伝えておく。話し合いが進むなかで、適宜校内の教師や講師に入っていただく。そのことを年間4回設定した。前回の話し合いを受けて実践して課題となった点や、新たな疑問をもった点が次回の話し合いのテーマとなる。話し合いの前後には、「チームたけのこ」のノートがあり、自由に記述していくことができる。

▼聞き合い、話し合い、学び合う

▼メンターチームでの話し合い

(3) メンバーの1年間を終えての感想

①メンティー（経験浅）
○学年を超えてメンバーで課題を共有することができた（3年目）
○悩みや困り感など教師間で安心してタイムリーに共有化し、話し合うことができたのでよかった（2・3年目）
○講師を招いてお話をしていただいたおかげで、普段なかなか聞けないことが聞けて勉強できた（1年目）
○メンターチームとして集まる機会が定期的にあり、話をする場があってよかった（臨任）

②メンター（経験有り）
○研修内容を若手が考えて、率先して研究会を行いたいという意欲がわいて

表

| 日程 | 活 動 内 容 |
|---|---|
| 4月2日 | ○自己紹介　○メンターの名前をつけよう　○今年の目標を立てる<br>○活動計画作成　○クラススタート　まずは何をやる？　**1年通した学級経営** |
| 4月 | ○授業を見て学ぼう　授業の見方、事後研の参加の仕方　**学級目標の決め方**<br>~~○4月始まってクラスはどう見える？　これからのクラス経営~~ |
| 5月 | ○運動会に向けてクラス・学年をどうやってまとめていきますか？ |
| 5月 | ○重点研究。国語学習で大切にすることは？　指導案は？ |
| 6月 | ○問題発生＝ピンチがチャンス。子どもとの話し方。保護者との話し方<br>○指導案の書き方 |
| 7月 | ~~○夏休みのむかえ方。今できることは？~~　**体育の実技研修　水泳、マット、とび箱**<br>○メンターで学校のために一つ活動しよう　**【サイレントゾーン『ブルーライン』】の作成**<br>○授業を見て学ぼう　授業の見方、事後研の参加の仕方②　○**模擬授業** |
| 8月 | ○初任研、2年次研、~~3年次研、5年次研~~での授業をみんなでつくりあげよう |
| 9月 | ○初任研、2年次研、3年次研、5年次研での授業をみんなでつくりあげよう |
| 10月 | ○初任研、2年次研、3年次研、5年次研での授業をみんなでつくりあげよう |
| 11月 | ○ドレミファコンサート。クラス・学年の心を一つにする手立て　**学級経営** |
| 12月 | ○初任研・2年次研、3年次研、5年次研での授業をみんなでつくりあげよう |
| 1月 | ~~○メンターで学校のために一つ活動しよう~~　○座談会「子ども同士のトラブル」 |
| 2月 | ○進級・卒業に向けて大事にすること　○**今こそ学級経営** |
| 3月 | ○活動のふりかえり |

※太字は新たに追加された内容、打消線の部分は当初計画していた内容。

いる（7年目）
○研修に必要な講師を校長から招聘していただき、課題解決のヒントを実感したことで意欲につながった（7年目）
○学校のためにまず何ができるかを考え、右側通行を子どもたちに意識させるため、廊下の天井に「ブルーライン」を設置した（6年目）

　1年間を終えて、メンターチームの取り組みが自らの力となるだけでなく、チームで課題解決に取り組む具体的な「実践例」となった。表から、年度当初の計画が、どんどん修正され、よりよいものになってきたことが見て取れ

る。

　改めて、研修は「必要感のある内容や時期、具体的な実践の成果と課題、課題の原因追究、新たな計画というPDCAサイクル」を大切に行うことが、効果的であるということが実感できた。

## ❖重点研究授業研究会──OJT推進の中心的組織「推進委員会」

　推進委員会に各学年の代表が入り、推進計画等を立案している。ここでも事前に話し合う項目をあげ、自由な話し合いを通して、研究のゴールを具体的な子どもの姿を想定して話し合うようにすることで、活発な議論となった。

　活発な議論となるこつは3点である。

①会議のゴールを明らかにする。「今日は～について明らかにする」。

②本時目標と評価規準は表裏一体。Aとする子どもの姿、Bとする子どもの姿、Cとする子どもの姿を具体的に想定して、それぞれに応じた指導や支援のあり方を明らかにする。

③「もし自分が授業をするならば……」「もし自分が子どもだったら」という「指導者の面」「児童の面」という視点をもち、多面的に授業をとらえる。

　推進委員会のもち方が機能的になれば、その手法を用いた学年研究会やブロック研究会が可能となる。事前授業を検討された指導案で他の学年内のクラスで行い、学年研究会を通して修正し、本授業に臨むという体制が自然とできてくる。

　さらに、授業研当日の朝の打ち合わせで、授業者から参観の視点を述べる。指導案には本日の参観の視点として書かれる場合が多いが、あえて授業者が述べることで、より参観の視点が焦点化されることがわかった。

　また、授業研究会の設定のアイデアの一つとして効果的だったのは、以下の事柄である。同じ日、あるいは1週間後の授業研究日に、同じ学年の異なる学級で設定すれば、一つの単元の連続した研究授業を見ることができる。当然他のクラスで事前研究を行い、事後にすぐ生かせる研究会となり、成果や課題を学年で実感できる。このことで単元全体も見直すことができ、授業研究会を行いながらカリキュラム・マネジメントができることになるのである。

グループ協議も一工夫をする。少人数グループで付箋を活用した協議を行うが、常に学校教育目標や研究テーマを意識できるように中央に示しながらの協議を行う。ともすると授業研究会は、指導方法のみの議論となりがちであるが、事前の協議を生かして、参観の視点および具体的な子どもの姿で語れるようにする。

　グループごとの協議後の発表は、経験年数の浅い者が行うことで、協議での学びが参加者全員に理解できているかどうかの指標ともなる。この付箋を使った手法は学校組織マネジメントでの経営反省・改善にも用いており、手法が同じである安心感か、活発な論議がなされるようになった。

　推進委員長は今年度の取り組みの秘訣を以下のように述べている。
○授業研後の研究討議においても活発な話し合いがなされた。その理由としては以下の点があげられる。
　●事前に手立てやねらいをブロック内で共有できた。
　●先行授業を通して、子どものつまずきや悩む部分を事前に把握し、本時を見ることができた。
　●初年度研究として、経験年数にかかわらず、国語の指導のあり方を学ぼうという教師の意識が素地にあった。
○言語活動の積みあげの必要性を共有し、学年間の縦の指導の系統性を仮に定め検証していくという手法を取ることで、具現化されてきた。

　平成27年度は横浜市教育委員会研究推進校授業力向上推進校「国語科」として、新たな一歩を踏み出すが、子どもの実態をしっかりととらえ、その実態に応じた方法を模索しながら、笠間小ならではのカリキュラム・マネジメントを行っていきたい。

　その際、核となるのが子どもの具体的な姿である。この時間を通して子どもがどのように変容し、何が有効であったかを皆で共有することによって、OJTによる授業研究会は効果があった。

## ❖ 「教育活動の見直し、そして改善へ」――教職員全員でつくる学校組織マネジメントのあり方を探る

　毎年行われている、学校経営計画の反省であるが、この反省は、各学年や

1 新しい授業研究を模索する

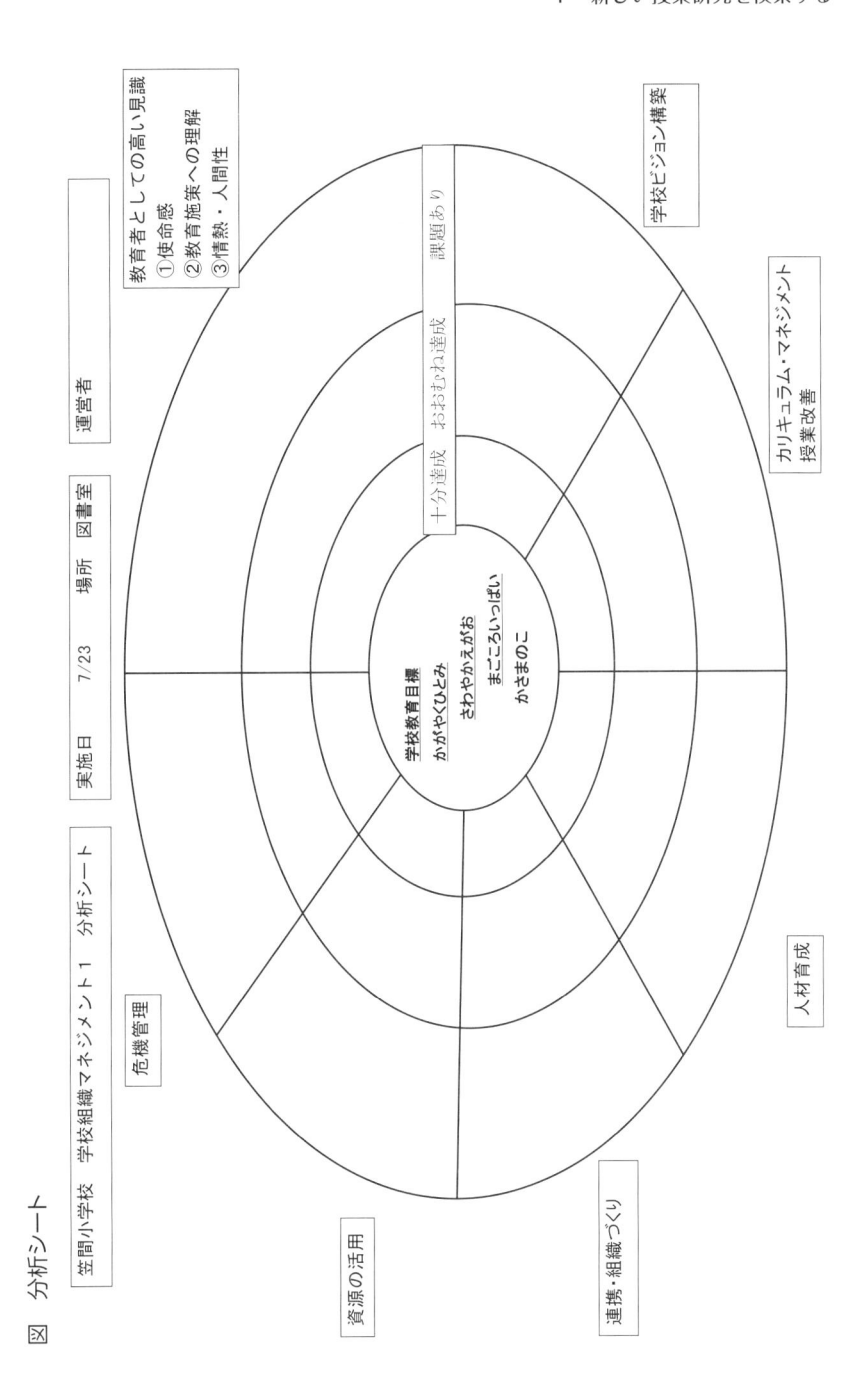

図 分析シート

笠間小学校 学校組織マネジメント1 分析シート

実施日 7/23  場所 図書室

運営者

教育者としての高い見識
①使命感
②教育施策への理解
③情熱・人間性

学校ビジョン構築

カリキュラム・マネジメント

授業改善

十分達成　おおむね達成　課題あり

学校教育目標
かがやくひとみ
さわやかえがお
まごころいっぱい
かさまのこ

人材育成

連携・組織づくり

資源の活用

危機管理

69

▼ワークショップ形式での研修

教科等、各種委員会、各部会ごとに反省を出し合い、その結果を受けて来年の方針を決めていく。この方法は、部会ごとの詳細は検討できるものの、全体を見据えた改善、さらに組織改革は検討しづらい方法である。また、業務の改善を検討する機会がないとのデータもあり、職種を超えて全教職員で検討する機会が必要となる。

学校組織マネジメント研修では、学校独自のSWOT分析フォームを作成し、夏季休業中に全教職員で検討した（図参照）。

グループによるワークショップ形式で、グループも学年ごとではなく、技術員を始め、各職種が入る任意の4～5名のグループで行ったところ、たくさんの気づきや改善のアイデアが出た。このワークでは「十分達成、おおむね達成、課題あり」で分けたので、この結果が教職員の学校評価と考えることもできる。付箋の総数は200を超え、具体的な改善案も多数示された。

この結果を受けて気づいたことは、付箋の数に偏りがあり、たとえば「教育者としての高い見識」「学校ビジョン構築」「資源の活用」の項目はあまり意識されていないことがわかる。これらについて常に教職員が意識できるよ

うな環境をつくることが重要である。今取り組んでいることが、学校経営ビジョンの具現化につながっていることを新たに認識すると、実践していることが、子どもの姿の変容を通して実感できると考える。

　一例を示すと、各担任は朝教室で子どもたちを迎えたい。しかしながら、二ヵ所の入口で門番を交代で行っている。「打ち合わせもあるので毎日迎えられない」との意見が出た。

　そこで、入口を一ヵ所にし、門番を管理職や級外が行い、さらに打ち合わせを放課後に行うことで、改善できた。毎日朝、教室で迎えることができるようになり、子どもたちは落ち着いてきた。

　また、チャイムを最低限しか鳴らしていなかった現状で「時間が守れない」との意見が出た。配慮を要する子にとって終わりが見えないことは不安である。あわせて、中学校からは授業中の離席について指摘されていた。そこで授業の終わりもチャイムを鳴らし、5分間休憩を入れて次の授業に移れるようにした。また、時計を電波時計に変え、どの場所でも正確な時刻がわかるようにした。このことで子どもたちは見通しをもって落ち着いて学習をするようになった。教師側も45分を意識して授業を進めることができたのである。

　多くの内容について年度途中で見直しと改善が実践でき、成果をあげることができた。このことは「教職員自らつくる学校」が意識できたのではないかと思う。また、短いサイクルで振り返ると、改善しやすいということもわかった。

　年度途中と年度末の年2回の振り返りが、学習環境の改善につながり、結果として子どもたちの変容が目に見えてわかるようになってきた。教職員間の風通しがよくなり、めざすベクトルの方向が具体化されてきた。今後も児童スローガン「まえむきな笠間小」を教職員も一丸となって推進していきたい。

### 新しい授業研究を模索する 《神奈川県横須賀市立夏島小学校》

# やってみせ、言って聞かせて、させてみせ、ほめてやらねば、人は動かじ

校長　小川義一

## ❖今本校が取り組んでいるOJTとは

　横須賀市には、日露戦争で当時最強の海軍と言われたロシア艦隊を破った戦艦「三笠」が保存されている。その戦艦「三笠」を率いて活躍したのが、山本五十六である。その山本五十六の言葉には、私たちが日頃リーダーとして人材を育成していくうえで含蓄のあるものがたくさんある。なかでも、「やってみせ、言って聞かせて、させてみせ、ほめてやらねば、人は動かじ」はあまりにも有名だが、私は管理職になってから、先の言葉とともに「話し合い、耳を傾け、承認し、任せてやらねば、人は育たず」「やっている、姿を感謝で見守って、信頼せねば、人は実らず」という言葉も座右の銘にして、OJTに取り組んできた。

　平成26年4月に横須賀市立夏島小学校に転勤となり、次のような学校経営方針を職員に示した。

(1)　学校教育目標
「自分が好き　あなたが好き　このまちが好き」。
(2)　めざす子ども像
①健康で明るく元気な子（自分が好き）。
②相手の気持ちを考えて行動する子（あなたが好き）。
③きまりを守って生活をつくる子（このまちが好き）。
(3)　めざす学校像
①すべての子どもたちが、健康で明るく元気である。
②すべての子どもたちが、相手の気持ちを考え行動する。
③すべての子どもたちが、決まりを守って生活をつくっている。
④すべての教職員がすべての子どもたちに愛情を注ぎ、その成長に喜びを感じている。

⑤すべての教職員が一丸となって、課題解決のために立ち向かっている。
⑥すべての教職員がプロ意識をもち、自分の力を伸ばそうとしている。
⑦すべての教職員が夏島小学校で働いていることを誇りに思っている。
⑧保護者・地域の方々から愛され、日々発展し続ける。
⑨地域に貢献し、地域と歩む。
(4) 本年度の重点目標と具現化に向けて
①教職員自身が、自ら学び、共に行動する姿勢をもち、一丸となってよりよい教育を創造していく。
○教職員の姿勢として、子どもに対して温かみがあり、誠意と厳しさのあることをめざす。
○自らの資質を磨き専門性を高めるために、校内研修・研究を充実し、共有化を図る。
○「授業づくりを要」として、「こなす授業」への変革を図り、自ら学び、共に生きる力をはぐくむ教育を創造し、実践する。
○豊かな人間性を育むために読書活動や体験活動を推進し、学びの基礎力を育成する。
○支援を必要とする児童を通し、学力の伸長を図るため、個別の支援計画に基づく教科指導の充実を図る。
○校内研究では「きいて　かんがえて　つなげて」をテーマに、子どもの見取りを大切にした授業を展開するとともに、子ども理解を深め、学習意欲や学力の向上に努める。
②学校経営に全教職員が参画し、いきいきと教育活動に取り組む。
○４グループ編成による組織体制を確立し、全教職員で責任ある学校運営を推進していく。
○教職員一人ひとりが知恵を出し合い、それぞれの個性を生かし、創意に満ちた運営を行う。
○学校教育目標を具現化し、年間指導計画を立てて取り組んでいくために、組織的に動き、見通しをもった計画を立て、教職員一人ひとりが共通理解をし、円滑に実践していく。
③学校・保護者・地域との連携・協働により、人づくり・仲間づくり・応援

団づくりをしていく
○保護者・地域との連携、幼稚園・保育園・他校との連携を図る。
○PDCAのサイクルを生かした学校運営を進める。
○保護者・地域の方に学校の情報を発信し、理解や協力を図る。
○学校評価や学校公開を適宜行い、要望や期待を受け止め、反映させ、目標の実現状況を公表し、成果や課題を学校運営に生かしていく。

## ❖OJT推進の中心的組織

　OJTは、意図的・組織的かつ計画的に進めなければならないが、本校では昨年度までは、保護者との対応に追われ、十分に機能していなかった。そこで、本年度は、若手を推進委員として研究推進委員会を立ちあげ、研究授業は基本的に研究推進委員が行うこととした。そして、管理職が積極的に関与するなかでOJTを推進することとした。

　研究を進めていくうえで、研究として押さえるべき内容を研究推進委員会で協議し、研究全体会において確認した。それをもとに研究推進委員長が5月に提案授業を実施し、全体で授業内容、方法等を検討・協議した。そのようにして研究の方向性を決定したのちに各人が授業を行うこととした。

## ❖OJTのための年間スケジュール

　本校では、月1回の研究推進委員会、月1回の研究全体会、さらにブロックとして年1回の公開授業研究会を開催することとした。また、ブロックの公開研究会までに各人が関連した授業をブロック内で公開することとした。

　まず、先ほど紹介した「やってみせ、言って聞かせて、させてみせ、ほめてやらねば、人は動かじ」とあるように、校長自らがまずこれから求められる授業を示すことが第一と考え、若手のクラスにおいて授業を積極的に公開した。授業後には、行った授業について、その意図や教育技術など、次の授業についての指導・助言をしてきた。さらに、さまざまな場で若手をほめ、若手の疑問、不安などを聴くようにした。そうすることにより、学校の仕事を進んで行うようになってきた。

　また、基本的には不定期としているが、週2回発行している学校だより「か

しわっ子」において、子どもの姿を通して、その指導にあたっている教職員をほめ、感謝を伝えていくようにしている。すると、職員室のなかでも、子どもの姿を通してそこに至るまでの苦労や経験などを話す姿が見えるようになってきた。

## 学年会、教科会の開催状況

学年会は基本的に、週に1回1時間、放課後に開催するようにしている。しかし、2年生が3クラスである以外、他の学年が2クラスのため、必要に応じて開催している。また、本年度はベテランと若手をうまく配置することができ、学年会において、教材研究や指導方法の確認など、ベテランのリーダーシップによるOJTを進めてきた。

## 研究授業について

研究授業における指導案作成については、まず研究授業を実施する個人による教材研究と、それをもとにして学年、さらに低・中・高学年ごとのブロック会で検討していく。

個人による教材研究といっても、同学年を組んでいるベテランがある程度補佐し、一緒に教材を探したり、ベテランのクラスで先行授業を行ったりするなど、授業者が一人で研究を進めるわけではない。学年での検討を経て、ブロック会において、さらに磨きがかけられるのである。

そして、その完成した指導案を管理職と一緒に再検討。それをブロック会に持ち帰り、さらに検討を進めて授業を行うこととしている。

## 授業研究当日の流れ

授業研究当日は、基本的には研究授業を実施するクラス以外は、子どもが自習している。その間は、地域の方でいつも校内を見回っていていただいているスクールガードの皆さんが校内を巡回してくださっている。

研究授業は、記録係により、ビデオで録画するとともに、写真でも保存。研究協議に生かしている。事後協議会は、自評の後、全体協議となっている。

本校では、外部講師を招いていないため、最後に校長が指導・助言。その

際、最新の情報やこれから求められる指導のあり方などを紹介するようにしている。そのために校長自らも教材研究をしたり、研究会に出かけて最新情報を求めたりしている。また、文部科学省や国立教育政策研究所のホームページなども活用している。

　校長が学び続ける姿勢を見せることなくして、先生方に何を語っても空論になると考えている。校長こそOJTを推進するキーマンといえるだろう。

## ❖研究紀要など成果のまとめ方

　自分たちの研究をしっかりと紀要にまとめることは、忙しいなかで負担になるかもしれないが、教師の大事な学びであると思っている。

　これからの授業のあり方として、アクティブ・ラーニングの推進が求められるが、研究紀要をまとめることはある意味で、教師のアクティブ・ラーニングといえる。自らの指導について課題を発見し、その課題の解決に向けて主体的・協働的に学ぶ姿を自ら身につけていくためにも必要だと考えている。

　したがって紀要にまとめる際は、課題となるべきことを明確にし、その解決のために取り組んだこと等を明確にさせている。

## ❖外部講師への依頼の仕方

　これまで校長として赴任した学校では多くの外部講師を招聘してきた。地元の教育委員会を通じて、講師の招聘を依頼したり、個人的なつながりを生かして講師をお願いしたりしてきた。

　校内研究として、特定の教科を進めてきたときには、その教科の推進に中心的役割を果たしている文部科学省の教科調査官、横浜国立大学の教授を招聘し、授業を参観していただいた後、講演をしていただいた。

　就学前教育と小学校の連携については、第一人者の早稲田大学の教授や神奈川大学の特任教授、現場で活躍している南足柄市教育委員会の主幹指導主事やつくば市立中学校の先生から講演をしていただき、研修した。

　日々の学級経営、児童理解を深めるために、友人である北海道の校長や元横浜市初任者研修担当の先生に授業をしていただき、その後講演をしていただいた。

さらにワークショップ型の校内研究を進めた際には、鳴門教育大学の教授を招聘し、一緒にワークショップ型校内研究を体験。その後の研究討議の改善を図ってきた。

　ICTの推進を図るために横浜国立大学の教授を招聘し、講演していただいたこともあった。

　学校評価を進めるにあたっては、国立教育政策研究所の総括研究官にも何度も足を運んでいただき、実際に学校関係者評価委員会の立ちあげに尽力していただいた。

　現在「学力向上」が大きな課題となっているが、その「学力向上」のために、鎌倉大学の教授にも講演をしていただいた。

　神奈川県教育委員会や横須賀市の指導主事には幾度となく指導・助言をいただいている。

　新たに赴任した本校では職員の受け止める姿勢が十分でないために、今年度は外部講師を招くことはなかった。しかし、それが最善とは考えていない。時期が来たら招聘していきたいと考えている。

　外部講師は、このような研究者だけではない。地域で活躍する人材の活用も非常に大事なことだと考えている。積極的に地域を回り、子どもたちのために次の方々に授業をしていただいている。横須賀市財政課、横須賀市追浜行政センター、追浜ボランティアセンター、横須賀市上下水道局、追浜保育園、横須賀市北消防署追浜分室、横須賀市北体育館、横須賀市リサイクルプラザ「アイクル」、京浜急行追浜駅、田浦警察署、横須賀市交通安全指導員、日産自動車追浜工場、オカムラ製作所等。さらに、近隣の関東学院大学との連携を深め、学生への授業公開も実施している。

　最後に私たち管理職は、保護者・地域の方と意思疎通を図り、子どもたちを複眼で見、それぞれの持ち場でできることを考え、共に人づくりに取り組んでいくことが大切であると考えている。

　また、職場の一人ひとりを生かしていくことこそOJTの第一歩であると考えている。そのために職員が仲よく楽しく過ごせるよう職場環境を整えることを忘れてはならないと思う。そのためにも「職場の輪」を深め広められるように努めていきたい。

◆ 新しい授業研究を模索する　《神奈川県中井町立中井中学校》

# ワークショップ方式による授業研究

教諭　柳渡昭子

## ❖ 今、研究協議の改革

　本校がワークショップ方式の研究協議を実践するようになってから7年めになる。研究指定校になったことを機に、授業研究会の改善に全職員で取り組んできた。スーパーバイザーの指導・助言を受けるまでは、それまでの授業研究会が、教育現場のニーズにすでに沿っていなかったことなどを知るよしもなく、だからこそ、その助言の一つひとつに「本校最大のカルチャーショック」を覚えたのであった。

　授業は、生徒の出番が少ない一方的な詰め込み型。ロの字型に座る研究協議は、活発な対話を展開するのにはほど遠いスタイル。数々の指摘に「効率があがらない研究会」であったことを初めて認識させられ、研究会の改革を必然的に迫られたのであった。授業も研究協議も改善しなくてはと、最初はそのカルチャーショックに後押しされていたのだが、研究会でのワークショップの経験は、協議を改善するだけではなく、実際には授業改善でも、好結果を生んだのである。

　それは、「教師の言語活動の体感は、授業改善に影響する」ということ。振り返り、ワークショップ方式の研究協議は、結果的には「教師の言語活動を鍛える場」であり、「参加型の協議」だからこそ得られる「言語活動の体感」を共有するための場でもあった。ならば、その体感を試そうと、ワークショップを授業で実践する教師が増えることにつながったのだ。

　長きにわたり実践してきたワークショップ方式の研究協議は、校内研究にも、授業にも、結果的には大きな改善をもたらしたのであった。

## ❖ ワークショップ方式の研究協議

(1) 研究協議は、教師の授業

1　新しい授業研究を模索する

　研究会の成果は、協議での対話が鍵となる。授業を向上させるための学びも、そこからの創発も、協議が充実してこそ得られる成果なのだ。そう考えると「研究協議は、教師の授業」としてとらえることができる。
「まず、言い合える関係を」を最初に掲げ、とにかく「何でも言い合える関係」を築くことで、活発な協議を開拓できるのだ。そう指導・助言されたのは、学区の指導主事であった。日頃の授業から研究会に関することまで、学区校や園を足繁く訪問しての指導・助言だけに、まさに本校の研究協議の勘所を突いての改革目標であった。

(2)　協議方法
①小グループ協議
　5人ほどのグループで、一つの授業について協議をする。各グループには助言者であるスーパーバイザーと指導主事もメンバーとして参加するため、助言者への質問もしやすい。そのため、知りたいことをその場で学べる利点がある。まさに「言い合える関係」を築き、深まりのない協議を一気に刷新することができた。授業者が各協議に参加できないという課題はあるものの、徹底的に話題を追究することができる方法である。

②付箋紙協議
　先の小グループ協議に加えて、気づきはすべて場に提示できるように「付箋紙の活用」を導入した。生徒のつぶやきやノートの記述のしかたなど、細かな気づきも場に残すことができる。それにより、話題も多くなり、教科枠にとらわれない協議に変えることができた。また、数多くの見解は、授業改善のための蓄えにもなる。協議視点が曖昧にならないように、話題を焦点化させながら協議することが必要である。

③書き込み協議
　一見して協議経緯がわかる模造紙にしようと、先の付箋紙協議を少し改め、提示された意見に基づいた書き加えをするようにした。この工夫により、メンバーを入れ替えた協議も可能となる。記述を工夫することで、話題の振幅も少なく、対話を焦点化できる協議になる。

④ワールド・カフェ
　職員それぞれのファシリテーターの経験値もあがり、話題や問いの設定の

しかたも上達した。その変容をよき機会ととらえ、ワールド・カフェを協議方法として取り入れるようにした。ワールド・カフェとは、「カフェでのリラックスしたおしゃべり」がその名の由来であるとのこと、メンバーは思いや考えを模造紙に書きながら、自由に対話をする。その運びが、話しやすい雰囲気を自然とつくりあげる。一つのテーマを各グループ（少人数）で討議し、それぞれメンバーの入れ替えをすることで、他の意見に刺激されながら話題を深めてゆく。ファシリテーターが、「なるほど」「それから」と、聞いて返すだけでも、話題はかなり掘りさげられる。

　そのワールド・カフェ導入の結果、「生徒の学びが変容するときのきっかけ」や「授業者のよかった投げかけ」など、展開に関する具体的なことが話題としてあがるようになった。そのうえ、授業の技術面や生徒の学び方ばかりでなく、参加者は授業での悩みや本音を話題にするようになり、明らかに対話の範囲もぐんと広がった。

⑶　協議の際のワークシート形式

　指導目標の達成を協議する場合は、ワークシート形式の模造紙協議が便利である。授業の振り返りや年次研修のまとめとしても十分に活用が可能だ。これらの協議は、ファシリテーターの協議準備（プレ授業参観による問いの用意など）により、協議の質も向上する。

①４象限マトリックスチャート

　グラフの縦軸と横軸のそれぞれ項目の度合いに位置する場所に、気づき等（付箋紙）を貼り、書き込みをしながら協議を進める。

②ウェビング

　ファシリテーターは、参加者からの発言を系統的に整理する。たとえば「教師の投げかけ」など、括る項目の幅を広げて設定すると、意見も出やすい。ファシリテーター初心者でも、挑戦ができる協議方法である。

③フィッシュボーン

　魚の頭へ向かって、系統的に話題が取りあげられる。頭には、指導目標を記述する。協議項目や問いの事前準備で、教科の専門的な事柄を深めることができる。

④花や家を形取ったワークシート

協議の目的に合わせ、マトリックスチャートやフィッシュボーン以外のワークシート形式を考案した。咲く花に指導目標を記述し、葉の部分に協議項目を設定する。また、家をデザインしたワークシートは、屋根に気づき等（付箋紙）を貼り、その下に協議テーマ、壁の部分に協議を記述する。どちらも、協議内容が一目でわかるワークシートである。

## ❖研究主任の仕事

(1) 研究会の年間計画を立てる

　スーパーバイザーの参観、指導・助言が可能な日は全教師が授業参観し、研究協議を実施する全体会を開催する。スーパーバイザーの招聘は年間5回、また、指導主事のみが来校の研究授業では、参観可能な教師が参加し、教科研究会として実施する。

　教科研究会は、全体会で研究授業を実施しない教師が、日常で授業提供をする。その場合は管理職や空き時間である教師、また、可能な範囲で学区の指導主事が授業を参観する。この二つの点を研究会開催の柱としている。年次研修を含めて4月中に調整し、研究会はおおよそ5月中旬以降より順次実施している。

　研究授業は、年間一人1回を原則としている。その意図は、ほとんどの教師が、指導案を書かずに1年を終えてしまう状況を、まず改善しようとしたことに始まる。つまり、年間一人1回は自己の授業をじっくり考える機会をつくることでもある。

(2) 指導案の検討を促す

　授業者は展開の構想をある程度整えたら、第一稿として、全職員に指導案を配布する。これは、指導案検討の最初の段階で、全職員で行うというスタンスである。

　検討となると、まとまった時間を割くイメージがあるが、そうではない。配布後、各職員はアドバイスを朱書きして、授業者に返却する。朱書きを参考に再検討し、第二稿を配布する。プレ授業の段階では学区の指導主事の参加により、単元の流れを含む展開を検討することも多い。プレ授業は、本時を挟む前後の授業、また本時の授業を他クラスで実践する。参観者は学区の

指導主事、管理職、同じ教科の教師は時間割を調整し、授業の空いている教師も可能な範囲で参観する。参観後は、授業での気づき等を授業者に伝えるが、時間の確保ができるときには簡単な協議を実施する。こうして、多くの人たちのアドバイスのもとに、指導案が練りあげられていく。この方法は、経験年数の少ない教師や若い教師にとっては、指導力を高めることにつながると考えている。

(3) 研究協議の計画をする

　本校には、研究会当日のタイムテーブルや役割分担を掲載した「研究協議の計画書」がある。ワークショップの形態やファシリテーターの割り振り、授業記録や協議模造紙の準備など、当日に関する情報を共有して、協議に臨む。協議の時間は30分間とし、指導・助言は15分間。全体会でのこの45分間は、必須としている。挨拶や授業者の自評などは省き、授業後少し休憩したら、すぐにグループ協議を開始という形が当日の主流となっている。スーパーバイザーや指導主事に質問をしながら、協議に集中できる30分間となっている。

(4) ワークショップを選択する

　実践できるワークショップも多くなり、「協議はワークショップで」という文化も確実に根づいた。この文化を継承するためには、成果のある協議経営の継続ができることである。そのためには、協議のテーマや目的、あるいは参加者を考慮したワークショップを選択することが大切である。そして、その選択は、協議活性の維持・発展の根幹でもあると考えている。

(5) プレ授業の共有を図る

　指導案第一稿での変更に際して、プレ授業後に検討した経緯にも、授業力向上の手がかりが必ずある。完成度の高い指導案や授業よりも、試行錯誤の段階に、参観や協議のポイントを見つけやすかったりもする。その改善の理由や教科の専門的なことに関連することも、検討前後の比較もできるように「研究通信」にして職員に配布する。研究授業の本時へ向けての理解を促し、協議活性の一助とすることが目的である。

(6) 授業の発信と研究のまとめをする

　研究発表会がある場合には、研究紀要を作成する。そうでない場合は、研

1 新しい授業研究を模索する

表 ワークショップと協議の傾向

| ワークショップ | 主な問いやテーマ | 協議の傾向など |
|---|---|---|
| 小グループ<br>付箋紙協議 | ○生徒の活動での気づき<br>○教師の働きかけでの気づき<br>○授業の展開に沿っての気づきや成果、課題 | ○進行しやすく、発言も活発。 |
| 書き込み協議 | | ○多岐にわたる疑問や意見を分類し、タイトルをつけてまとめる。<br>○付箋紙に話題を頼る傾向がある。 |
| ワークシート形式　4象限マトリックスチャート<br>ウェビング<br>フィッシュボーン<br>花や家を象ったシート | ○ねらいへの迫り方<br>○指導目標の達成<br>○授業の展開に沿っての気づきや成果、課題<br>○言語活動での気づき | ○話題の起点は、付箋紙の内容<br>○意見の書き込みにより、話題の方向性がつく。<br>○指導目標に関連する教科の専門的なことが話題となる。<br>○ファシリテーターが、協議の計画をする。<br>○対話の展開のしかたで、ファシリテーターが協議の柱を設定する。 |
| ワールド・カフェ | ○本時の授業で学んだこと、気づいたこと<br>○研究テーマについて | ○メンバーの入れ替えによる新たな気づきが、話題提供となる。<br>○フリートークのため、内容が広がる。<br>○授業での本音や悩みも話題になる。<br>○指導案を根拠とした話題が少ない。<br>○協議のための環境づくりにより、教科の専門的なことが話題になる。 |

究通信を代替としたり、全体会での協議内容や生徒の授業感想を掲載した簡易冊子を作成したりする。また、「授業参観ガイド」と称して、公開する授業の目標や授業の展開のしかた、生徒の学びの様子などを掲載した参観者向けの冊子を年2回作成し、授業のことを発信する。どちらも、授業や研究会を振り返る手だてとし、授業づくりの一助となることをねらいとしている。

## ❖研究協議の意義

　ワールド・カフェの導入で、授業の本音や悩みを交えた対話を見て取れるようになり、また一歩、協議が前進したと考えている。けれども、その内容は教科の専門的な話題が以前より少なく、他のワークショップと比較すると顕著な場合もある。

　研究協議の目的は、ひいては授業力向上のためであるが、教科の専門的な話題の取りあげ方により、その達成度も変わってくる。つまり、教科の専門的なことを思考できる協議経営でなければならないのだ。そのために必要なことが「協議のための環境づくり」である。

たとえば、研究授業は、単元計画がわかる授業公開はどうだろうか。当該学年全クラス同時公開で、本時1クラス、その本時を挟む前後の授業を残りのクラスで公開する。単元の流れを見通せる公開授業になっているため、指導案をより理解する手だてになる。また、時系列にまとめた単元での生徒の学習記録を、協議での資料とする。本時案への繋がりと本時後との繋がりがわかる資料を用意するとよい。このような環境づくりにより、教科の専門的な事柄に鑑みた協議がより可能となる。

　ワールド・カフェの導入は協議の傾向を振り返る契機となり、その協議の追究にも転換期が訪れたと感じている。実践してきたワークショップと協議の傾向（表）を踏まえて、ワークショップそれぞれの特性を考慮したうえでのテーマや問いを設定し、その協議の傾向やおおまかな対話の展開を予測できることも研究主任の大事な仕事なのである。その予測が「教師の授業」を高める要素にもなるのだ。

　ワークショップは、研究会の質を向上させ、その経験の積み重ねが教師をも育てる。それが、この研究協議を追究してきた現在の結論だ。「ワークショップ方式による授業研究」は、授業力の育成はさることながら、教師を育てる協議方法なのである。

# 2章　秋田型教育の秘訣

秋田県由利本荘市立西目小学校
秋田県由利本荘市立西目中学校
秋田県能代市立二ツ井小学校

❖ 秋田型教育の秘訣 《秋田県由利本荘市立西目小学校》

# 検証改善サイクルの推進

校長 織田羽衣子

## ❖ 二つの検証改善サイクル（図1）

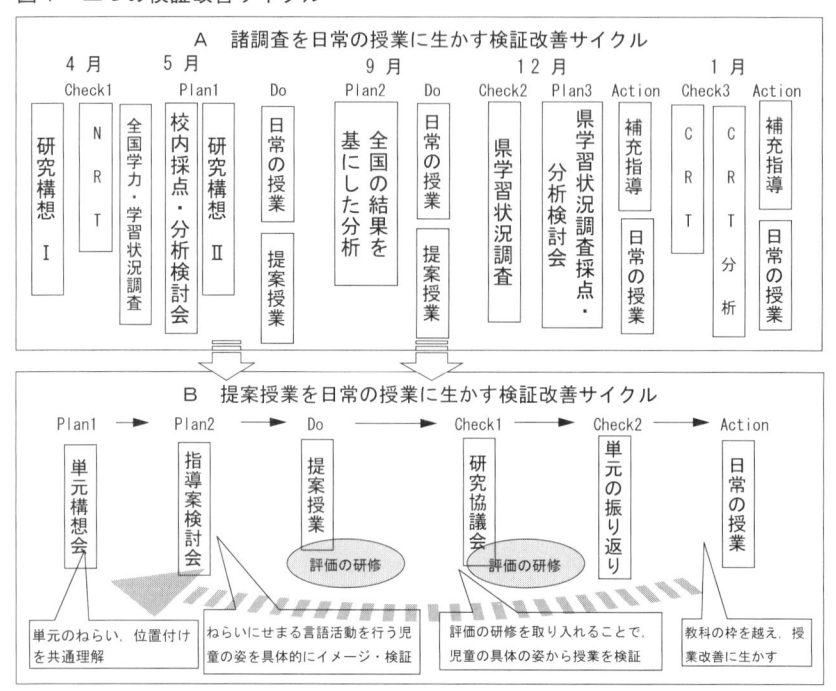

　子どもに力をつける「自分たちの研究」にするためには、教師一人ひとりが研究の当事者とならなければいけない。

　本校が実践しているOJTは、「諸調査活用」（A）と「研究授業を核とした研究推進」（B）の二本柱により成り立っている。AとBは、研究構想が明確になった段階からスパイラルに機能していくことになる。

図1　二つの検証改善サイクル

A　諸調査を日常の授業に生かす検証改善サイクル

| 4月 | 5月 | | | 9月 | | 12月 | | | 1月 | |
|---|---|---|---|---|---|---|---|---|---|---|
| Check1 | Plan1 | | Do | Plan2 | Do | Check2 | Plan3 | Action | Check3 | Action |
| 研究構想Ⅰ | NRT／全国学力・学習状況調査 | 校内採点・分析検討会／研究構想Ⅱ | 日常の授業／提案授業 | 全国の結果を基にした分析 | 日常の授業／提案授業 | 県学習状況調査 | 県学習状況調査採点・分析検討会 | 補充指導／日常の授業 | CRT／CRT分析 | 補充指導／日常の授業 |

B　提案授業を日常の授業に生かす検証改善サイクル

Plan1 → Plan2 → Do → Check1 → Check2 → Action

| Plan1 | Plan2 | Do | Check1 | Check2 | Action |
|---|---|---|---|---|---|
| 単元構想会 | 指導案検討会 | 提案授業（評価の研修） | 研究協議会（評価の研修） | 単元の振り返り | 日常の授業 |
| 単元のねらい、位置付けを共通理解 | ねらいにせまる言語活動を行う児童の姿を具体的にイメージ・検証 | | 評価の研修を取り入れることで、児童の具体的な姿から授業を検証 | | 教科の枠を越え、授業改善に生かす |

## ❖諸調査を日常の授業に生かす検証改善サイクル

(1) 全国学力・学習状況調査の実態と改善点の共有化

　4月に行われる全国学力・学習状況調査を年度当初に子どもの実態をとらえる最大のチャンスとして、全職員が一堂に会してマルつけ・分析検討を行う。

①ペアを組み、マルつけする問題を分担。同一問題を二人でマルつけすることで、正答例について吟味したり、誤答例の原因を解答用紙を目の前にして話し合ったりすることが可能となる（写真1）。

②解答状況からうかがえる子どもの実態や授業改善の方法について、ペアで話し合う。

③ペアの分析結果をその場でホワイトボードに書き出す（写真2）。

④すべてのペアからの分析・提案がそろったら、簡単にコメントを聴き合い、全体の傾向や各教科の課題点と授業改善案を共有する（写真3）。

写真1

写真2

写真3

(2) 研究構想の共有化

　研究主題や研究の重点をどのように共有するか、他の教師が研究授業に向かうときに、どうかかわることが可能か、日常の実践をどう共有するか、諸調査を行うときに当該学年担当でなくても、どうかかわることが可能か等を考えてOJTを機能させるように努めている。

　研究体制は図2のようになる。

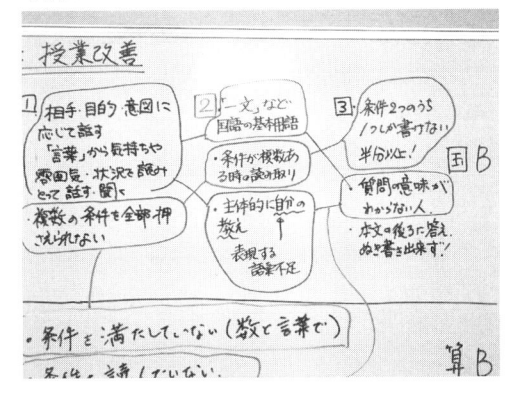

図2　研究体制

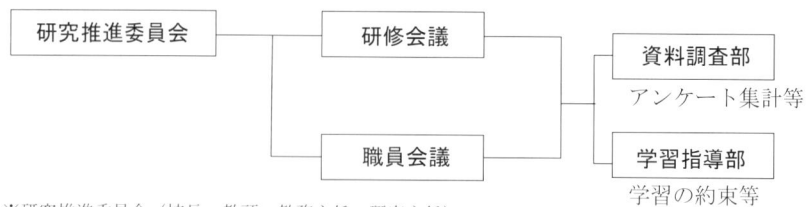

```
┌──────────┐   ┌──────────┐   ┌──────────┐
│研究推進委員会│───│ 研修会議 │─┬─│ 資料調査部 │
└──────────┘   └──────────┘ │ └──────────┘
                              │   アンケート集計等
               ┌──────────┐ │ ┌──────────┐
               │ 職員会議 │─┴─│ 学習指導部 │
               └──────────┘   └──────────┘
                                学習の約束等
```

※研究推進委員会（校長・教頭・教務主任・研究主任）
※研修会議・職員会議（全職員）　※資料調査部・学習指導部（全職員がいずれかに所属）

図3

研修会議中に使われたホワイトボード　　　　実際の研究構想図

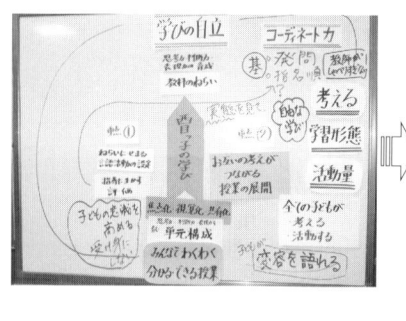

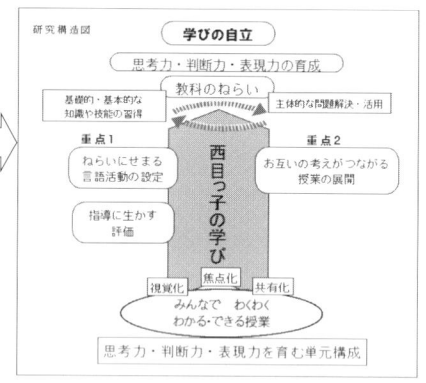

　研究推進委員会および研修会議において、ホワイトボードを使って研究構想を視覚化して共通理解できるようにしている。思考の流れに沿って実際にカードを動かしながら説明したり、その後の協議でカードを入れ替えたり、新しいカードを加えたりしていく。この方法で説明・協議することで、図示された研究構造図の意図が全職員で共通理解することにつながると考える（図3）。

　また、毎月の職員会議において、月間の共通実践事項を提案している（図4）。学習指導部からの提案も取り入れながら、研究の重点にせまる視点や手立てを共有している。これにより定期的に研究の重点を繰り返し確かめ合う機会が得られる。

(3)　県調査を生かした授業改善

　県の学習状況調査（4・5・6年）が12月に実施されるのを受けて、11

2　秋田型教育の秘訣

図4　職員会議の研究計画の例

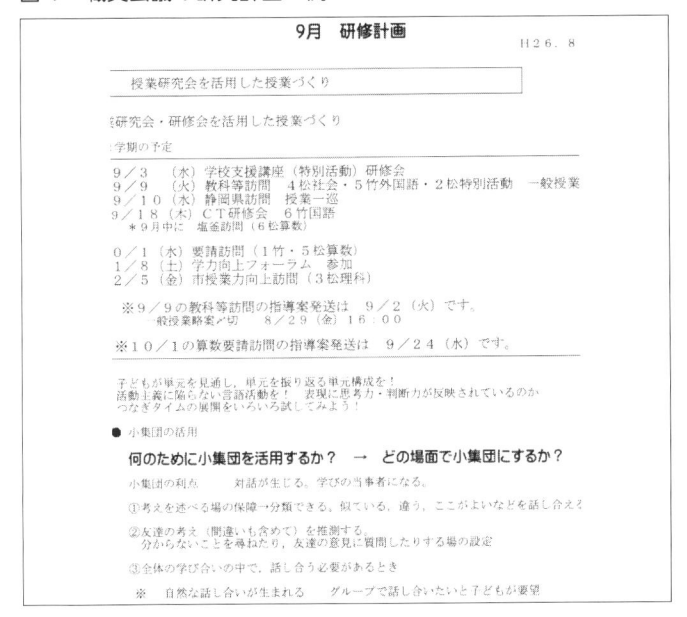

図5

問題の縮小版

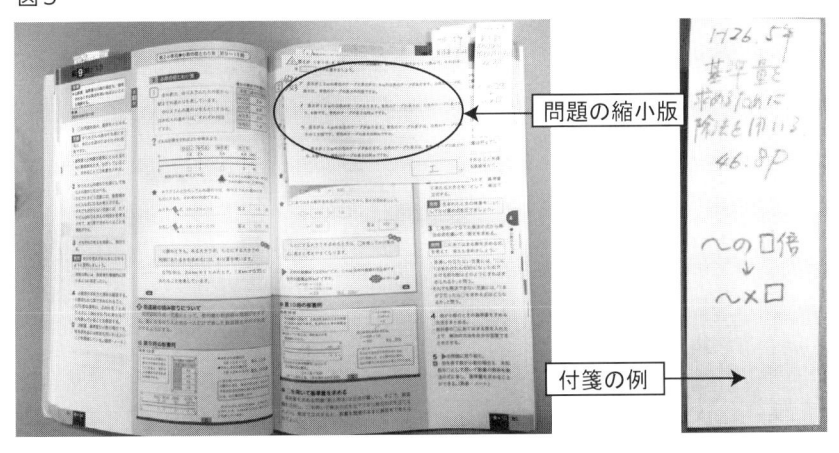

付箋の例

月に全職員が補充指導に当たる。朝の活動や放課後の15分程度の時間を設定し、苦手な単元の個別指導や全体指導を行う。調査対象学年ではない職員もかかわることで、本校の児童の実態を共有し、自分の学年の学習との系統

89

を考え、授業改善に生かす機会としている。児童も個別にわかるまで指導を受けられることから、意欲的に学習に向かっている。

　調査実施後は国語・社会・算数・理科の教科に分かれて誤答分析をしながら、指導書に付箋を貼る作業を全職員で行う。通過率が低かった問題を中心に、「どの学年のどの時点の学習内容か」「どのような授業をするべきか」を話し合い、付箋に書き込んだり、問題の縮小版を貼りつけたりする。日常の授業のなかで児童の課題点を目にすることができ、授業改善に役立っている（図5）。

## ❖提案授業を日常の授業に生かす検証改善サイクル

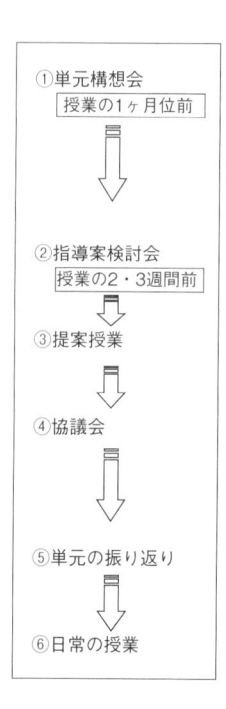

①単元構想会
　授業の1ヶ月位前
　　↓
②指導案検討会
　授業の2・3週間前
　　↓
③提案授業
　　↓
④協議会
　　↓
⑤単元の振り返り
　　↓
⑥日常の授業

(1) 主な流れ
○単元のねらいや単元のゴールの児童の姿、単元の出会い、言語活動等を大まかに話し合う。当該学年部や教科主任、研究主任等5～8名くらいで実施（30～45分程度）。
○単元構想会よりもメンバーを増やして実施。本時案に時間を割く（60分程度）。
○全職員で参観。指導案の評価規準を基に、参観時に児童を評価。授業の視点について付箋にメモ（図6）。
○全職員参加。ワークショップ形式。児童の評価結果や付箋を基に話し合う。グループ協議のポイントをB5用紙に書き、全体で共有。
○主に授業者と学年部。単元構想や到達状況について考察。児童も単元について振り返る。
○全職員が提案授業から学んだことを自分の授業に取り入れて改善を図る。

　単元構想会から授業研究にかかわることで、単元のねらいや流れを共有でき、提案授業の1コマが単元全体のどのような位置づけにあるのかが理解できるようになる。指導案検討会では単元のねらいや流れを踏まえたうえで本時案をていねいに協議することができる。さらに、提案授業において指導案

## 2　秋田型教育の秘訣

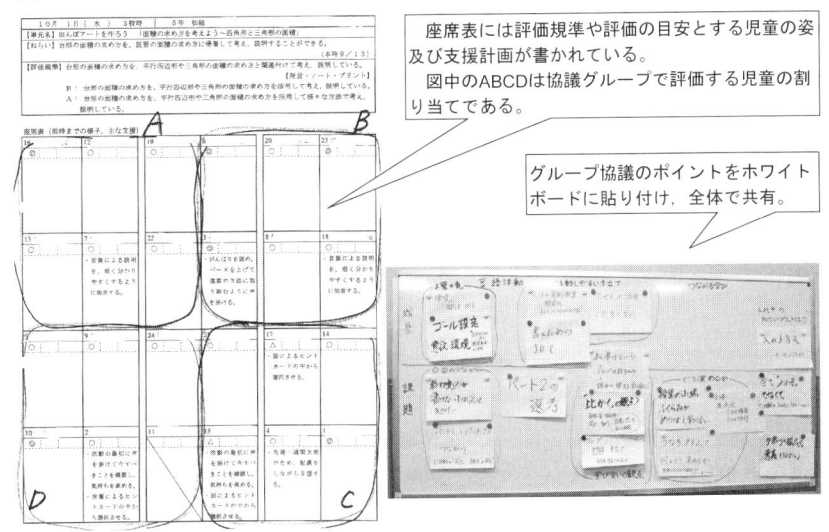

図6

座席表には評価規準や評価の目安とする児童の姿及び支援計画が書かれている。
図中のABCDは協議グループで評価する児童の割り当てである。

グループ協議のポイントをホワイトボードに貼り付け，全体で共有。

の評価規準に照らして児童を評価し、その評価をグループ協議で突き合わせてみる。この評価の研修を取り入れることで、提案授業中も具体的に児童の実態や変容に着目できるようになり、協議会のなかでも児童の姿を話題にすることができる。児童の姿から授業展開について話し合うこともでき、評価規準そのものの妥当性についても確かめることができる。

(2) 研修だよりでの共有化

　研究主任が発行する研修だよりにおいて、提案授業の「見どころ紹介」を行っている。単元構想会・指導案検討会での話し合いおよび単元に入ってからの授業の様子から、提案授業で参観者に注目してもらいたい点を載せる。
　提案授業を参観する心構えを気軽に共有し、全職員で研究会当日を迎える手立ての一つと考えている（図7）。

(3) 児童の実態と研究実践の共有

　児童アンケートを年に2回、6月頃と1月頃に行っている。1単位時間の基本の授業スタイル（西目っ子の学び）を基に、児童一人ひとりがどのような意識で授業に臨んでいるのかを理解する手立ての一つとなる。学級の傾向を見るとともに、一人ひとりの学び方の定着を支援するために役立っている。

図7　研修だよりの一部

> 5松算数の見どころは・・・
>
> 田んぼアートの壮大な単元構成のもと、既習事項を生かして新しい図形の面積を求めていきます。台形をどう見て、どんな作戦で解決していくのか、子どもたちが意欲的に考える姿が目に浮かびます。どんなふうに友達の目の付け所のよさに気付き、また、複数の考えを比べてどんなことに気付いていくのか、学び合う姿に注目ですね。日常の授業で積み重ねられたちょっとした学習の約束も大いに参考にしたいところ。ゆかり＆青木の学級の学力差を踏まえた支援にも学びましょう。

　アンケートの項目は以下のようである（平成26年度の例）。

設問1　つかみタイムの時間に、その時間の課題がはっきりわかり、すすんでやってみたいと思いますか？

設問2　自分タイムで、考えを文や図などを使ってあらわすことができますか？

設問3　つなぎタイムで、ペアやグループで学び合うとき、自分の考えと友だちの考えをくらべることができますか？

設問4　つなぎタイムで、全員で話し合うとき、いろいろな考えのちがいやにていること、よりよい考えなどを見つけることができますか？

設問5　ほかの人の考えを、その人が書いた図などを見ながら説明することができますか？

設問6　まとめタイムの時間に、大事なことをまとめたりふりかえりを書いたりすることができますか？

　研究の成果と課題は年度末に「研究紀要」としてまとめている。全職員が主に提案授業の教科を中心に執筆している。提案授業を含め、他の単元での実践も載せ、研究の重点を視点にして考察している。この紀要は次年度の研究の土台となり、次年度の実践の参考資料として活用することを共通理解し、研究を積み重ねている。

◆秋田型教育の秘訣 《秋田県由利本荘市立西目中学校》

# あきた型共同研究とあきた型学校評価

校長　佐藤和広

　秋田県が、全国学力・学習状況調査で良好な結果を収めていることから、本校にも全国各地からさまざまな視察団が来校するようになった。本校の実態を説明しながら各地域の様子をうかがってみると、どうやら本校を含む秋田県の各学校で普通に行われていることが、他県ではそうではないらしいということがわかってきた。その優劣は別として、その「本校で行われていること」をまとめてみることは、何かしらの意義をもつことであると考える。自分自身の研修を兼ねて、実践の様子を以下に紹介してみたい。

## ❖本校の学校経営の概要

　本校の学校経営の概要を示したのが図1である。本校は「立志の学校」としての伝統を受け継ぎ、高い志をもって力強く生き抜く生徒を育てることをひとつの理念としている。2年生では、保護者や地域の方々を招いて「少年式」を行い、生徒一人ひとりが自分の将来の夢や目標を語り合う機会を設けている。また、本校はかねてより地域との結びつきが強く、地域とともに歩む学校づくりが行われてきている。平成25年度には学校運営協議会が立ちあげられ、コミュニティ・スクールとしてのいろいろな活動が始まっている。また本地域では、幼稚園、小学校、高等学校との連携も進められており、大きな成果をあげている。

## ❖本校の研究推進の概要

　本校の研究推進の概要は、図2のとおりである。
　研究主題に掲げているとおり、本校の研究の最大の目的は「確かな学力の向上」ということである。今日、「学び合い」は多くの学校で重視されている部分であるが、本校においても「学び合い」を通じて「確かな学力の向上」につなげていくことをねらいとしている。また、副題として「言語活動の充

図1　本校の学校経営の概要

## 学校経営の概要

### 1　本校の理念

本校は「立志の学校」である。高い志をもち、将来に渡って力強く生き抜く人間を育てることが本校の大いなる理念である。また、本地域は従来より学校教育に深く関わり、地域と学校は、密接な関係をもちながら共に歩んで来ることができた。地域と共に学校づくりを行っていくことも本校の重要な理念である。

### 2　学校教育目標

「夢を力に」
――立志三訓――
「希望」「友情」「鍛練」

### 3　目指す生徒像

(1)「希望」　自己を正しく理解し、確かな目標をもって、努力を続ける生徒
(2)「友情」　相手の立場を理解し、協力し合い、互いにみがき高め合う生徒
(3)「鍛練」　心身を鍛え、何事にも挑戦し、最後までやり遂げる生徒

### 4　本年度の経営重点（学校経営戦略）

(1)「希望」（キャリア教育の推進）
　○　「立志の学校」の精神を柱に、3年間を見通した計画的な「生き方教育」を行う。
　○　ふるさと教育を基盤としたキャリア教育を充実させ、地域とともにつくる職場体験活動や進路学習などを計画的に実施する。

(2)「友情」（心の教育の推進）
　○　学級づくりに力点を置き、心のかよい合う学級を育て、生徒の居場所づくりについて全教職員で確認・実践する。
　○　特別活動、特に生徒会活動を充実させ、協力し合い、高め合う生徒集団をつくる。

(3)「鍛練」（学力の向上と人材の育成）
　○　教科の特性及びねらいに応じた言語活動を充実させ、確かな学力を身に付けさせるとともに、「『問い』を発する子ども」を育成する。
　○　各種競技会、コンテスト、コンクール等に積極的に挑戦させ、大きな舞台で自己の力を確かめ、さらに高めていけるように支援していく。

※コミュニティ・スクールとして、地域と連携しながら生徒を育てていく。
※道徳教育の重点を「希望」「友情」「鍛練」とし、計画的に指導していく。

### 5　あきた型学校評価重点目標

(1) 学習指導　各種学力調査において、昨年度を上回ったか。
(2) 生徒指導　「立志三訓」の意識を高めることができたか。

図2　研究推進の概要

```
研究推進の概要

1　研究主題
　　　「学び合いで、確かな学力の向上を目指す指導の工夫」
　　　～教科の特性及びねらいに応じた言語活動を通して～

2　主題設定の理由
　　現学習指導要領における基本的な考え方は、「基礎的・基本的な知識・技能の習得」、「思考力・判断力・表現力の育成」、「学習意欲の向上や学習習慣の確立」、「豊かな心や健やかな体の育成や充実」の重視であり、これらは本校の課題とも重なるため、昨年度、一昨年度と教科の特性及びねらいに応じた言語活動の充実を図りながら研究を重ねてきた。本校独自の「教科の特性に応じた言語活動」は研究の土台となり、改善を加えながら有効に機能したと考えている。特に生徒の意欲や情意面で望ましい生徒の姿に向かっていると考えられる。学力面では基礎学力・活用力にまだ伸びる余地があると判断できるため、今後も言語活動の充実を中核にした研究・実践を行うとともに、学び合いの場面を設定しながら、確かな学力、豊かな心、健やかな体が調和し「生きる力」を身に付けた生徒の育成を目指して、研究を推進していく。

3　研究の仮説
　　　教科の特性やねらいに応じた言語活動を通して学び合い、思考力・判断力・
　　　表現力等を育むことで、基礎・基本及び活用力等の確かな力が育つと考える。

4　研究の重点と実践概要
(1)　[重点1]　ゆさぶりのある学習過程の構築
　①　生徒の興味・関心を喚起する学習課題の提示や設定を工夫する。
　②　受容的・共感的な人間関係を基盤とし、自己決定の場面を設ける等、生徒の主体性を促す学習過程を工夫する。
　③　「導入(学習課題の明確化・予想・見通し)－展開(自力解決・学び合い)－終末(まとめ・評価)」を一単位時間の学習の流れと考え、いずれかの段階で生徒の思考をゆさぶる学習過程を工夫する。
(2)　[重点2]　教科の特性に応じた言語活動の充実
　①　授業の中に説明・論述・討論等の場を設定する。
　②　互いに学び合うことで自分や集団の考えを発展させる場を設定する。
(3)　[重点3]　学んだことを確認し、生かす場の設定
　①　教科の特性やねらいに応じた単元構成や学習過程を工夫する。
　②　基礎的・基本的な知識・技能の習得を図る。
　③　思考力・判断力・表現力の育成を図るために、学んだことを生かす場を設定する。(≒活用、応用、発展)

※小学校・高校との連携による相互授業研究会
　①　小学校との指導案検討会や、授業研究会の交流を深める。
　②　高校との授業研究会や研修会を進める。

5　成果等の把握と検証の手立て
(1)　授業研究会を中心とした検証
(2)　諸検査の分析と活用
(3)　学習アンケートの実施(7月と12月)
```

図3　研究組織

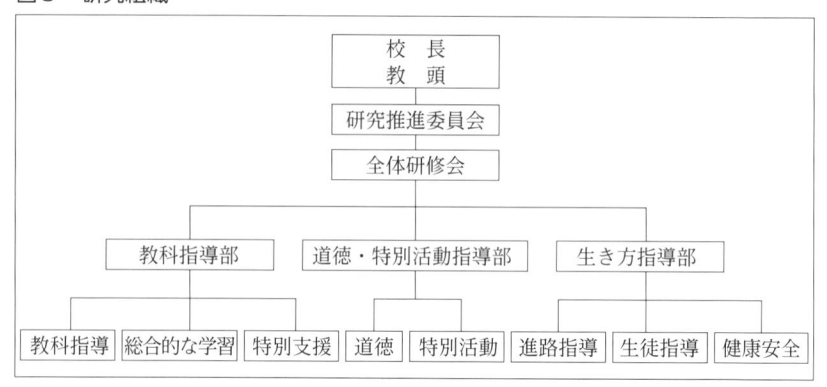

```
                    ┌─────────────┐
                    │ 校　　長    │
                    │ 教　　頭    │
                    └──────┬──────┘
                           │
                    ┌──────┴──────┐
                    │ 研究推進委員会 │
                    └──────┬──────┘
                    ┌──────┴──────┐
                    │  全体研修会  │
                    └──────┬──────┘
          ┌────────────────┼────────────────┐
    ┌─────┴─────┐  ┌───────┴────────┐  ┌────┴──────┐
    │ 教科指導部 │  │道徳・特別活動指導部│  │生き方指導部│
    └─────┬─────┘  └───────┬────────┘  └────┬──────┘
     ┌────┼────┬─────┐  ┌──┴───┐      ┌─────┼─────┐
  教科 総合的な 特別  道徳 特別    進路  生徒  健康
  指導 学習    支援       活動    指導  指導  安全
```

実」を視野に入れ、「学び合い」を確かなものにしようとしている。

　研究推進の中心となるのが研究主任である。研究主任は学年部を離れ、いわゆる「4年部」の一員として研究のいっさいを担っている。校内におけるその役割は大きく、担当授業時数も他の教師より若干少なめに設定されている。

## ❖研究組織

　本校の研究組織は、図3のようになっている。

　研究の主たる協議の場は「全体研修会」であり、年7回行われる。教職員全員が参加し、研究の方向確認から実践についての情報交換、評価、そして研究紀要の作成まで、この「全体研修会」で行われる。「研究推進委員会」は、校長、教頭、教務主任、研究主任で組織され、「全体研修会」に提案する前の素案などを検討している。これは必要に応じて行われるもので、日常の細々とした部分については、校長や教頭が研究主任の相談を受けるという形で協議されている。教科指導部においてはそれぞれ教科主任を設定しているが、教諭数12名の小規模校であり、教科部会を行うことのできない教科も多い。技能教科はすべて、「ひとり教科」である。

## ❖研修計画

　平成26年度の研修計画は、表のとおりである。

2 秋田型教育の秘訣

表　平成26年度の研修計画

### 校内研修計画

| 期 | 月 | 段階 | 日（曜） | 研修会・研究会 | 研修・研究の内容 |
|---|---|---|---|---|---|
| 1期 | 4 | 体制作り | 4月3日(木)<br>4月15日(火) | ○第1回　全体研修会<br>○市教職員春季研修会 | ●研究方針の確認<br>●校内研修計画についての共通理解<br>●学習の約束について |
| 2期 | 5 | 仮説の追求 | 5月16日(金)<br>5月26日(月)<br>5月30日(金) | ○第2回　全体研修会<br>○指導案検討会 | ●本年度の重点の確認<br>●新学習指導要領に則った指導案の形式について<br>●学力向上を目指した検証改善サイクルと共通実践事項の確認<br>●NRT分析とその対策その他<br>●要請訪問授業研究会の指導案の検討 |
| | 6 | | 6月10日(火) | ○要請訪問Ⅰ<br>（国語・数学・英語） | ●研究仮説の検証 |
| | 7 | | 7月16日(水)<br>7月24日(木) | ○授業評価アンケート<br>○小・中交流授業<br>○特別支援セミナー①<br>○第3回　全体研修会 | ●生徒の実態把握や授業改善のための資料<br>●小・中の共通理解に基づく研究体制の確立<br>●実践の妥当性や方向性の確認 |
| 3期 | 8 | | 8月4日(月)<br>8月6日(水)<br>8月25日(月) | ○教研経営部門研究会<br>○市夏季教職員研修会<br>○第4回　全体研修会 | ●言語活動を充実させる具体的な手立て<br>●研究主題の具現化 |
| | 9 | | 9月3日(水)<br>9月8日(月)<br>9月16日(火) | ○指導案検討会<br>○要請訪問Ⅱ<br>（音楽・英語・保健体育） | ●要請訪問授業研究会の指導案の検討<br>●研究主題の具現化 |
| | 10 | | 10月15日(水)<br>10月17日(金)<br>10月24日(金)<br>10月31日(金) | ○第5回　全体研修会<br>○市教委授業力向上訪問<br>（理科）<br>○中・高交流授業<br>○特別支援セミナー②<br>○指導案検討会 | ●研究授業の評価<br>●研究の進捗状況の確認<br>●研究主題の具現化<br>●中・高の共通理解に基づく研究体制の確立<br>●教科等訪問授業研究会の指導案の検討 |
| 4期 | 11 | 研究と分析 | 11月4日(火)<br>11月14日(金) | ○指導案検討会<br>○教科等訪問<br>（社会・特別活動） | ●要請訪問を踏まえた研究実践<br>●県学習状況調査について |
| | 12 | | 12月4日(木)<br>12月10日(水) | ○県学習状況調査<br>○第6回　全体研修会<br>○授業評価アンケート | ●研究会の成果と課題<br>●生徒の変容の調査 |
| 5期 | 1 | まとめ | 1月8日(木) | ○市教職員冬季研修会 | |
| | 2 | | | | ●学習状況調査補充学習 |
| | 3 | | 3月11日(水) | ○第7回　全体研修会 | ●今年度の成果と課題の確認<br>●来年度の研究について |

校内研修は、PDCAの流れに沿って計画されている。研究授業は一人1回は必ず行うように、年度当初から授業者を決定している。

## ❖研究授業

本校における平成26年度の研究授業としては、要請訪問（学校として県の指導主事の訪問を要請するもの）、教科等訪問（授業力向上のために県の指導主事が教科を定めて訪問するもの）、市教委授業力向上訪問（市の指導主事の訪問を要請するもの）を行った。この他、学校によっては、地域の教科部会による研究授業、学校区による輪番制の研究授業、小・中連携事業としての研究授業、自主公開授業など、さまざまな形で研究授業が行われている。

近年、学校規模が縮小化し、専門教科の教師が一堂に集まっての研究授業がもちにくくなってきた。校内での研究授業も、他教科の教師と数人のグループを組んで行われることが多くなった。本地域の特色であると同時に課題とも言える部分である。

## ❖校内における授業研究の流れ

本校における授業研究は、指導案の作成・検討から始まる。授業者が作成した指導案については、数人で組織されたグループのなかで検討会を行う。前述のとおり、この場合ほとんどは他教科の教師である。しかし、他教科教師の集団であっても、研究授業の際は本校の重点に沿って授業を構築していくことになるので、全員が同じ土俵の上で協議することになる（本校の重点は、図2に記載したとおりである）。また、教科の特性にまで言及できないまでも「自分の教科ならこんなことが考えられる」という提案はできる。それが、授業者にとっては新鮮で、とても役立つものである場合も多い。

研究授業も、そのグループの教師全員が参観する。もちろん指導のために来校した指導主事にも授業のすべてをみていただく。授業終了後の研究協議もグループで行う。司会者と記録者以外には2〜3人しかいないという場合もあるが、協議の視点は「本校の重点」に絞られているので、話し合いは常に活発に行われている。最近ワークショップ形式の協議会を行う学校も増えてきた。協議には指導主事も参加し、最後に指導・助言をしていただく。そ

のなかで「教科の特性」に関する話も十分にうかがうことができるので、授業者としては非常に満足のいく研修となる。これら一連の流れは「あきた型共同研究」ともいえるものである。学校規模が年々小さくなり数年後大量の新採用教師を抱えることになる本県にとっては、非常に重要な研究体制であるといえる。

## ❖小・中連携における研究

　本校は、同じ地域にある西目小学校といろいろな連携活動を行っている。コミュニティ・スクールとしての活動も含め、各種合同会議や情報交換、「かかしづくり」などの合同行事、学校行事への相互招待、校区カレンダーの作成など、平成25年度も多くの事業を展開することができた。研究に関する連携としては、授業研究会への相互参加、小・中合同研修会が大きな成果を収めている。前者は、小・中どちらかの学校で研究授業が行われるとき、一方の学校の教師が授業参観を行うとともに、研究協議にも参加するというものである。後者は、小・中学校の教師が一堂に集まり、それぞれの課題について協議し合うものである。どちらも、多様な視点から意見を聞くことができるという点において、大きな意味をもつものととらえている。

## ❖研究紀要の作成

　年度の最後には、研究のまとめとして「研究紀要」を作成する。本校の平成26年度研究紀要はＡ４判48頁に納められた。その研究紀要の内容は、教師一人ひとりの実践記録と指導案、研究のなかで作成した資料、そして全体のまとめである。本校の研究は「仮説－検証型」で行われているので、図２の研究仮説が正しかったのか誤りだったのかを明らかにすることが、研究紀要作成の主たる目的である。紀要作成については研究主任の力量に期待する部分が大きいが、研究に関しての研修を積み、職員との意思疎通もできているので、毎年ほぼ期待したとおりの研究紀要が完成している。この研究紀要は１年間のまとめであると同時に、次年度への指標となる。次年度の研究計画は、この研究紀要をもとに作成されることになる。

図4 あきた型学校評価（一部）

| あきた型学校評価（PDCAのPのみ） |||||||||
|---|---|---|---|---|---|---|---|---|
| 西目中学校　学校評価シート　①　評価領域　学習指導 |||||||||
| ② | 重点目標 | 生徒一人一人の学力向上 |||||||P|
| ③ | 現　状<br>◎:上回る<br>○:やや上回る<br>ー:平均並み<br>△:やや下回る<br>▲:下回る | ○ 秋田県学習状況調査の結果（平成25年度 県平均との差） |||||||
| ||| 国語 | 社会 | 数学 | 理科 | 英語 ||
| ||1年生（H25 小6）| ○ | ー | ー | ○ | ー ||
| ||2年生（H25 中1）| △ | △ | △ | ー | △ ||
| ||3年生（H25 中2）| ー | △ | ー | △ | ー ||
| ④ | 具体的な目標 | 1年生　2年生　　　　　　3年生<br>全教科で昨年度を上回る。　本荘由利地域の平均を上回る。 |||||||
| ⑤ | 目標達成のための方策 | ●すべての教科において、自力思考をもとにした学び合いを実施し、思考力・判断力・表現力を育成する。<br>●すべての教科において、ゆさぶりのある学習過程を構築し、学習意欲を高めるとともに、「『問い』を発する子ども」を育成する。<br>●すべての教科において、教科の特性やねらいに応じた言語活動を行い、学び合いを充実させる。<br>●すべての教科において、基礎・基本の定着及び活用する場を設定し、確かな学力を身に付けさせる。<br>●すべての教科において、学習課題とまとめを明記し、ねらいと成果が明確に提示される授業をつくる。<br>●すべての教科において、「振り返り評価」を実施し、その結果を指導に生かしていく。 |||||||

## ❖あきた型学校評価

　本校では1年間を通じて、学校関係者評価を実施している。その形式は県教育委員会から示されており、「あきた型学校評価」と呼ばれている。図4は、そのシートの一部である。

　この図4はPDCAのPの部分だけであるが、この後に⑥具体的な取り組み状況、⑦達成状況、⑧自己評価、⑨学校関係者評価と意見、⑩自己評価および学校関係者評価に基づいた改善策、の記述欄がある。重点目標は各学校に任せられているが、本校では学力向上を最重要課題ととらえ、毎年重点目標として設定している。1年を振り返る絶好の機会ととらえている。

＊

　本文のなかで何度か触れたが、本校の研究については「研究主任」の力に頼るところが非常に大きい。他県の様子を聞くと、この研究主任が十分に機能していないというところもあるようである。秋田県で研究主任は教務主任と並ぶ学校経営の大きな柱である。これからも研究主任をしっかりと育成し、「あきた型」の研究を続けていきたいと思う。

❖秋田型教育の秘訣　《秋田県能代市立二ツ井小学校》

# 「授業力」と「学級力」の双方で向上を図るOJT

校長　佐々木彰子

## ❖今本校が取り組んでいるOJTとは──子どもの成長と学校の活性化をめざす教師力向上校内研修をめざして

　本校では昨年度から、国語科を主軸とした「ユニバーサルデザインの授業」の研究に取り組み始めた。統合校として5年経過し、年齢構成は中堅、ベテランが多数を占める。

　これまで進めてきた算数科における「授業力と学級力の並行」の取り組みが機能してきたことを受けて、「ふたついスタイル」の授業改善システムを模索し、次のステップへ質の向上を図ることをめざした。そのために子どもの成長に学び続ける研究マインドをもった教師集団として、校内研修にダイナミックに踏み出していくことを年度当初に確認した。

　次の二つの視点で全教師が新たな知を求めて挑戦を始めた。
(1)　国語科の授業に「ユニバーサルデザイン」の視点で切り込むこと
(2)　学級力向上プロジェクトを生かし、すべての子どものわかりやすさに向けて意識改革を図ること

　特色は、「見通し→発表→話し合い→振り返り」というあきた型の授業スタイルを本校の子どもの実態に合わせて、「わかる・できる」授業スタイルをめざし、国語科を研究教科に据えて授業のユニバーサルデザイン化を図ったことである。

　また、子ども自らが学級の状況を評価し改善する学級力向上プロジェクトに取り組み、学習集団である学級の力を組織的に高める工夫をしている。本校の研修の概略を図1に示す。

　初年度ではあったが手応えが得られ、校内研修では、多様な実態の子どもに対応するために「わかる」「できる」授業展開が語られた。本県の「平成27年度学校改善支援プラン」（Web）9頁に掲載中である。

図1　研修の概略

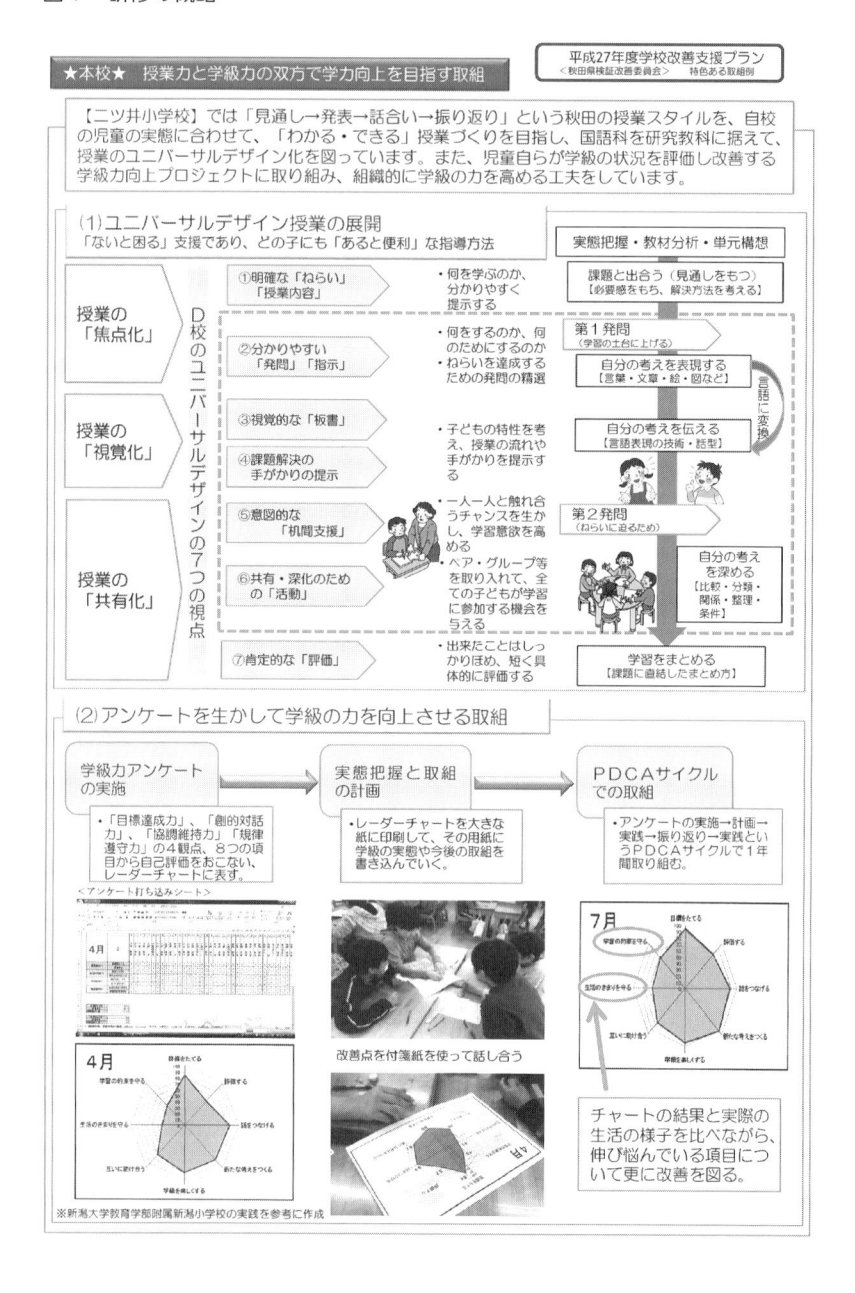

★本校★　授業力と学級力の双方で学力向上を目指す取組
平成27年度学校改善支援プラン
〈秋田県検証改善委員会〉　特色ある取組例

【二ツ井小学校】では「見通し→発表→話合い→振り返り」という秋田の授業スタイルを、自校の児童の実態に合わせて、「わかる・できる」授業づくりを目指し、国語科を研究教科に据えて、授業のユニバーサルデザイン化を図っています。また、児童自らが学級の状況を評価し改善する学級力向上プロジェクトに取り組み、組織的に学級の力を高める工夫をしています。

(1) ユニバーサルデザイン授業の展開
「ないと困る」支援であり、どの子にも「あると便利」な指導方法

実態把握・教材分析・単元構想

授業の「焦点化」
D校のユニバーサルデザインの7つの視点

① 明確な「ねらい」「授業内容」
・何を学ぶのか、分かりやすく提示する

② 分かりやすい「発問」「指示」
・何をするのか、何のためにするのか
・ねらいを達成するための発問の精選

授業の「視覚化」

③ 視覚的な「板書」
④ 課題解決の手がかりの提示
・子どもの特性を考え、授業の流れや手がかりを提示する

授業の「共有化」

⑤ 意図的な「机間支援」
・一人一人と触れ合うチャンスを生かし、学習意欲を高める

⑥ 共有・深化のための「活動」
・ペア・グループ等を取り入れて、全ての子どもが学習参加する機会を与える

⑦ 肯定的な「評価」
・出来たことはしっかりほめ、短く具体的に評価する

課題と出合う（見通しをもつ）
【必要感をもち、解決方法を考える】

第1発問（学習の土台に上げる）
自分の考えを表現する
【言葉・文章・絵・図など】

言語に変換

自分の考えを伝える
【言語表現の技術・話型】

第2発問（ねらいに迫るため）
自分の考えを深める
【比較・分類・関係・整理・条件】

学習をまとめる
【課題に直結したまとめ方】

(2) アンケートを生かして学級の力を向上させる取組

学級力アンケートの実施
・「目標達成力」、「創的対話力」、「協調維持力」、「規律遵守力」の4観点、8つの項目から自己評価をおこない、レーダーチャートに表す。
＜アンケート打ち込みシート＞

実態把握と取組の計画
・レーダーチャートを大きな紙に印刷して、その用紙に学級の実態や今後の取組を書き込んでいく。

PDCAサイクルでの取組
・アンケートの実施→計画→実践→振り返り→実践というPDCAサイクルで1年間取り組む。

4月

改善点を付箋紙を使って話し合う

7月

チャートの結果と実際の生活の様子を比べながら、伸び悩んでいる項目について更に改善を図る。

※新潟大学教育学部附属新潟小学校の実践を参考に作成

## ❖OJT推進の中心的組織（学年部会・教科部会等も含む）

```
                    研修推進委員会（5名）
        校長   教頭  教務主任  ◎研究主任（研修部長）  学習指導部長
                    研修部（◎研究主任）
            研修計画（授業力・学級力）・研修実践・諸調査・集録
                授業研究会（授業力）・全員研修会（学級力等）
学年部会（1・2年部会 3・4年部会 5・6年部会）  各教科・教科外部会
    学習指導部会（年間計画 毎月具体的施策・月例検討会（定例職員会議）
        ・Aブロック協議会：国語                              （3～4名）
        ・Bブロック協議会：算数・社会・理科・生活              （3～4名）
        ・Cブロック協議会：音楽・図画工作・家庭・体育          （3～4名）
        ・Dブロック協議会：道徳・特別活動（学級活動）・総合的な学習の時間  （3～4名）
        ・別枠で協議会：特別支援教育・外国語活動              （3～4名）
    特別支援教育運営委員会（年3回）・全員研修会（3回程度）
```

※定例職員会議は毎月1回：案件1「子どもを語る会」（学級力状況と個別の事案）
※学習指導部の案件には「図書」「環境」「ふるさと教育」「防災教育」「クラブ活動」等を含む。
※学習資料「学習の約束」と「家庭学習・自主学習の約束」は小中連携で作成。

## ❖OJTのための年間スケジュール

(1) 研修会について

| 月 | 校内研修 | 研修内容 |
|---|---|---|
| 4 | しつけ・ノート指導<br>◦全員研修会1回目<br><br><br><br>◦教科・教科外部会<br>◦全員研修会2回目<br><br>学級力アンケート実施・計画 P | ・よりよい授業づくりのための取り組み<br>・研究の全体構想<br>・教科経営案について<br>・学習の基本的約束について<br>・月別学習のめあて<br>・研究授業、研究会のもち方<br>・経営計画立案のための話し合い<br>・各教科、教科外経営案説明<br>・指導案の形式検討<br>・総合的な学習の全体計画、単元計画作成について<br>・学級力アンケートの実施と計画の立案 |
| 5<br>6 | 実践（学級力）D<br>板書 | ・教科、領域指導で、学級力を鍛えるための取り組みの実践<br>・構造化された板書の工夫（授業研究会とのかかわり） |
| 7 | 学級力アンケート実施・振り返り C | ・学級力アンケートの実施と取り組みの振り返りと修正した活動の計画 |
| 8 | ◦伝達講習会（夏休み後半） | ・諸講習の伝達 |
| 9 | 実践（学級力）A | ・教科、領域指導で、学級力を鍛えるための取り組みの実践 |

| 10 | 発・机間指導 | ・精選した発問、効果的な机間指導への取り組み(授業研究会とのかかわり) |
| | 学級力アンケート実施・振り返りC | ・学級力アンケートの実施と取り組みの振り返りと修正した活動の計画 |
| 11 | 実践(学級力)A 学習状況調査に向けた取り組み | ・教科、領域指導で、学級力を鍛えるための取り組みの実践 |
| 12 | 学級力アンケート実施・振り返りC | ・学級力アンケートの実施と取り組みの振り返り |
| 1 | 学習状況調査の補充指導 ○教科、教科外部会 | ・今年度のまとめと反省 |
| 2 | ○全員研修会3回目 学級力アンケート実施・振り返りC | ・今年度のまとめと次年度の研修についての方向性 ・学級力アンケートの実施と1年間の振り返り |

(2) 授業研究会について

| | 実施日 | 教科 | 学級 |
|---|---|---|---|
| ① | 6月25日(水) | 国語科 | 6-2 |
| ② | 9月30日(火) | 理科 | 6-2 |
| ③ | 10月28日(火) | 国語科 | 3-2 |
| ④ | | 国語科 | 4-1 |
| ⑤ | 11月18日(火) | 国語科 | 1-2 |
| ⑥ | 1月30日(金) | 音楽科 | 2-1 |
| ⑦ | 6月3日(火) | インクルーシブ | 1-1 |
| ⑧ | | インクルーシブ | 1-2 |
| ⑨ | 11月12日(水) | 特別支援 | 梅組 |
| ⑩ | | 特別支援 | 松組 |

※近隣の幼・小・中・高に情報提供し授業公開した。

　これらの他に、「授業を見合う会」を不定期に開催した。3日前に略案を提出し、自由参観とした。参観した教師は授業参観記録を提出した。

## ❖授業研究会の運営

(1) 基本的な考え方
○研究の視点を明らかにし研究主題の仮説検証のための提案授業と考える。
○授業研究の追究プロセスを通して授業者および参観者の授業力向上を図る。

(2) 授業研究について
①全校授業研…授業も研究会も全員参加。指導主事から指導を受ける
②授業を見合う会…略案作成→自由参観→授業参観記録を研究主任に提出→研究主任はまとめたものを授業者へ

　授業者は、参観記録をまとめた内容をもとに、今後の授業に生かしていくための改善点を記入して、再び研究主任へ提出する。

(3) 指導案の検討と授業研究会の運営——全校授業研の場合

授業日の3週間前までに下記の点について研究主任と打ち合わせをする。

○研究主題との関連、○研究の視点、○授業の構想。

①事前研について

○1回目：授業日の2週間前までに行う。

　●指導案の検討

　　参加者：低・中・高学年部のどれかに参加＋研究主任

　　司会・記録：司会は当日の司会者、記録は授業者

　　　　　　　高学年部…5・6年部員（4～6名）

　　　　　　　中学年部…3・4年部員（4～6名）

　　　　　　　低学年部…1・2年部員（4～6名）

　　　　　　　特別支援教育…特別支援教育運営委員（4～6名）

○2回目：必要に応じて行う（授業者と研究主任）。

　●変更・訂正した箇所の確認

　●文言の最終チェック

②研究授業の参観の仕方

○授業の視点に沿って、全職員が授業を参観する。

③授業研究会の参加の仕方

○研究の仮説を全員で検証することにより、研究主題にせまることをねらいとする。

④研究会の進め方（ワークショップ形式）

○秋田県総合教育センターによるFWS型授業研究（図2・表）で成果と課題を明らかにする。

| <授業者が1名の場合> | <授業者が2名の場合> |
|---|---|
| ①あいさつおよび指導者の紹介（校長：3分） | ①あいさつおよび指導者の紹介（校長：3分） |
| ②授業者の反省と問題提起（授業者：5分） | ②反省と問題提起（授業者：10分） |
| 【分科会】 | 【分科会】 |
| ③質疑応答・協議（参加者：25分） | ③質疑応答・協議（参加者：40分） |
| 【全　体】 | 【全　体】 |
| ④各分科会の報告（成果と課題）（15分） | ④各分科会の報告（成果と課題）（20分） |
| ⑤指導助言（指導者：20分） | ⑤指導助言（指導者：20分） |
| ⑥お礼の言葉（教頭：2分）　≪70分≫ | ⑥お礼の言葉（教頭：2分）　≪95分≫ |

図2　FWS型授業研究会（付箋紙を用いたワークショップ型研究協議）

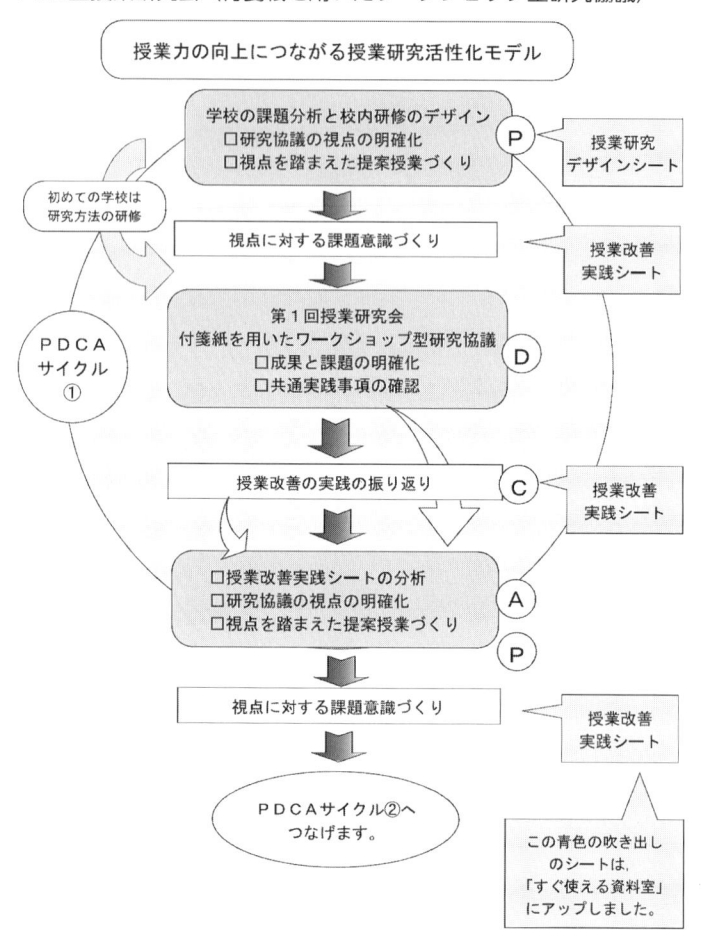

⑤記録のまとめ方

　記録者は、授業研究会での話し合い、指導助言などについて記録をまとめ10日程度をめどに、研究主任に提出する。

　FWS型授業研究会では、「このとき、この場で、どんな方法や教材教具が有効に働いて、どんな力が引き出されたか」など、授業構想や授業観察から、教師間で子どもの成長が具体的に楽しげに語られた。教師集団が子どもの育ちを実感しながら、授業研究を組織として協議できたことは有意義であった。また、FWS型授業研究会では、回を重ねるほどに、「ここはUD」「この工

## 2 秋田型教育の秘訣

表　研究協議会の流れ

| 次　第 | 全体会司会者 | 授業者 | Gリーダー | 参観者 |
|---|---|---|---|---|
| 全体会Ⅰ<br>・視点，授業のねらい等の説明<br>（5分） | はじめの言葉<br>・協議会の目的，協議の視点を確認する。 | ・授業のねらい，児童の実態等を説明する。 | ・協議の視点にかかわる質問や確認があれば述べる。 | |
| グループ協議<br>（30分） | 全体把握，調整<br>・協議の各グループの進度を把握し調整する。 | ・各グループを廻りながら質問等に応える | ・模造紙に貼り付け開始の先導役を担う。<br>・グルーピングする。<br>・各項目のキーワードを決定する。<br>・グループ内で改善策や全体会に向けて意見を出し合い，集約する。 | ・付箋紙を貼り付ける。 |
| | 終了5分前の連絡 | | ・協議のまとめ，発表準備 | |
| 全体会Ⅱ<br>・各グループからの発表<br>（10分） | 進行 | ・各発表のポイントを整理する。 | ・模造紙を指定された場所に貼る<br>・グループからの発表<br>・各グループの成果と課題を十分把握する。 | |
| 休　憩<br>（10分） | ・全体会司会者とグループリーダー，事務局，指導助言者（管理職）で全体会Ⅲの進め方について打ち合わせを行う。 | | | 各グループの模造紙の内容を把握する。 |
| 全体会Ⅲ<br>・全体協議<br>（15分） | 全体協議のコントロール<br>・具体的な改善策を導き出すため方向付けをする。 | ・必要に応じて発言する。 | グループでの後半部分で話し合った具体的な改善策等の意見の紹介，または，授業改善に関わる話し合い。 | |
| | まとめ<br>・協議の視点における成果と課題をまとめる。<br>終わりの言葉 | 感想発表<br>・課題や改善策について感想を述べる | | |
| 指導助言<br>（20分） | 指導主事，または，管理職が指導助言を行う。 | | | |
| あいさつ | 管理職があいさつする。 | | | |

夫はまさにUD」と活発に意見が交わされた。授業のユニバーサルデザイン化が、子どもにとって、「わかる・できる」につながっていることなど、日々の授業の事例や他教科の例も互いに軽やかに、力強く語られていた。協議の視点に特化し、焦点化した協議を重ねて、ユニバーサルデザインの授業は、「ないと困る」支援であり、どの子にも「あると便利」な指導方法であることを共通理解することができた初年度だった。同時に通常の学級における特別な支援を必要とする子どもへの配慮に理解が進み、教師が求める質も高まった。

　全国学力・学習状況調査、県学習状況調査、新体力テスト等の諸調査および学級力チャートでの子どもの自己評価や保護者アンケート等、さらに、本県主催の研究発表会で研究主任が本研究をたびたび発表する機会を得て、他

校や教育行政関係者と意見交換できた。多角的な意見も加えて省察し、年度末に研究集録にまとめ、今年度へとつなげている。

## ❖ 研究紀要など成果のまとめ方

　研究および実践記録・資料・諸調査の分析・研修部報等をまとめ、成果と課題を明らかにして、次年度に向けた改善策を構想できるようにする。
　子どもの成長の姿を教師集団が共有できるような紙面構成を工夫する。

## ❖ その他――「あきた型」学び続ける教師を育てるための方策「連携」

　解なき答をチームで見つけ、前に踏み出す頼もしさが求められる時代である。時に痛みの伴う試行錯誤だが、楽しさや喜びを共に分かち合ってくださる地域のソーシャルスキルの高さが、これまでも子どもを支えてくれた。この秋田県の地域性のよさは強みである。

(1)　学習・生活習慣の形成を家庭・地域とともに――よい習慣は生涯を支える
①二ツ井小の子自立プラン
②小中連携「家庭学習」「学習ルール」
(2)　地域との連携による良好な関係づくりの構築――連携と家庭への還元
①ふるさとの実相を課題に据えた秋田県ふるさと教育の実践
②学校間連携による公開機会設定（幼・小・中・高の授業公開）
③教育行政や秋田県総合教育センターとの連携（あきた型）
④学校地域が共に活性化するための活動の推進（楽しさの分かち合い）

＊

　学校は互いの成長を喜び合う場。
　教える者である教師もまた、成長し続ける子どもと向き合って、教育課題解決に向けて創造的な議論ができる考え方とスキルを高め合い、子どもの成長と学校の活性化に役立つことを願いたい。
　子どもたちの大いなる可能性を引き出し育むという教育の理念を中心に据え、これからの社会づくりに貢献しようとする意欲や行動力を育てる研修を図ることが重要となる。

# 3章　福井の人の育て方

福井県敦賀市立敦賀南小学校
福井県福井市立森田中学校
福井県福井市立河合小学校

◆ 福井の人の育て方 《福井県敦賀市立敦賀南小学校》

# 全校体制の授業研究会による授業力向上

校長　寺下雅裕

## ❖今本校が取り組んでいるOJTとは

　本校は、全校児童403名、各学年2学級（1学年のみ3学級）と特別支援学級2学級、計15学級（平成26年度3月現在）の中規模校である。各学級担任のほかに教務主任1名、TT担当教師2名、専科教師1名が配置されており、管理職を含め24名の教職員で指導にあたっている。

「言葉を大切にし、ともに学び合える南の子の育成」を研究主題とし、「言葉を大切にする」という観点から学習活動全体において言語力の育成を、「ともに学び合う」という観点から学び合う授業づくりをめざして、国語科を中心に研究を進めている。

　過去2年間の全国学力・学習状況調査、県学力調査の国語の結果を分析したところ、本校児童の実態として、内容を読み取ったり、話を聞いて自分の考えを話したりする問題には強いが、漢字の書き取りやことわざの意味理解などの語彙の問題、文章を読んで自分の考えを的確に書く問題が弱いという傾向が見られた。そこで、

①書く、話すことの基礎的・基本的な知識・技能となる語彙力
②文章を読んで内容を理解する読解力
③自分の思いや考えを豊かに表現する力
④自分の考えを的確に伝え、他者の考えと比較し発展させる伝え合う力

以上の四つを、「本校の児童に育てたい力」として位置づけている。

　とくに授業では、児童の読解力、表現力、伝え合う力を養うことを中心に考え、国語科の授業展開、指導方法の工夫について全校体制で研究を進めてきた。平成23～25年度には、大学教授を講師に招き、国語の授業づくりについての研修を重ねた。そこで学んだ授業づくりのエッセンスを取り入れながら、本校の児童に育てたい力を授業のなかでどのように育成していくかを

## 3 福井の人の育て方

図1 南スタイルの授業展開

| 課題の提示 | ○指導者が本時の学習課題を提示する。<br>　課題は短く、わかりやすく、焦点化したものとする。 |
| --- | --- |
| 音　読 | ○本時で学習する場面（段落）を音読する。<br>　範読、全員読み、指名読み、繰り返し読みなど様々な方法で読み浸らせる。 |
| ひとり学習 | ○課題に対する自分の考えをノートに書く。<br>　指導者は机間指導をし、的を射た考え等を拾ってアナウンスし全体に広げる。<br>　アナウンスすることで、自分の考えが思い浮かばなかったり、書き進められなかったりする児童にヒントを与える。 |
| ペア学習 | ○原則、隣席の児童同士で自分の考えを伝え合う。<br>　ペアから自分にない考えを得て、ノートに書き加える。 |
| 全体交流 | ○学級全体で自分の考えを伝え合う。<br>　指導者は、机間指導で見取った児童の考えをもとに意図的指名を組み立てる。 |
| ふり返り | ○全体交流を終えて、本時の学習でわかったこと、思ったことをノートにまとめる。<br>　指導者は、観点を明確にしてふり返りを書くようにさせる。 |

考え、平成25年度に「南スタイルの授業展開」（図1）を構築した。

　そして、どの教師も自信を持って国語の授業に臨めるように、全校体制で「南スタイルの授業展開」の授業研究に取り組むこととした。「指導案検討会」→「公開授業参観」→「事後研究会」のサイクルで、全教師参加の「校内授業研究会」を年間を通して計画的に実施することで、「南スタイルの授業展開」の指導方法について共通理解が図られ、全教師の授業力向上につながると考えた。また、「南スタイルの授業展開」の定着は、国語の授業で学級間の格差が生じないようにすることや、主体的に授業に参加する児童の増加にもつながると考えたからである。

## ❖OJT推進の中心的組織

　本校のOJTは、全教師が研究の方向性を共通理解し、学年、学団、全校で協力して進めていることが特徴である。OJTの中心となるのは、「研究部」で、研究主任を中心に4名で組織している。研究推進計画は、研究部が原案を作成し、まず校長、教頭、教務主任を含めた「研究推進委員会」で検討する。

図2　研究組織図

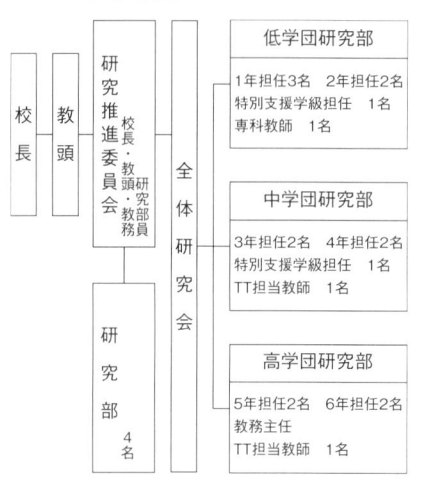

```
┌─校長
│
├─教頭
│
├─研究推進委員会
│  校長・教頭・研究部教務員
│
│        ┌─低学団研究部
│        │  1年担任3名　2年担任2名
│        │  特別支援学級担任　1名
│        │  専科教師　1名
│        │
│        ├─中学団研究部
│        │  3年担任2名　4年担任2名
│  全体研究会
│        │  特別支援学級担任　1名
│        │  TT担当教師　1名
│        │
│        └─高学団研究部
│           5年担任2名　6年担任2名
│           教務主任
│           TT担当教師　1名
│
└─研究部　4名
```

その後、修正案を全教師で組織する「全体研究会」に提案し、意見交換をした後で共通理解している。

研究推進委員会や全体研究会は、年度初めと年度末の年間2回程度しか実施していない。研究部も、話し合いの必要があるときに適宜実施し、提案事項を校長に報告して承認を得た後、職員会議等を利用して全体に周知するようにしている。研究部からの提案は、全教師で共通理解して取り組む内容が主である。たとえば、学習環境づくりとして全校で徹底させる「学習のルール」の提案や、公開授業の指導案形式の提案、研究の方向性の提案などである。研究組織を図2に示す。

## ❖OJTの年間スケジュール

(1)　校内授業研究会

　OJTの具体的な取り組みの中心は、各学年1回、年間6回の「校内授業研究会」である。校内授業研究会では、全教師が「公開授業」を参観した後で「事後研究会」を行っている。

　また、一つの学年が公開授業を行うにあたって、もう一方の学級において「プレ授業」を必ず実施している。プレ授業は、学習課題が適切であるか、発問が明確であるか、時間配分に無理はないか、個を生かす活動ができているかなど、授業者や学団研究部が作成した指導案で授業を行ったときに、無理なく本時のねらいに迫ることができるか、実際の授業でチェックすることを目的として実施している。

　年度初めに公開授業の時期と授業者を決めることで、公開授業までに学級の児童につけたい学習のルールや育てたい力を明確に定め、学級担任は意識を高くもって日々の授業実践を進めている。

図3 学校評価活用の流れ

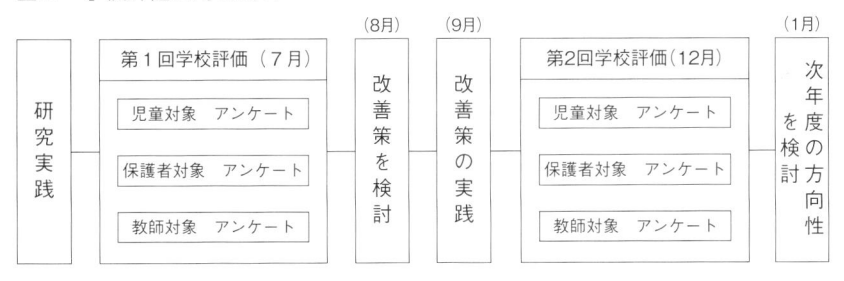

| 研究実践 | 第1回学校評価（7月）<br>児童対象　アンケート<br>保護者対象　アンケート<br>教師対象　アンケート | (8月)<br>改善策を検討 | (9月)<br>改善策の実施 | 第2回学校評価（12月）<br>児童対象　アンケート<br>保護者対象　アンケート<br>教師対象　アンケート | (1月)<br>次年度の方向性を検討 |

(2) 市教育委員会学校訪問

　本校の研究推進の基本方針や研究内容について指導・助言を受け、その進捗状況を確かめる機会として、春（6月頃）と秋（11月頃）に「市教育委員会学校訪問」が実施される。その際、全学級で国語科の「一般授業」の公開を行っている。教育長、指導主事の訪問日1週間前までに、全教師がA4 1枚程度の指導略案を書き、学年、学団研究部で検討し、修正した後、市教育委員会に提出する。訪問日当日は、指導主事が全学級の授業を参観し、指導・助言を行う。授業を行った教師は、指導・助言をもとに各自の実践を見直し、授業改善に生かすようにしている。

　また、秋の市教育委員会学校訪問の際には、2時間に分けて全学級の「一般授業」の公開を行うとともに、「指定授業」を設定して1時間の授業を全教師が参観し、放課後指導主事を交えて研究協議を行っている。ここでは、指導主事から指定授業を通して、本校の「南スタイルの授業展開」について具体的な指導・助言を受けるとともに、これまでの本校の研究の成果や、今後の研究の指針を確認するよい機会となっている。

(3) 学校評価の活用

　夏季、冬季休業前に児童、保護者、教師を対象に「学校評価アンケート調査」を実施している。7月のアンケート調査結果を受けて、本年度の具体的な取り組みについて改善策を検討し、9月から改善策を実施している。

　12月には年度末のアンケート調査を実施し、1年間の研究をふり返って、継続すべきこと、改善すべきこと、新たに始めるべきこと等の提言を受け、次年度の方向性を検討している。学校評価の1年間の流れを図3に示す。

図4 校内授業研究会の進め方

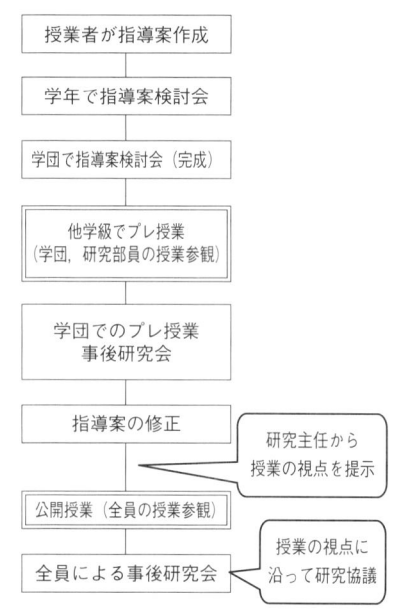

```
授業者が指導案作成
   ↓
学年で指導案検討会
   ↓
学団で指導案検討会（完成）
   ↓
他学級でプレ授業
（学団，研究部員の授業参観）
   ↓
学団でのプレ授業
事後研究会
   ↓
指導案の修正 ← 研究主任から授業の視点を提示
   ↓
公開授業（全員の授業参観）
   ↓
全員による事後研究会 ← 授業の視点に沿って研究協議
```

## ❖学年会等の開催状況

　本校は、各学年2学級（1学年のみ3学級）であるため、学年での話し合いは毎日のように行われている。そのため、全校一斉の学年会は設定していない。放課後の職員室は、活気にあふれている。学年ごとに隣り合わせに机が配置されているため、放課後になると同じ学年の教師同士で学級の児童の様子を話したり、教材の使い方や授業の進め方について情報交換をしあったりしている。

　それが学年内だけにとどまらず、話が自然に他学年の児童の実態や授業の様子にまで発展していることもある。これは、本校教師のチームワークのよさの表れともいえる。日頃からどの教師も自分の学級の情報をオープンにすることによって、学年会を設定しなくても、日々学年会が開かれているような状況が生まれている。

## ❖指導案の検討状況

　各学年1回の校内授業研究会の指導案検討の流れは、図4のとおりである。まず、授業者が指導案を作成した後、学年で指導案検討会を行う。その後、学団研究部で指導案検討会を行って修正を加える。完成した指導案をもとに、他学級でプレ授業を行う。プレ授業は、同じ学団の教師や研究部員が参観し、放課後に事後研究会をもって最終の指導案を完成させるようにしている。

　秋の市教育委員会学校訪問の指定授業を、本校では1年間の研究の山場ととらえている。そのため、ふだんは学団研究部で行う指導案検討も、指定授業に関しては全教師で行っている。そうすることによって、授業者の意図を把握して参観することができ、事後研究会では、「授業の視点」に沿ったより深い話し合いができるようになった。

また、授業者を評価するのではなく、授業者は全教師を代表して授業を公開しているという考え方でOJTを進めているため、教師一人ひとりが指定授業を自分の授業実践であるととらえており、そのことが教師の授業力向上につながっていくと考えている。

図5　授業研究会における授業の視点

```
第5回公開授業研究会　2年2組　単元名「わたしはおねえさん」
〈授業の視点〉
○発問
 ・「じっとずっと」に着目させて、その間の思いを考えさせたことは、
  すみれちゃんの心情の変化をとらえさせるのに有効であったか。
○ひとり学習、ペア学習、全体交流での教師の動き
 ・ひとり学習中の教師の動き（机間指導順、アナウンス）は適切である
  か。
 ・ペア学習に入る前の教師の指示は適切であるか。
 ・全体交流では、子どもの主体性を尊重しつつ、すみれちゃんの「困惑」
  の気持ちから、妹のかりんちゃんへの「許容」の気持ちへ変化して
  いるということがとらえられる意図的指名ができているか。
○板書の仕方
 ・心情曲線はすみれちゃんの心の変化をとらえさせるのに有効である
  か。
 ・子どもの考えの根拠が明確になるような板書になっているか。
                                  （叙述をもとにして）
```

## ❖校内授業研究会当日の流れ

　校内授業研究会では、午前中に公開授業を行い、放課後午後4時30分から約1時間、事後研究会として研究協議を行う。1時間の公開授業は、全教師が参観するため、公開授業の学級以外は自習体制となる。養護教諭や学校支援員が巡視しながら、自習している児童の指導にあたるようにしている。

　公開授業の前には、プレ授業の事後研究会での協議から見えてきた「授業の視点」を研究主任から提示している（図5の例を参照）。教師は、この「授業の視点」をもとに、めあてや課題をもって参観を行い、事後研究会に臨んでいる。「授業の視点」は、主に授業者の動きを追って、発問やひとり学習時の机間指導の仕方、全体交流時の児童の発言をつなげるコーディネートの仕方など、2～3点に絞るようにしている。

　また、公開授業では、参観者は一般的に教室の後方で授業を参観している光景が思い浮かぶが、本校では参観者も授業者と同じ視点で児童一人ひとりの学びの様子を見取ることが大切であると考えている。そのため、「ひとり学習」の際には、参観者も授業者とともに児童がノートにどのような考えを書いているのかを見取り、座席表を使って記録するようにしている。そして、その見取りを事後研究会に活かすようにしている。

　事後研究会では、まず始めに、「授業者の反省」として授業でねらってい

図６　研究だより

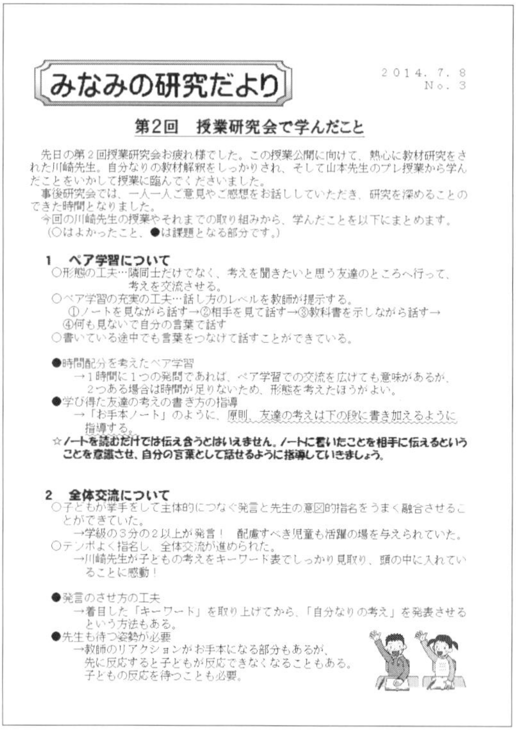

みなみの研究だより

２０１４．７．８
Ｎｏ．３

第2回　授業研究会で学んだこと

先日の第２回授業研究会お疲れ様でした。この授業公開に向けて、熱心に教材研究をされた川崎先生。自分なりの教材解釈をしっかりされ、そして山本先生のプレ授業から学んだことをいかして授業に臨んでくださいました。
事後研究会では、一人一人ご意見やご感想をお話ししていただき、研究を深めることのできた時間となりました。
今回の川崎先生の授業やそれまでの取り組みから、学んだことを以下にまとめます。
（○はよかったこと、●は課題となる部分です。）

**1　ペア学習について**

○形態の工夫…隣同士だけでなく、考えを聞きたいと思う友達のところへ行って、考えを交流させる。
○ペア学習の充実の工夫…話し方のレベルを教師が提示する。
①ノートを見ながら話す→②相手を見て話す→③教科書を示しながら話す→④何も見ないで自分の言葉で話す
○書いている途中でも言葉をつなげて話すことができている。

●時間配分を考えたペア学習
→１時間に１つの発問であれば、ペア学習での交流を広げても意味があるが、２つある場合は時間が足りないため、形態を考えたほうがよい。
●学び得た友達の考えの書き方の指導
→「お手本ノート」のように、原則、友達の考えは下の段に書き加えるように指導する。
☆**ノートを読むだけでは伝え合うとはいえません。ノートに書いたことを相手に伝えるということを意識させ、自分の言葉として話せるように指導していきましょう。**

**2　全体交流について**

○子どもが挙手をして主体的につなぐ発言と先生の意図的指名をうまく融合させることができていた。
→学級の３分の２以上が発言！　配慮すべき児童も活躍の場を与えられていた。
○テンポよく指名し、全体交流が進められた。
→川崎先生が子どもの考えをキーワード表でしっかり見取り、頭の中に入れていることに感動！

●発言のさせ方の工夫
→着目した「キーワード」を取り上げてから、「自分なりの考え」を発表させるという方法もある。
●先生も待つ姿勢が必要
→教師のリアクションがお手本になる部分もあるが、先に反応すると子どもが反応できなくなることもある。子どもの反応を待つことも必要。

たこと、よかった点や反省する点、話し合ってほしいことなどを授業者が発表する。その後、研究主任を司会者として、「授業の視点」を中心に話し合いを進めていく。気づいたことを進んで発言することはもちろんであるが、いろいろな見方や考え方を吸いあげ幅広く協議することができるように、発言者を偏らせることなく、司会者は参加者全員が発言できるように指名するようにしている。

## ❖成果のまとめ方

本校では、研究成果をまとめた研究紀要などの冊子は作成していない。その代わりとして、授業研究会の後には、毎回研究主任が研究のあゆみとして「研究だより」を作成し、全教師に配布している（図６参照)。話し合われた内容のポイントが整理された「研究だより」で、共通理解されたことを再確認することによって、全教師が授業研究会の課題や指針を共有することができるようになる。そして､そこから一人ひとりの教師が自らの課題を見つけ、授業の改善に取り組んでいくのである。このようにして１年間授業研究を積み重ね、課題を一つずつ明らかにし解決していくなかで、一人ひとりの教師の授業改善に向けての意欲が向上し、授業力の向上につながっていくと考える。

しかし、年度末には必ず何人かの教師が異動となるのが公立学校の宿命である。5月初めに、「南スタイルの授業展開」と指導の仕方についてベテラン教師による示範授業を行い共通理解を図っているが、転任してきた教師にこれまでの授業研究の成果を十分に伝えることはなかなかむずかしい。

## ❖外部講師への依頼の仕方

　本校は、市教育委員会の「地域教育コミュニティ推進研究事業」の「教育課題モデル校」となっている。「教育課題モデル校」には、研究実践の目的、内容を計画、報告することにより、交付金が交付される。年度初めに、研究計画を提示し、申請することによって認められた交付金は、主に外部講師招聘のために活用している。

　平成26年度は、「言語活動の充実における国語科の役割」と、「ユニバーサルデザインの授業づくり」「幼小連携と言葉の力」の3本の講演を大学教授等に依頼した。

　また、大学准教授による若年教師に対しての授業カンファレンスも行ったことで、年間4回講師招聘による「授業づくり研修」の機会をもつことができた。また、年間2回の「市教育委員会学校訪問」では、指導主事各2名を要請し、指導・助言を受けている。同じ学校の教師だけでなく、外部から招聘した講師から話を聞いたり教えを請うことで、より広い視野から確かな方向性をもって研究を進めることができるため、この機会を大切にしている。

＊

　教師の本分は授業である。教師のプロ意識を高めるためには、授業力を磨くことが一番大切であると考える。そして、授業力を高めることが、教師としての自信にもつながると考えている。

　そこで、本校のOJTは、全校体制で授業研究会を行うことで、教師の授業力の向上をめざそうと考えた。限られた授業名人が学校全体の研究をリードするのではなく、若年教師も含めた全教師での学び合いで、学校全体の授業力を向上させていくことが、これからの時代にはとくに大切であると考えている。

◆福井の人の育て方 《福井県福井市立森田中学校》

# 小中連携と小グループ研究授業による一人ひとりが輝く学校

教諭　南部隆幸

　2007年に始まった全国学力・学習状況調査で都道府県別の成績が公表されると、福井県は秋田県と並んで脚光を浴びるようになった。福井県の学力の高さを生み出している要因の一つとしてあげられるのは、学校における管理職と教員の協力関係と教員全員の共通理解に基づく熱心な学習指導や研究への取り組みである。また、各学校の取り組みが平準化しており、どの学校においても均質で充実した教育実践がなされていることも特徴とされている。

　福井市北部に位置する森田中学校は、全校生徒数335名の中規模校である。各学年は110名程度であるが、福井県が実施している少人数学級編成「笑顔プラン」により、各学年4学級と特別支援学級が1学級の計13学級で学校を運営している。教員数は校長・教頭・養護教諭を含め24名であり、部活動・校務分掌などそれぞれが担当する領域も大きく、他の中規模校と同様にたいへん忙しい学校である。このような状況のなかで他校に引けをとらない充実した教育実践を進めていくためには、効率的で実効性の高い校内研究のあり方が求められる。研究が重荷にならないためには、無理なく研究に取り組めること、研究が日常の業務や授業の改善に直結していることが大切になる。

## ❖柔軟な研究組織と研究内容の焦点化

　福井市の中学校における研究は、授業力の向上を図る以外に学校運営の改善を目的に実施されることが多い。したがって、大規模校であれば教科教育、道徳・総合的な学習、生徒指導・教育相談、特別活動など教育活動全般をカバーするような研究組織をつくる。しかしながら、本校のような中規模校になると、教員が多方面にわたって複数の校務分掌を担当しているため、日々の業務と所属する研究組織の部会との間にずれが生じることも多々発生する。たとえば学年で学習を担当している教員が、校務分掌では生徒会担当であることから、学習ではなく特別活動の部会に所属しなければならないこと

図1　本校の研究組織の移り変わり

|平成23年度|平成24～26年度|平成27年度|
|---|---|---|
|研究推進委員会|研究推進委員会|研究推進委員会|
|全体研究会|全体研究会|全体研究会|
|学力づくり部／豊かな心づくり部／ルールづくり部|学力づくり部／心づくり部|学力向上部会／総合的な学習・道徳部会|

などがある。

　そこでまず、森田中学校では研究部会の数を減らすなど、研究組織をよりシンプルなものに変化させてきた。また、部会ごとの研究内容についても、とくに学校が課題としていることに焦点化し、年度ごとに研究する内容を絞り込んでいる。ここ数年の部会名をみると本校の課題がどのように変化してきたのかがよくわかる（図1参照）。

　また、研究している内容が日々の教育活動にすぐに直結するように、校務分掌と研究組織の整合性に留意している。たとえば、本校では学年主任が担任も兼務している。担任をしながら学年全体を動かす学活や総合的な学習のマネジメントをすることはたいへんである。そこで本年度は、総合的な学習についての研究を3人の学年主任が中心になって実施することにした。このようにすることで、週に1回設定されている主任会の時間を活用することができる。また、月1回放課後に設定された研究部会の時間や長期休業中に設定された時間を利用して、前年度の経験をもつ他の学年主任に相談したりアドバイスを受けたりしやすいようにしている。

## ❖指導主事訪問を中心とした授業研究

　福井市の各学校において研究の背骨となるのは、年に2回実施される市指導主事訪問である。福井市では、小学校50校、中学校23校それぞれに学期に1回（福井市では2学期制を実施）ずつ指導主事が訪問し、指導を行っている。指導主事訪問では、管理職を除くすべての教員が2回の訪問のどちら

写真1　平成24・25・26年度のパンフレット

かで指導案をつくり授業を公開する。本校では後述の「小グループによる授業研究」でも授業公開を行うため、一人の教員が年に2度以上の授業公開を行うことになる。

また、指導主事訪問を利用して行われる授業の案内はグループウェアによって福井市のすべての学校に広報され、市内の教員はだれでも相互に授業参観できるしくみになっている。この公開授業はそれぞれの教員が授業研究を進める機会となっている。

さらに、公開授業のなかから提案授業を一つ指定し、すべての教員で授業を参観し、放課後に授業研究会を実施している。

昨年度の本校の訪問では、1学期（6月）には教科教育として家庭科の授業を、2学期には道徳を提案授業として実施した。これらの提案授業の前には研究会を開催して授業について意見交換したり、道徳の授業のあり方について検討したりしている。また、学年などの小グループで模擬授業を実施するなどして授業の質の向上に努めている。

## ❖紀要からパンフレットへ

福井市の学校では、1年間の研究の成果物として紀要を作成することが多い。本校においても平成22年度までは100頁を超える研究紀要を発刊していた。しかし、紀要を書くためにかなりの労力が必要であることや、できた紀要が活用しにくいという反省を踏まえ、平成23年度からは紀要に代わって10頁程度のカラー刷りのパンフレットを作成している（写真1）。

パンフレットには生徒の活動の様子を写した写真を数多く掲載し、新しく赴任してきた教職員にも1年間の研究や学校行事、総合的な学習や特別活動の流れが見えるように工夫を行った。また、地域や視察に来られた方に本校の教育活動を知っていただくためにも活用している。

研究成果物がシンプルになることで、各教科の授業研究の方法にも変化が

3　福井の人の育て方

あった。パンフレットになると、各教科の担当分は写真2のようにＡ４の5分の1程度ときわめて少量になった。この量でまとめるためには必然的に研究の内容をより焦点化しなければならない。これまでも、教科ごとに生徒につけさせたい力を設定して教育実践を行っていたが、年度の最初により具体的に目標を絞り込んで設定するようになった。また、パンフレットには写真を添える必要性があるため、目標にあった実践を意図的に仕組み、記録をとる必然性が生まれている。

写真2　パンフレット中の教科の頁

さらに、年間2回実施する生徒対象の授業評価アンケートでは、教科ごとに設定した目標・取り組みについての質問を実施し、研究の進み具合をはかるとともに研究の妥当性・方向性の検討や改善のために役立てている。

## ❖小グループによる授業研究

日々の授業研究は、週1時間設定された教科会の時間を活用して実施されることが多い。福井県の学校では教科担当の教員が同一学年を担当するのではなく、一人が複数の学年を担当することが一般的である。本校においても全教員が1～3年すべての学年を担当している。一つの学年に複数の教員が入ることで、ワークシートを協力して作成したり、ベテラン教員が若手にアドバイスしたりするなど協働的な授業研究が行われている。

また、教科を超え学校全体で授業研究する風土を培うため、少人数による授業研究を実施している。小グループによる授業研究では、教科を解いて4人組のグループを設定し、互いに授業を参観して意見を交換する。小グループによる授業研究を始めた最初は、授業参観週間を設定してそのなかで授業を公開し、参観者が意見などを紙に書いて授業者に渡していた。しかし、授

業を見た感想や意見について直接話し合う時間を設定することができないことから、現在では参観授業を行う日を年に2回設定して実施している（図2参照）。

平成26年度は、7月と11月のテストが実施される日を活用した。3時間目まではテストを行い、4、5限にそれぞれグループの一人ずつが授業を行い、グループの他のメンバーが参観した。7月と11月の2時間ずつを使ってメンバーの4人全員が1授業を実施し、三つの授業を参観することになる（図3）。このとき、授業がないクラスについては翌日のテストのための学習などを実施している。放課後には、その参観した2時間の授業についてグループ協議を行い、授業づくりや日々の授業について話し合う時間を設定している。

小グループは、年度最初に各年齢層の教員が混在するようにつくる。そして、互いに授業を見せ合うだけではなく、年間を通して研究協議の場面などで繰り返し活用する。たとえば、指導主事訪問で実施する提案授業のための事前協議や授業後の研究会でも、このグループをつかって協議を行っている。

図2　本校の研究の流れ

- 全体研究会（4月）
- 生徒による授業評価Ⅰ（5月）
- 授業研究Ⅰ（6月指導主事訪問日）（教科教育）
- 小グループ相互参観Ⅰ（7月テスト日を利用）
- 小中合同研修会（7月末）
- 教員研修（10月秋休みを利用）
- 小グループ相互参観Ⅱ（11月テスト日を利用）
- 授業研究Ⅱ（12月指導主事訪問日）（道徳・学活）
- 生徒による授業評価Ⅱ（1月）
- 研究紀要の作成（3月）

最初のグループ協議では、意見が出やすくなるように付箋などを活用したドキュメンテーションなどを使用

図3　小グループ授業研究の方法

| グループ | 構成員 |  |  |  | 授業者 |  |  |  |
|---|---|---|---|---|---|---|---|---|
|  |  |  |  |  | 7月4限目 | 5限目 | 11月4限目 | 5限目 |
| ① | A | B | C | D | A | B | C | D |
| ② | E | F | G | H | E | G | H | F |
| ③ | I | J | K | L | L | I | K | J |
| ④ | M | N | O | P | N | P | O | M |
| ⑤ | Q | R | S | T | S | Q | R | T |

するが、年間を通して同じ集団で協議を重ねていくことで、次第に思ったことを率直に出せるようになっていく。

## ❖小中連携の取り組み

　福井市では、平成17年度から同じ中学校区内にある保育園、幼稚園、小学校、中学校が一体となり一貫した取り組みを行う「中学校区教育」を実施している。23の中学校区のなかには6小1中の学校もあれば、本校のように1小1中の中学校区もあり、それぞれの取り組みに差がある。しかし、福井市内どの学校に転勤しても小中連携の取り組みは当たり前になっていることから、近年では自然な連携ができるようになってきている。

　どの中学校区においても年間計画のなかに小中連絡会、小学生の中学校への体験入学、小学校への出前授業などが位置づけられている。本校も平成26年度には12単位時間（国語・数学・理科の3教科×4クラス＝12単位）の出前授業を実施している。

　また、小中の教員がお互いの授業を相互に見る機会も多く設定されている。年2回の市指導主事訪問では、互いに学校を行き来して公開授業や学校の様子を参観し合うのが一般的である。小中学校の教員が互いの研究会にも参加する中学校区も多い。さらに森田中学校区では、小学校の終業時刻の切りあげ日などを活用して、小学校の全教員が中学校の授業見学を行う機会を設定している。子どもたちの現状を参観したあとで小学校担任と中学校担任が連絡会をもち、生徒への指導や支援について情報交換や協議を行っている。

　毎年夏休みには中学校区研修を実施している（中学校区によっては年2回以上開催する場合もある）。中学校区で課題となっていることを中心に、講師を招いて講義を受けたり、協議を行ったりする。26年度、森田中学校区では「家庭・学校の役割」をテーマに講演を行い、その後「授業づくり」「夢を育む生き方教育」「課題を抱える子ども支援」に分かれてグループ協議を実施しそれぞれの抱える課題や解決へ向けての協力体制について協議を行った。

　この10年で、福井市の小中学校の関係は、お互いの問題を指摘し合う関係から、「子ども」という同じバトンをつなぐチームメイトとしての関係へと変化してきたと感じている。

❖ 福井の人の育て方　《福井県福井市立河合小学校》

# 単学級学校の全員で取り組む授業研究

福井県福井市立鷹巣小中学校長／前河合小学校長　吉村淑子

## ❖今本校が取り組んでいるOJTとは

　本校は、児童数200名、学級数8（特別支援学級含む）、教職員数14名、1年生は2学級であるが、他の学年は1学級ずつの学校である。学年会はなく、学校の取り組みについては、ほとんどを全員で話し合って決めている。研究においても基本的には全員で行っている。

(1)　本校の研究主題

「自ら考え、生き生きと学び合う子の育成──豊かな表現活動を通して」。

(2)　具体的な取り組み（平成26年度の取り組み）

　本校は数年来「自ら考え、生き生きと学び合う子の育成」というテーマのもと、基礎・基本を定着させつつ、学ぶ楽しさが実感できる「分かるできる授業づくり」をめざした授業改善に取り組んできた。

　基礎・基本については、全学級が、朝の会での詩の群読・暗唱、朝活動でのBD（ベーシックドリル）タイムで進級式の計算プリント・国語プリントなどを通して定着を図ってきた。

　授業づくりにおいては、全教師が一人1授業として校内研究授業を行い、学習意欲を高める課題設定と目的意識をもてる学習展開および教材の提示・学習形態の工夫に取り組んできた。読み取ったことや感想の交流を通して考えを深める授業展開や、児童の学習意欲や知的好奇心を喚起するような学習環境づくりにも取り組んできた。

　平成26年度は、とくに二つの視点を共通理解し、研究を進めることにした。

①視点1：表現力を育てる授業づくり

○学習意欲を引き出す言語活動や課題の工夫

　平成25年度まで2年間、国語科を中心として「読解力・活用力」を育てることに重点を置いて、単元を貫く言語活動を工夫した授業づくりに取り組

んだ。「単元を貫く言語活動」を設定した授業計画は、児童につけたい力が明確になり、児童だけでなく教師にとってもたいへん有効な方法であった。そこで、平成26年度は全員が一人1授業または指導主事訪問日の公開授業のどちらかで、必ず単元を貫く言語活動を工夫した国語科の授業に取り組むことにした。平成26年度、本校に赴任した教師や若手の教師にとって、力量アップの有効な手段と考えたからである。新しく授業計画をしなくても、過去の実践記録をもとに取り組みを行い、ゴールとなる魅力的な活動を示すことで、読みの必然性が生まれ、目的をもった主体的な読みができることを体感することが目的である。ベテランの教師は、系統性、教材の特質を見極めたうえで、どんな活動を設定すればつけたい力を育成することができるのかを考え、児童の主体的な学びを引き出す魅力的な「単元を貫く言語活動」や課題の工夫を児童の学習活動に仕組んでいくような授業を実践し、実践記録に加えることにした。

○豊かな発信・交流の場の充実

　自分の考えを話す、自分の言葉で語る、伝えるということが十分でないという平成25年度の反省を踏まえて、今年度は単元のなかに、児童が自分の読み取ったことや、考えたことを発信したり、交流したりする場を設け、考えを広げたり深めたりできるよう工夫する。発達段階や課題に応じた交流の形態を工夫をすることにした。注意することとしては、あくまで目標を達成するための交流であること、意義のある話し合いであることを絶えず意識することにし、授業研究会でもそのことを意識して話し合うこととした。

②視点2：魅力ある学習環境づくり

○学びの支援と豊かな感性を引き出す学習環境づくり

　児童が知的好奇心を駆り立てる展示、知識や見聞を広げたり言語感覚や語彙を豊かにするような掲示の工夫を通して、児童の感性や学びへ意欲・関心を引き出す。試したくなる・伝えたくなる・調べたくなる素材を学校の時間・空間に仕掛けていくことにした。これは、教頭や養護教諭など授業づくりに直接はかかわらない教師も研究に参加していくためでもある。

○心豊かにする環境づくり

　交流を深めるためには、その基盤となる心づくりや学級づくりが大切であ

図1　研究組織

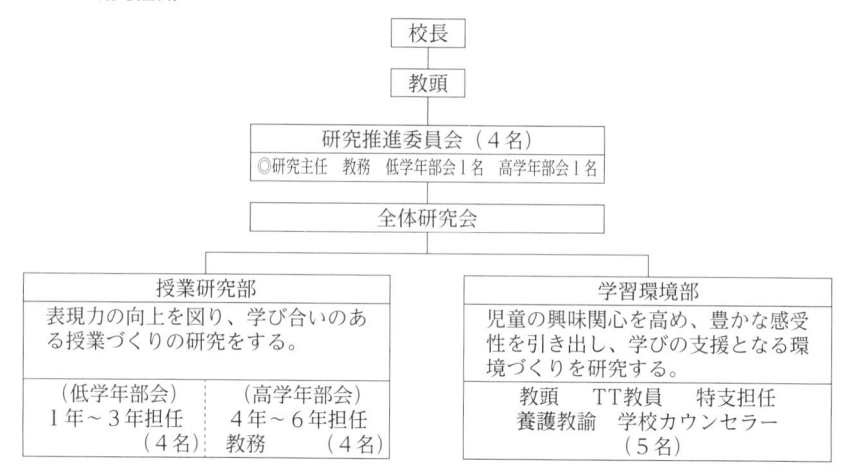

```
                    ┌──────┐
                    │ 校長 │
                    └──────┘
                        │
                    ┌──────┐
                    │ 教頭 │
                    └──────┘
                        │
         ┌──────────────────────────────┐
         │     研究推進委員会（4名）      │
         │◎研究主任　教務　低学年部会1名　│
         │　　　　　　　　　高学年部会1名 │
         └──────────────────────────────┘
                        │
                ┌──────────────┐
                │  全体研究会  │
                └──────────────┘
                   │        │
    ┌──────────────┴──┐  ┌──┴──────────────┐
    │    授業研究部    │  │   学習環境部     │
    │表現力の向上を図り、│  │児童の興味関心を高め、│
    │学び合いのある授業 │  │豊かな感受性を引き出し、│
    │づくりの研究をする。│  │学びの支援となる環境 │
    │                  │  │づくりを研究する。   │
    ├─────────┬────────┤  │教頭　TT教員　特支担任│
    │(低学年部会)│(高学年部会)│  │養護教諭　学校カウンセラー│
    │1年～3年担任│4年～6年担任│  │　　　　　（5名）    │
    │　　（4名）│教務　（4名）│  │                    │
    └─────────┴────────┘  └────────────────────┘
```

ると考え、自己の心を見つめたり、自他のよさを見つけ認め合える場を設けることにした。縦割り活動や集会、行事の後に学年を超えたキラリタイム（お互いのよかったところを伝え合う時間）を設けて、心の交流活動を行う。また、スクールカウンセラーと連携し、エンカウンターやソーシャルスキルの充実を図り、温かい人間関係づくりや豊かな心づくりに取り組んでいくことにした。

## ❖OJT推進の中心的組織

研究組織については図1を参照いただきたい。

(1) 研究の方法

①推進委員会では、研究主任の提案した研究の概要・研究の方向性について検討し、具現化の方策を提案する。各研究部で出された内容について実践記録を作成し、次年度に残す。

②全体研究会では、各研究部で具現化された研究の成果を情報交換する場を設け、実践を広げていく。

③授業研究部、低・高学年部会、学習環境部では、研究の視点に基づき、具体的に取り組みの手立てや方向を示し、実践を進める。

(2) 授業実践

①指導主事訪問の提案授業は、授業研究部で指導案検討を行い、事前にオリエンテーションをする。提案授業は一人1授業にカウントする。
○指導主事訪問Ⅰ（7月）
　提案授業：5年担任（国語）
○指導主事訪問Ⅱ（11月）
　提案授業：2年担任（算数）
②全員が1回は授業を公開する（指導主事訪問または校内研究授業のどちらか一つは国語科で行うことを原則とする）。校内研究授業（一人1授業）は、全員で参観し研究会をもつ。それぞれの研究授業は、授業後全員で研究会を行い、成果や課題について共有化し、研究に生かす。
(3)　1年間の研究の流れ
　表を参照いただきたい。

## ❖指導案の検討状況

　指導案の検討については、指導主事訪問の二つの提案授業については、低・高学年部会で検討し、次いで授業研究部会で検討するというような流れである。低・高学年部会では、どんな単元をどんな流れでやりたいのか、授業者の意図を大切にしながら検討し、だいたいの指導過程まで話し合う。それを受けて、授業者が指導案を作成し、授業研究部会で検討会をもつ。このときは、管理職も参加し、できるだけ細かい流れまで検討する。管理職は単元のはじめの授業を参観し、事前の取り組みについてアドバイスをすることもある。校内研究授業（一人1授業）は、A4判1枚で目標と指導過程だけの略案なので、指導案検討会は行わずに、事後の研究会のみ行うようにしている。

## ❖授業研究会のもち方について

　図2を参照いただきたい。

## ❖研究紀要について

　1年間取り組んだものを、あまり負担なくまとめて次年度に残すために、毎年、実践記録としてまとめている。70頁ほどの厚いものであるが、これ

表　1年間の研究の流れ

| 月 | 日 | 研究部 | 研究内容 |
|---|---|---|---|
| 4 | 16 | 研究推進委員会 | 今年度の研究の方向・研究内容について |
| 5 | 1 | 全体研究会 | 研究の主題・視点・内容・組織について |
|   |   |   | 研究の視点についての取り組みについて |
|   | 8 | 高学年部会 | 指導主事訪問Ⅰ提案授業（5年国語）について |
|   | 14 | 全体研究会・各部会 | 研究の概要について・各部の取り組みについて |
|   | 29 | 授業研究部会 | 提案授業（5年国語）の指導案検討 |
|   |   | 学習環境部会 | 今年度の計画・取り組みについて |
| 6 | 9 | 校内研究授業 | 1年国語（1年2組担任） |
|   |   | 各部研究会 | 各部の取り組みについて |
|   | 16 | 授業研究部会 | 提案授業（5年国語）の指導案検討 |
|   |   | 研究推進委員会 | 指導主事訪問に向けて、研究の概要について |
|   |   | 全体研究会 | 指導主事訪問Ⅰの研究資料・研究協議について |
| 7 | 3 | 校内研究授業 | 4年算数（4年担任） |
|   | 9 | 全体研究会 | 指導主事訪問Ⅰ提案授業オリエンテーション |
|   | 11 | 指導主事訪問Ⅰ | 提案授業5年国語・研究会 |
|   | 18 | 全体研究会 | 今後の取り組みについて |
|   |   | 各部会 | 夏季休業中の計画 |
| 8 | 8 | 中学校区教育 | 中学校区小中合同研修会 |
| 9 | 18 | 低学年部会 | 指導主事訪問Ⅱ提案授業（2年算数）について |
| 10 | 2 | 研究推進委員会 | 1学期の実践のまとめ・2学期の取り組みについて |
|   | 9 | 全体研究会 | 全国学調の結果分析について |
|   |   |   | 家庭学習やくそく10について |
|   | 16 | 各部研究会 | 1学期の実践のまとめ・2学期の取り組みについて |
|   | 20 | 低学年部会 | 提案授業（2年算数）の指導案検討 |
|   |   | 授業研究部会 | 提案授業（2年算数）の指導案検討 |
|   |   | 学習環境部会 | 研究資料について |
| 11 | 10 | 全体研究会 | 指導主事訪問Ⅱの研究資料について |
|   |   | 各部会 | 実践資料について |
|   |   | 授業研究部会 | 提案授業（2年算数）指導案検討 |
|   | 21 | 校内研究授業 | 1年国語（1年1組担任） |
|   |   |   | 提案授業オリエンテーション |
|   | 27 | 指導主事訪問Ⅱ | 提案授業2年算数・研究会 |
| 12 | 3 | 研究推進委員会 | 実践集録の計画について |
|   | 8 | 校内研究授業 | 特別支援学級 国語（特支担任） |
|   | 15 | 全体研究会 | 実践集録について |
| 1 | 19 | 各部会 | 各部の成果と課題について・実践集録について |
|   | 29 | 全体研究会 | 今年度の研究の成果と課題について |
| 2 | 4 | 校内研究授業 | 3年国語（3年担任） |
|   | 17 |   | 3年社会（教務） |
|   | 23 |   | 6年理科（TT指導教員） |
| 3 | 3 | 研究推進委員会 | 次年度の研究について |
|   | 11 | 校内研究授業 | 6年英語（6年担任） |
|   | 16 | 全体研究会 | 次年度の研究と学習年間指導計画について |

※年2回の指導主事訪問が、研究の流れの柱となっており、それに向けて研究の中間まとめを行ったり、柱となる提案授業の授業研究を全員で行ったりしているのが現状である。
※校内研究授業が、2月に重なってしまったが、当初の計画は1ヶ月に一つの研究授業の予定であった。次年度の課題となった。

図2　授業研究会のもち方

| 〈オリエンテーション〉 |
| --- |
| ◇研究テーマや授業づくりの視点に照らし、日頃実践していること、課題となっていることを自分なりに整理しておく。<br>◇事前に指導案に目を通しておき、提案授業者の説明を聞く。<br>◇積極的に質問する。<br>◇授業者は、研究協議の柱を踏まえて提案の説明を行う。 |
| 〈授業中〉 |
| ◇各自、授業記録(メモ)をとる。<br>◇児童の学びの様子や、教師の指導・支援から感じたことを付箋紙に書く。<br>　　　赤：共感的・賞賛的気づき<br>　　　青：提案的気づき |
| 〈授業終了後〉 |
| ◇メモした付箋紙を授業展開の時系列に貼る。(できるだけ授業後に) |
| 〈授業研究会〉 |
| ◇書かれた付箋や授業記録をもとに話し合い、授業研究を深める。 |
| 〈研究会終了後〉 |
| ◇自分なりに学んだことや今後の課題としたいことを感想用紙に書き、感謝の気持ちを込めて授業者に渡す。<br>◇授業者は、それらを踏まえて授業分析を行い、成果と課題を残す。 |

※提案授業については、上記のような授業研究会をもった。校内授業研究会については、事後研究会も30分程度の簡単なものとし、感想用紙を本人に渡すことにした。

を見ると、学校の1年間の取り組みがすべてわかるので次年度につなげる意味でも作成している。

(1)　研究の概要・研究の実践

　研究主任を中心に指導主事訪問で提示した研究の概要や研究の実践、さらにそれ以後の取り組みをまとめる。

(2)　授業実践

　各教師が行った授業実践に成果と課題をつけてまとめる。授業の様子や児童のワークシート等の写真もあれば入れる。

(3)　その他の実践

　中学校区の取り組みや生徒指導、特別活動の取り組みなど学校で行った特色ある取り組みを、昨年度の実践記録をベースにまとめる。昨年度と変わったところは、つけ加えたり直したりする。変わってないところは、写真を入れ替えるなど、担当者の負担にならない程度で直している。

## 4章　指導者のもとで推進するOJT

愛知県幸田町立荻谷小学校
愛知県岡崎市立豊富小学校
岡山県津山市立北陵中学校
茨城県常陸太田市立峰山中学校
福岡県福岡市立飯倉小学校
お茶の水女子大学附属小学校

◆ 指導者のもとで推進するOJT 《愛知県幸田町立荻谷小学校》

# 授業分析を通じた子どもの発見

愛知県岡崎市立豊富小学校長／前荻谷小学校長 **山口明則**
荻谷小学校教諭 **岡本智**

## ❖今本校が取り組んでいるOJTとは

　幸田町立荻谷小学校は、平成24年度より26年度まで3年間の研究委嘱を西三河地方教育事務協議会より受けていた。研究を進めるにあたり、ある方から「地に足のついた、幸田らしい研究になるとよい」とのアドバイスを受けた。時代の流れのなかで刻々と変化する社会に対応するための新しい教育も大切であるが、それとは別に幸田の地で諸先輩方が培ってきた伝統を受け継いだ流行に流されない教育もある。それをまずは見つめてみなさい、というアドバイスであった。それが、「はじめに子どもありき」という言葉に代表される教育であった。子どもの体験や思いから学びが始まり、子どもの姿や発する言葉を注意深く見取りつつ、単元を通して子どもを鍛え、育てるということである。そして、そのような実践を進めていくには、まずは教師の力量、教師力や授業力の向上が不可欠と考えた。

　幸田町も大量退職の時代を間もなく迎える。この10年で、教師の3分の1が退職し、新たな若い教師に入れ替わることになる。今、40歳代後半から50歳代のベテラン教師が、中堅・若手教師に「幸田の教育とは」ということをしっかり伝えていかなくてはならないときだと考える。幸いにも本校は、ベテランから若手までたいへんバランスのよい職員構成になっていた。ベテランのもつ技術や知恵を、この研究を通して中堅・若手教師が学ぶ機会とすることを強く願った。

　そこで、研究主題を「協同して問題解決に向かい、学ぶ喜びを感じる子どもの育成－つなぎ合い、高め合う『教室コミュニティ』を基盤として－」とし、この主題に迫るために、子どもの思考に寄り添った単元を構想し、共通の体験や活動を意図的に組み込み、かかわり合いの場を設定してきた。その

図1　研究組織

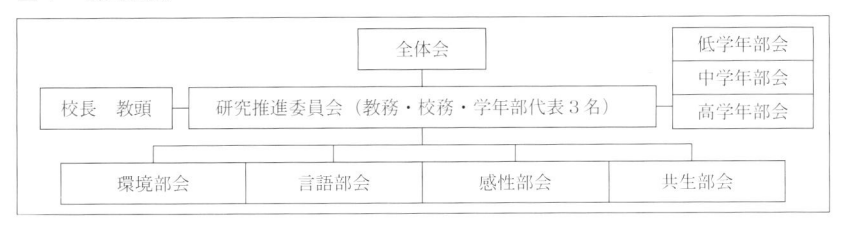

| | 全体会 | 低学年部会 |
|---|---|---|
| 校長　教頭 | 研究推進委員会（教務・校務・学年部代表3名） | 中学年部会 |
| | | 高学年部会 |
| 環境部会 | 言語部会 | 感性部会 | 共生部会 |

　基盤としての「教室コミュニティ」を重視した。学級内の人間関係が協同的で、必要に応じて支援や援助をし合う仲間という意識がなくては、高め合うことはできないからである。

　また、若手教師の「授業洞察力」を高めるために、授業記録の分析を授業研究・現職教育の柱とした。授業の速記録や逐語記録をもとに授業分析を行い、教師の発問や手立てが有効であったかを繰り返し検証してきた。分析会では、中堅・若手教師をファシリテーターにして、ベテラン教師と小グループをつくり検討を行わせることで、ベテラン教師の授業の見方を学ばせる場ともした。本校の研究に継続的に講師として入っていただいている名古屋大学大学院の柴田好章准教授の言葉を使わせていただけば、「授業で起きた事実の解釈から、自らの授業観を豊かにする」ことをめざしたのである。けっして目新しい取り組みではないが、こうした地道な研究・研修の積みあげこそが教師力を高め、子どもの力をつけることにつながるのだということを教職員の共通意識として、実践に取り組んでいる。

## ❖OJT推進の組織

　本校では、図1のような研究組織を編成している。
(1)　研究推進委員会
　随時開催し、研究概要の見直しや研究計画の検討を行う。4部会の活動状況を報告し合い、今後の方向性を話し合う。
(2)　研究推進4部会
　校務主任と学年部代表3名がそれぞれの部会長を務め、全職員が4部会のどこかに所属する。4部会は、随時開催している。従来進めてきた本校の教

育活動を見直し、「教室コミュニティ」の土台となる活動や場を以下のように分類し、各部会で研究している。
①共感的な人間関係をつくる場〈共生部会〉
　子どもたちがのびのびと互いの考えを交流し、主体的な学びを進めるために、本校が従来から取り組んできた、○みどりのチーム（縦割り班活動）、○集会、○すこやかタイム（朝の運動）、○つばきの活動（マーチングと和太鼓演奏）を見直し、教室コミュニティを支える四つの活動として価値づけながら、深化を図る。
②感性や問題意識を高める活動〈感性部会〉
　地域と連携して進めている体験的な活動を、「本校が活用してきた地域教材一覧」として整理し、蓄積している。それを、学年の発達段階や単元の内容に合わせて授業に積極的に取り入れることで、気づきの目や心と豊かな感受性を育て、感性や問題意識を結ぶ想像力を高めることをめざしている。
③伝える力・聞く力を高める活動〈言語部会〉
　子ども同士が直にお互いの考えを語り合うには、伝える力、聞く力を高めることが必要である。また、自分の考えをしっかりもち、表現する力も必要になる。そこで、思考を促し、協同の学びを活性化するために、○聞き方・話し方の「あいうえおカード」（図２）の作成と活用、○読書タイムでの感想交流、○学びをまとめ、思考を伸ばすノートづくり、の３点に力を入れ研究を進めている。
④協同の学びの場としての環境整備〈環境部会〉
　協同の学びの場としての環境整備を推進するにあたって、本校の今までの学習環境を見直すことから始め、○安全・安心で、利用しやすい学習環境、○学校・学級の動きがわかる学習環境、の２点を目標に掲げて、落ち着いて学習に取り組む子どもの育成のための環境整備、活力のある学校・学級づくりのための環境整備のあり方を研究している。

## ❖OJTのための年間スケジュール

　学校の研究主題に沿った形で担任全員が授業公開を行う、「一人１授業研究」を進めている。取り組む単元は各自で決定し、事前研、事後研のスケジ

4 指導者のもとで推進するOJT

ュールと合わせて、教務主任が現教カレンダーにまとめ全体の調整を行っている。

(1) 校内授業研究会

①全体研

中堅・若手の教師が授業者となり、低・中・高学年部で1回ずつ、年間で3回実施する。このうちの2回は、幸田町教科等指導員訪問と兼ねている。

②部会研

全体研の担当以外の担任が実施する。学年部会の教師および校長、教頭、教務主任と他学年部の希望者が参加する。

図2 あいうえおカード

③学校訪問

西三河地方教育事務協議会による学校訪問が年に1回あり、全教師が授業公開を行い、担当指導主事より個別指導を受ける。

(2) 校内研修会

「教育研究論文の作成に向けて」「児童理解のために」などの時々のテーマで、講師を招いての研修会を年間複数回実施している。

## ❖学年会、教科会の開催状況

1学年2～3学級の中規模校であるため、学年会は明確な時間設定をせず、行事や授業研究会に合わせて随時、授業時間外に実施している。

教科会もとくに設定してはいないが、たとえば国語の授業研究に取り組んでいるメンバーが、国語主任を中心に自主的に集まって話し合うようなこと

はその都度積極的に行われている。

## ❖指導案の検討状況

　授業研究会に向けての指導案検討は、学年部会（低・中・高学年部会）において行い、随時、教科主任や管理職、教務主任が相談に乗っている。授業づくりを研究の柱にしている本校においては、検討については常に学年部会が中心的な役割を担っている。全体での事前研を行う場合も、学年部会でその前後に検討を重ねる場合が多い。指導案検討は当然ながら研究授業に合わせて行うが、それとは別に日常的に授業の悩みを聞き合うことの積み重ねが、研究授業の本時案につながっているのだという共通理解をもって、放課後の職員室での会話がなされている。そうした話し合いが気楽にできる、職員室の雰囲気である。

　一つの実践を他学級で事前に行いながら（プレ授業）、指導案を練りあげていくこともある。また、事後に他学級でも追授業をすることで、研究の成果を広げるようにしている。2学期以降の実践の場合は、夏休み中に単元構想の検討会を設けている。その検討会に向けても、学年部会で繰り返しお互いの単元構想に対する意見交換を行っている。

## ❖授業研究当日の流れ

　研究授業は、主に5時間目に設定し、他学級は自習体制を組み、原則職員全員で参観する。講師招聘の場合は、事前に送付した指導案の変更点や座席表の確認を、昼放課に講師と指導者で行っている。授業記録は、記録者による速記とビデオ、ICレコーダー、そして参観者各自で取っている。研究授業後は全校児童を下校させた後に、記録者による速記録を拡大コピーしたものを掲示した会議室において、それを印刷した速記録も各自に配布し、自らの授業記録と見比べながら事後研を行っている。

　事後研においては、最初にグループで協議する。グループは、参加者の人数に合わせて4〜6名で編成し、毎回メンバーは入れ替える。40代前半までの中堅・若手教師がそれぞれのグループの進行役（「ファシリテーター」と呼ぶ。ファシリテーターとは、会議のコーディネーターとして、具体的な

## 4　指導者のもとで推進するOJT

考察テーマをグループのメンバーに提示し、「聞き出す：論点を焦点化し、多様な考えを引き出す」「まとめる：出された意見をメモしながらまとめていく」「合意する：話し合いのなかで全体に提案すべきことは何かを整理する」の三つの役割を担う）を務め、自分が気になった発言をもとに、協議の視点を示しながら話し合いを進める。全体協議では、グループ協議での意見をまとめた付箋紙を授業記録の拡大コピーに添付しながら、グループ協議の結果を報告する。こうした研修を行うなかで、ファシリテーター役の教師が授業研前日に自主的に集まり、指導案をもとに授業の視点や話題にしたいことなどを事前に整理するようになるなど、教師の授業研に対する主体性の高まりを見ることができている。

また、後日に詳細な逐語記録を起こして実施する授業分析会は、以下のような流れで行っている。

(1)　グループ協議

まず、授業をいくつか（3〜5ぐらい）の分節に分け、それぞれの分節に合った小見出しをつける。次に、ファシリテーターの提示した考察テーマに沿って、授業での子どもの発言を拾い出し、グループごとで意見交換を行う。

考察テーマは、次のような観点のなかから設定されことが多い。

最後に、出された意見をメモした付箋紙をもとにグループの協議内容を整理して、1枚の模造紙にまとめる。

(2)　全体協議

模造紙を提示しながら、ファシリテーターがグループ内で中心の話題となったこと等について全体に報告する。すべてのグループの報告が終わったところで、教務主任が司会者となり全員での協議をさらに進め、本時の分析を深める。

こうした分析を行うと、授業の分節ごとで話題が転換したり、子ども同士がかかわり合ったりしていることや、一人ひとりの学びの深化などがよくわかる。授業記録には、豊かな情報がつまっていることを再認識することができ、本校がめざす「授業洞察力」を高めることができている。

部会研は、学年部の希望を教務主任が集約し、日程の調整を図って実施している。基本的な流れは、全体研と同様である。

本校の授業研究の流れをまとめると図3のようになる。

## ❖研究紀要などの成果のまとめ

　1年間のOJTをまとめ、次年度に生かすために、以下のような項目で年度末に研究紀要をまとめている。

(1)　本年度の研究概要
①研究主題について
②研究の構想
③単元構想と本時案（指導案の作成について）
④研究組織について（4部会の取り組み）
⑤教育課程について
⑥現職教育のあゆみ（1年間の取り組み）
(2)　授業実践
　本町では、1月初旬に教育研究論文（40字×35行×13枚）を募集しており、本校でも多くの教師が一人1研究の成果を教育研究論文にまとめて、応募している。紀要には、この論文をそのまま授業実践として研究紀要に掲載している。実践者数×13枚という分量で、厚い冊子になるが、単なる実践記録ではなく、教師の仮説と手立ての有効性を子どもの事実に基づいて検証した授業者のまとめが掲載されることになり、これが次の新たな実践の参考にも土台にもなるものと考えている。

## ❖外部講師への依頼

　本校の研究主題にかかわる授業研究会と授業分析会は、名古屋大学より講師を招聘して実施している。教育研究論文作成についての研修会については、愛知教育大学附属小・中学校の先生に講師をお願いしている。また、生徒指導に関する研修会は、スクールカウンセラーなどの専門的な立場の講師を招聘してご指導をいただいている。
　この他、授業構想の際には、小学校6校、中学校3校という小さな町ならではの連携を生かし、町の教科指導員や他校の先生方のところに個別に相談に行き、アドバイスをいただくことも多々ある。

4 指導者のもとで推進するOJT

## 図3 授業研究の流れ

| 授業構想 | 事 前 研 | 再検討・公開授業 | 事 後 研 | 振り返り・追試 | 授業分析会 | 児童理解・授業構想 |
|---|---|---|---|---|---|---|
|  | ●単元構想、本時の学習活動が子どもの疑問、願いに寄り添っているか（学びの必然性）を検討する。 |  | ○参観した様子と速記録を元にした授業分析<br>●子どもの発言から本時のねらいに迫るための発問、手立てが有効であったかを検証する。 |  | ○逐語記録に基づく授業分析<br>●子ども同士のつながり、思考の変容や深化を読み取る。そこから教師の出の有効性を検証する。 |  |

ファシリテーターの進行によるグループ協議

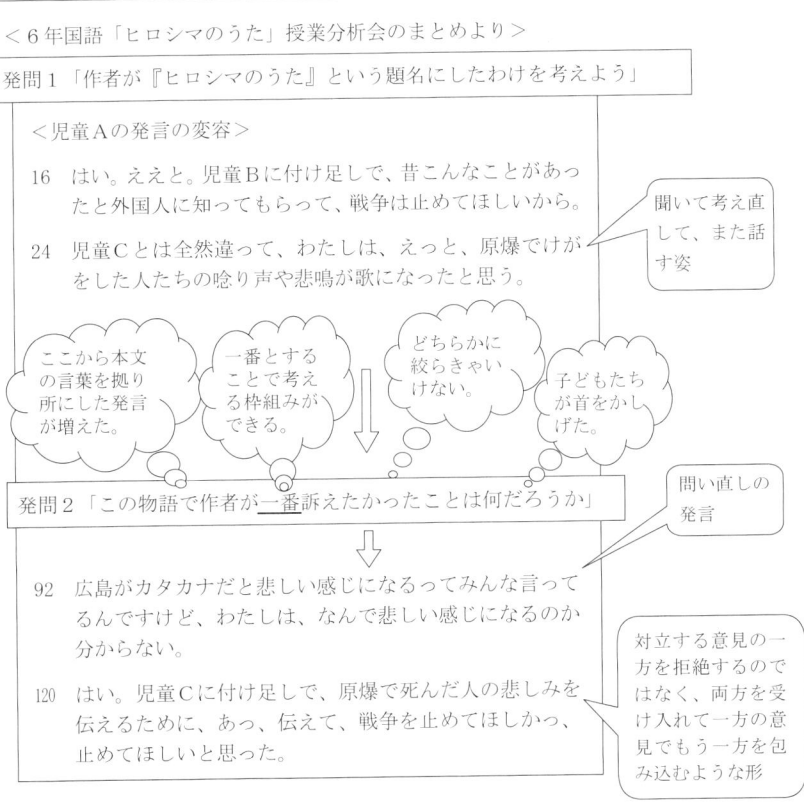

＜6年国語「ヒロシマのうた」授業分析会のまとめより＞

発問1「作者が『ヒロシマのうた』という題名にしたわけを考えよう」

＜児童Aの発言の変容＞

16　はい。ええと。児童Bに付け足しで、昔こんなことがあったと外国人に知ってもらって、戦争を止めてほしいから。　　←聞いて考え直して、また話す姿

24　児童Cとは全然違って、わたしは、えっと、原爆でけがをした人たちの唸り声や悲鳴が歌になったと思う。

（ここから本文の言葉を拠り所にした発言が増えた。）
（一番とすることで考える枠組みができる。）
（どちらかに絞らきゃいけない。）
（子どもたちが首をかしげた。）

発問2「この物語で作者が一番訴えたかったことは何だろうか」　　←問い直しの発言

92　広島がカタカナだと悲しい感じになるってみんな言ってるんですけど、わたしは、なんで悲しい感じになるのか分からない。

120　はい。児童Cに付け足しで、原爆で死んだ人の悲しみを伝えるために、あっ、伝えて、戦争を止めてほしかっ、止めてほしいと思った。

←対立する意見の一方を拒絶するのではなく、両方を受け入れて一方の意見でもう一方を包み込むような形

139

◆ 指導者のもとで推進するOJT 《愛知県岡崎市立豊富小学校》

# ESDを通した子どもの育ち

前校長　入山定之

　愛知県岡崎市の東部、森林と水田に囲まれた自然豊かな地に学び舎を構える岡崎市立豊富小学校の、指導者（外部講師）に支えられながら歩んできた3年間の道程を紹介する。

　本校は、平成24年4月、岡崎市教育委員会より「ESDにおける心の教育の推進」という研究テーマで3年間の研究委嘱を受けた。ESDの取り組みを世界中で積極的に行うことを提唱した「ESDの10年」の最後の3年間で、本校は「心の教育」に重点を置き、ESDの取り組みを進めることとなった。まずは、持続発展可能な社会づくりの担い手となる子どもたちの「心」を育てるために、何を基盤とし、どう取り組んだらよいのかを全教職員で考えた。

## ❖ めざす子どもの姿

　豊富の子どもたちは、心穏やかで、素直で、前向きである。子どもたちは「豊富が好き」と自信をもって答える。その理由の大半は「自然が豊か」「住みやすい」「人が優しい」「楽しいところがいっぱいある」などである。その一方で「お店が少ない」ことなど、利便性についてのマイナス点を語っている子どもも多い。この豊富学区は、現在、新東名高速道路建設に伴う大規模工事の影響による自然環境の変化、山あいの集落の過疎化などをはじめ、さまざまな面で岐路に立たされている。豊富学区の豊かな「ひと」「もの」「こと」を大切に守りつつ、さらに発展させていくためには解決しなければならない問題が数多く存在しているのである。しかし、子どもたちは、目の前の豊富学区の問題について、自ら行動を起こして解決していこう、守っていこうという心までには至っていない。

　私たちは、豊富学区のよいところはもちろん、解決しなければならない問題も含めて、自分の「ふるさと」として愛してほしいと願っている。また、将来的に地元に残った場合は、この「ふるさと」を守り育てる人材に育って

ほしいと期待している。たとえ、地元から離れても、ふるさとのことを思い、いつか何かで貢献できることはないかという思いをもち続けてほしいと考えた。そこで、めざす子どもの姿を以下のように設定した。
○ふるさとの「ひと」「もの」「こと」のよさを知り、大切にする心をもつ子
○ふるさとのよさだけでなく、解決しなければならない問題について見つめ、自分たちなりにその問題の解決に向けて考え、行動していける子
○ふるさとの未来について考えを深め、将来に向けて貢献していきたいという心をもつ子

## ❖ 「江戸しぐさ」との出会い、そして「とよとみしぐさ」へ

　改めて子どもたちの日常生活を見つめ直してみると、「他者意識をもっと育てたい」「相手の話にきちんと耳を傾けられるようにさせたい」といった願いが浮かびあがってきた。そんな折に、偶然にも「江戸しぐさ」なるものとの出会いがあった。

　江戸しぐさとは「江戸の商人たちが、超過密都市の江戸の町で、お互いに気持ちよく暮らすための工夫として作り上げたものとされる。草主人従『自然が主であり、人間はそれに従うべき。つまり、自然を大切にすることこそが大事である』との理念にもとづき、『身のこなし』『あいさつ』『くらし方』など、生活の様々な場面において、相手の思いを受け止めること、相手を思いやる心をもつことの大切さを説いている。その考え方は、現代にも通じることが多々ある」（NPO法人「江戸しぐさ」の理念より）とされる。

　法人のホームページを検索してみると、道徳の授業で活用できるDVDも無料で配布していることがわかった。さっそく、職員に紹介し、子どもたちの心を育てていくうえで、何かヒントになるのではないかと提案した。その言葉を受けて研究主任がDVDを取り寄せ、各クラスに配布した。後に詳述するが、「江戸しぐさ」への取り組みは、やがて本校オリジナルの「とよとみしぐさ」の取り組みへと発展し、「しぐさ（思草）」という言葉が、日常生活を子どもたち自身の手で整えていくための大切なキーワードとなった。

表1

| ふるさとを愛し、ふるさとを守り育てる子どもの育成 |
| --- |
| ～ふるさとの「ひと」「もの」「こと」から協同的に学び、自ら動き出す子どもをめざして～ |
| 仮説① ふるさとＥＳＤの視点に立ち、子どもたちの学びのつながり（教科間・学年間・地域とのつながり）を大切にした「とよとみ学習」「道徳」を展開し、ふるさとの「ひと」「もの」「こと」に繰り返し触れ合わせれば、ふるさとを愛する心、ふるさとを守っていきたいという心が育つであろう。<br>手だて① ふるさとＥＳＤの視点に立った「とよとみ学習」の展開 |
| 仮説② ふるさとの将来を見据え、見つけた問題を解決していく学習過程において、思考ツールを活用したり、仲間や地域の方との協同的な学びの場を設けたりすれば、問題に対する自分の思いや考えが高まり、よりよい解決に向けて行動することができるであろう。<br>手だて② 思考ツールの活用と協同的な学びの展開 |
| 仮説③ 「とよとみしぐさ」をもとにして心を耕していけば、他者（「ひと」「もの」「こと」）との絆が深まり、他者の思いを受けとめることができ、ふるさとに生きる主体者としての心を育むことができるであろう。<br>手だて③ 心を耕すための「とよとみしぐさ」の推進 |

## ❖指導者（外部講師）への依頼

　一方、研究を推進していくにあたり、外部講師の指導を仰ぎながら進めていくことを模索した。本校の研究は、生活科や総合的な学習の時間の取り組みが軸となる。そこで、その方面に造詣の深い方に依頼したいと考えた。幸い、この岡崎市近隣の学校現場の実践に寄り添い、研究を進めてみえた久野弘幸先生（前：愛知教育大学准教授、現：名古屋大学准教授）との面識があり、先生に研究の趣旨を伝え、ご指導いただきたい旨を伝えると、快諾していただけた。さらに「背伸びをすることなく豊富小学校の取り組んできた実践をさらに深める方向で進めていきましょう」「せっかく研究に取り組むわけですから、現在、先進的な学校で積極的に取り入れられている『思考ツール』を導入して、子どもたちの考える力を伸ばしていったらどうでしょうか」との提案をいただいた。その後の研究推進の軸となるとても貴重なご提案をいただいた。

## ❖研究主題・副主題、仮説と手だて

　教職員で何度も話し合いを重ね、久野先生のアドバイスもいただいたうえで、表1のような研究主題・副主題、仮説と手だてが決まった。

表2

| 学年 | 生活科・総合的な学習の時間の年間テーマ | 各学年の主な「ひと」「もの」 |
|---|---|---|
| 1 | だいすき とよとみ<br>とよとみのいいところさがし | 岡崎市ホタル学校　豊富保育園<br>わんパーク　牧鹿会<br>森の総合駅　樫山３６５<br>あじさいの家 |
| 2 | 町探検や牧鹿会の人との出会いのなかで、ふるさとや自分のよさを実感しよう | 岡崎市ホタル学校　　牧鹿会<br>わんパーク　男川やな<br>森の総合駅　なまずや<br>福祉工房あいち　輝バラ園 |
| 3 | いのちをはぐくみ　いのちをつなぐ　牛や牛に関わる人たちの思いにふれ、いのちについて考える | 岡崎市ホタル学校<br>片岡牧場<br>東海酪連事務局<br>牛の先生 |
| 4 | 水のつながり　いのちのつながり<br>寺前川と鳥川を比べ、水のつながりからいのちのつながりに迫る | 岡崎市ホタル学校<br>寺前川を愛する会<br>鳥川ホタル保存会<br>菊の先生　福祉工房あいち |
| 5 | つながれ！広がれ！ふるさと米<br>米作りにかける三浦さんの思いに迫り、ふるさとの未来を考える | 岡崎市ホタル学校<br>田んぼの先生<br>豊富学区福祉委員会の方々 |
| 6 | ふるさとで活躍する人から、わたしたちの未来を考える<br>環境保全や町おこしの取組に学び、自ら動き出す | 岡崎市ホタル学校<br>三浦園芸<br>岡崎森林組合<br>くらがりサウンドフェス実行委員 |

## ❖ 手だての詳細①─ふるさとESDの視点に立った「とよとみ学習」

　本校では、ふるさとの「ひと」「もの」「こと」とのつながりを大切にしたESDのことを「ふるさとESD」と呼んでいる。私たちは、豊富学区の豊かな「ひと」「もの」「こと」を掘り起こし、子どもたちの学びのつながりを大切にして、ESDカレンダーを作成した。この「ふるさとESD」で身につけさせたい三つの力と三つの思草を以下の六つに設定した。

○三つの力：①比べて考える力、②つなげて考える力、③関わり、伝える力
○三つの思草：④思いを受け止め、協力する思草、⑤ふるさとを大切にする思草、⑥自ら動き出す思草

　これら「三つの力」と「三つの思草」に重点を置き、生活科・総合的な学習の時間について、学年ごとに表２のような取り組みを展開してきた。

　豊富学区には、たくさんの先生（地域講師）がみえる。それぞれの方が、ふるさと豊富のために、ご尽力してみえる。子どもたちは、学びの過程で、何度も講師と出会い直し、具体的な取り組みや考え方、さらには生き様にまで触れてきた。講師の思いに共感することで、ふるさとが抱える問題に対して、主体的に向き合うことができ、自分ごととして真剣に考えることがで

る。

　このような学びを展開するためには、まずは教師がその講師と膝を交えてじっくり話し合うことが欠かせない。その話し合いのなかから、本年度の基本的な流れや重点目標が構築されていく。そのプロセスは、時間もかかり、苦労も伴うが、まずは教師が地域の「ひと」「もの」「こと」に惚れ込まない限り、よい実践は展開できない。幸いにも本校の職員は、実践を積み重ねていくなかで、学区を愛する気持ちが深まり、実践にどっぷり浸かることができている。そのような姿を目の当たりにできるのは頼もしい限りである。

## ❖手だての詳細②──思考ツールの活用

　思考ツールとは、集めてきた情報を共通点と相違点に着目して分類したり、分析した情報を比較し関連づけたりしながら、自分なりの考えを深めていくための視覚的な手助けとなるものである。本校は、個の段階と、仲間とともに協同的に学ぶ段階の2段階に分けて活用している。また、本校で身につけさせたい思考スキルは以下のようである。

　○整理する、○比較する、○分類する、○関係づける、○多面的に見る、○順序づける、○構造化する、○評価する。

　生活科・総合的な学習の時間をはじめ、さまざまな教科において思考ツールを活用する場面を設定した。とくに総合的な学習の時間においては、「整理・分析」の場面において思考ツールを活用することに取り組んできた。高度情報化社会においては、たくさんの情報をまずは自分自身で整理・分析する力が求められる。その有効な手段として思考ツールが活躍する。思考ツールによって、自分の考えの根拠が明確となり、堂々と発表できるようになる。また、友だちの考えと自分の考えの共通点と相違点がよりはっきりと見えるようになる。思考ツールは、子どもたちの思考スキルを育て、考え方を鍛える。また協同的な学びにおいて、互いに磨き合い、高め合うことにも有効な手段となる。

　思考ツールの活用を重点的に行うために、朝の時間を活用することとした。生活科や総合的な学習の時間の展開に合わせた思考ツールを実践したり、これまで取り組んだことのない思考ツールを試しに使ってみたりすることで、

4 指導者のもとで推進するOJT

▼班での話し合い　　▼考えを練りあげていく

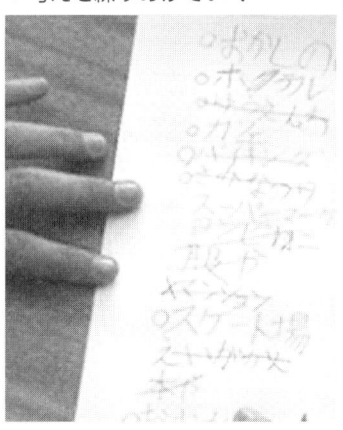

子どもたちの思考スキルを磨いてきた。
　実践を重ねていくうちに、子どもたちに明らかな変容が見られた。班での話し合いの場面で、白い紙を取り出し、班員から出された意見を列挙し、それをつなげたり、まとめたりしながら、班全体の考えを練りあげていく姿が見られた。また、学級会では、司会となった児童が、黒板にコンセプトマップ（思考ツール）を描きながら、クラスの意見をまとめあげていく姿も見られた。子どもたち自身が思考ツールの有効性を実感し、使いこなせるようになってきたのである。

## ❖手だての詳細③──「とよとみしぐさ」の推進

「江戸しぐさ」の考えを生かし、「とよとみしぐさ」を考案した（図）。「とよとみしぐさ」には、「生活習慣」「学習規律」にかかわる文言が並んでいる。これらはどの学校にも共通することである。ただし、本校では、「しぐさ」という文字を「仕える草」ではなく「思う草」と書き、とよとみしぐさの一番の根本は、「他者の『思い』を受け止めること」であるととらえた。つまり、「トイレのスリッパを揃える」その瞬間に、「次に使う人の姿を思い浮かべることができる」ことをめざしているのである。
　研究1年目を経て「とよとみしぐさ」の中身を吟味し、子どもたちに「しぐさ」のねらいや、内容を意識できるように身近な下敷きを作成した。2年

図　とよとみしぐさ

▼トイレのスリッパ「し」あわせキャンペーン

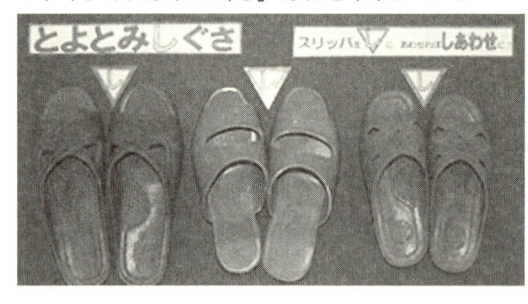

次は、下駄箱のくつやトイレのスリッパをきちんと揃えることなど、見える活動から徐々に取り組みを広げた。また、4～6年生で構成される委員会活動において、それぞれの委員会が担当する「しぐさ」を決め、自分たちで「とよとみしぐさを推進すること」をめざそうと考えた。

各委員会で「豊富小学校をもっといい学校にしていくために何をしていったらいいのか、どんな取り組みをしていけばいいのか」について話し合い、子どもたちの主体的な活動を推進した（表3）。「トイレのスリッパ『し』あわせキャンペーン」もその一つである。トイレのスリッパをきちんと揃えると「自分も幸せになるし、次に使う人も幸せになる」を合い言葉に、代表委員会や体育委員会が中心となって進めた。これらの取り組みを展開していくなかで、「みんなで、とよとみしぐさをがんばっていこう」という気持ちが着実に高まっている。

## ❖OJT推進の中心的組織

○研究推進委員会（校長、教頭、教務、校務、研究主任、学年部代表）
○研究推進全体会（全職員）
○研究部会（思考ツール部会、道徳部会、環境整備部会）
○学年部会（低・中・高学年の3部会）

4 指導者のもとで推進するOJT

表3

| 代表 | 体育 | 整備 | 図書 | 緑化 | 放送 | 保健給食 |
|---|---|---|---|---|---|---|
| あいさつ | はきもの もったい大事 | おそうじ | 手元美人 | 思いやり | 歌声 話し合い | 手元美人 もったい大事 |

　上記のような組織を構成し、必要に応じて会議を開き、研究を推進してきた。また研究授業においては、全職員で参観して事後研を行い、お互いの力量を高めることに努めてきた。授業を参観した後に、思考ツールの一つPMI表（P：プラス、M：マイナス、I：インタレスティング）に参観者一人ひとりが付箋を貼

▼PMI表に付箋を貼る

り、それを足掛かりに事後研の討議を深めていった。PMIとは、アイデアをよい点・悪い点だけでなく、興味深い点を加えて分類し考えてみようというものである。テーマについて考えられるよい点・悪い点を記入した付箋をそれぞれ表の「よい点」欄、「悪い点」欄に貼っていき、どちらにも当てはまりそうにないアイデアを表の「興味深い点」欄に貼っていく。よい点、悪い点、興味深い点を総合的に判断して今後の進め方を検討するものである。

　子どもたちの話し合いが思考ツールによって深まったのと同様に、教師どうしの話し合いにおいても、思考ツールは有効な手段となった。

## ❖研究の成果と課題

　年度末ごとに実施してきた「ふるさと豊富アンケート」の結果によれば、「とよとみがすき」と答える子どもが増え、「とよとみをもっと住みやすくて、いい町にしていきたい」「地域の行事に参加したり、自分にできることをどんどんやっていきたい」と意志表明をする子どもが増えた。また、教師自身

も、この3年間の取り組みのなかで、豊富学区の「ひと」「もの」「こと」に対する知識と愛着が深まり、子どもたちとともに、もっといい町にしていきたいとの思いが強くなったことが大きな成果である。

　課題としては、以下のようなことがあげられる。

(1)　自ら動き出す思草

　ふるさとに対する愛着や、ふるさとを守り育てたいという思いが確実に高まってきたが、それを行動に結びつけていく過程にさらに重きを置き、自ら動き出す思草を伸ばしていきたい。学年ごとに異なったテーマに取り組んでいるが、「ふるさとESD」という視点で、1年生から6年生まで貫かれている。学年があがる度に、前の学年で学習したことを踏まえ、さらに高いレベルの「力」と「思草」を身につけ、自分にできることを見つけて、行動していける子どもを育てていきたい。

(2)　思考ツールを選ぶ力、使いこなす力

　思考ツールについては、子どもたちも自身も、その有効性を実感し、効果的に使うことができるようになってきたが、自分で必要なツールを選択し、使いこなすところまでは至っていない。今後、さらにさまざまな場面において、自分で思考ツールを選択させる機会を設け、選ぶ力、使いこなす力も身につけさせていきたい。

＊

　子どもとともに教師も育つ姿を肌で感じることのできた3年間であった。地域の方々との絆、未来への熱い思いを大切にしつつ、さらに研究実践を積み重ねていきたい。

◆ 指導者のもとで推進するOJT 《岡山県津山市立北陵中学校》

# 振り返りと自分化を中心とした授業力向上への取り組み

校長　野々上正成

　本校では、平成20～22年度「学力向上実践研究に係る推進校（文科省指定）」として、思考力・判断力・表現力（「活用型学力」）の育成をめざし、実践研究をスタートさせた。研究指定後も、生徒の「活用型学力を高める」ために、試行錯誤を重ねながら、授業力向上を中心課題として校内研修を進めている。

## ❖北陵中の校内研修の概要

(1)　職員の合意形成の場面設定

　本校では、校長のリーダーシップのもと、学力向上を重視する意識改革が進められている。教頭から職員に発信される通信「北陵の風」研究だより「絆－繋ごう明日の北陵中へ－」では、今日的な教育的課題やさまざまな実践紹介がなされ、教師の意識改革につながっている。

　また、夏休みや年度末に学力・学習状況調査等の結果分析と教師の意識調査（アンケート）とを併用した現状分析を行い、校内研修を通して本校生徒の学力・学習状況の共通理解を図り、学力向上に向けた取り組みの方向性を合意形成していく（1年生は岡山県学力・学習状況調査、2年生は標準学力検査を3年生の全国学力・学習状況調査日に実施）。一人ひとりの教師が、授業改善の必要性を実感する重要な場面である。

(2)　校内研修の組織

　本校では、教職員が3部会（①新教材・実践開発部会、②ユニバーサルな授業開発部会、③家庭学習開発部会）に属し、研究を進めている（図）。

　所属は年度当初に希望調査を行い決定する。3部会の各部会は1～3の小グループで構成される（人数の多い部会は3グループ）。このグループは学年教科横断型組織（かつて「テトラS」と呼んだ）で、司書教諭や養護教諭も加わり、学年や教科を意図的に分けて編成する（希望調査をもとに研究推進委員会で決定する）。教師のそれぞれの知見から授業づくり等にアドバイ

図

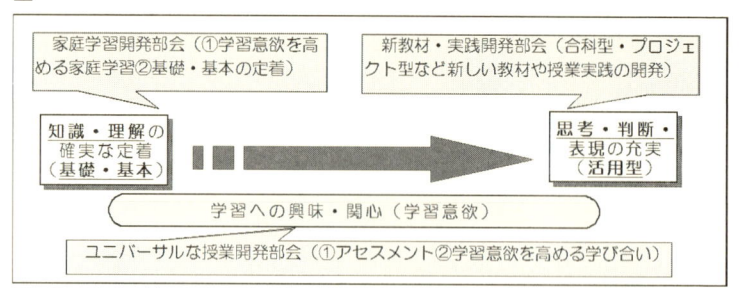

```
家庭学習開発部会（①学習意欲を高    新教材・実践開発部会（合科型・プロジェ
める家庭学習②基礎・基本の定着）    クト型など新しい教材や授業実践の開発）
```

知識・理解の
確実な定着　　　　　　　　　　　思考・判断・
（基礎・基本）　　　　　　　　　　表現の充実
　　　　　　　　　　　　　　　　　（活用型）

学習への興味・関心（学習意欲）
ユニバーサルな授業開発部会（①アセスメント②学習意欲を高める学び合い）

スを行う。年3回の授業研究会を中心に、すべての教師が1回以上の授業公開を行うが、その際の指導案づくりは3部会を中心に進められる。学年や教科を越えた授業実践づくりのなかで、さまざまな教科の授業を見る目が養われ、新しい視点を取り入れた挑戦的な授業実践が毎年展開されている。このことは、教科指導力の向上にもつながっている。

(3) 振り返りと自分化

　本校では、毎年、大阪教育大学木原俊行教授を外部講師としてお招きし、授業研究の方法や研究体制の課題・改善策などさまざまなアドバイスをいただきながら授業研究会や校内研修を進め、改善を図っている。木原先生のアドバイスの一つに、授業研究や校内研修の取り組みを振り返り「自分化」することがある。そこで年3回の授業研究会で、すべての参加者に「自分化シート」の記入をお願いしている。これは、授業者・参観者がともに公開授業・研究協議の成果を振り返り、自らの授業実践に取り込み、授業改善していく試みである。事前の指導案検討で熱心な意見交換が行われ、他者の授業であっても思い入れを持って参観できる。そのため、「自分化」も充実する。

　また、先生方個々人の1年間の授業実践や部会研究を振り返り、成果と課題を明らかにする目的で、「一人1レポート集」を作成している。指導案集をまとめた研究集録とともに、自らの、また北陵中の1年間の実践を振り返る貴重な場面である。

## ❖取り組みの成果と課題

　本校の校内研修を通して、教師の授業力は着実に向上し、授業改善が進め

▼研究授業

られている。具体的には、一斉指導中心の教科指導から、グループ活動の導入、ICTの効果的な活用、身近な題材を用いた問題解決的な学習など日々の授業のスタイルが多様化していることである。これまで、先生方の努力と工夫から、生徒の思考・判断・表現の場が十分用意された誇るべき実践は多い。これは、校内研修で得られた知見が先生方の日々の教育実践に結びつき、各教科で指導計画や指導方法の工夫改善や新たな開発に生かされていることを意味している。

一方で、3部会の役割分担がややもすると不明瞭となり、その区別が不十分である点が指摘されている。さらに、研究協議のマンネリ化が起こらないよう校内研修を刷新する必要も感じている。

## ❖OJT推進の中心的組織

北陵中学校の研究推進委員会は、校長・教頭・教務主任・研究部（研究主任＋各学年担当者）・教科代表者で組織されている。定期的な開催は行っていないが、年間研修計画の作成、年3回の授業研究会の準備や反省、学力調査等の分析、PDCAサイクルのなかでの研究体制の見直しなどを行っている。毎月の校内研修会の企画・運営などは教科代表者は原則加わらないかたちで進めている。

## ❖OJTのための年間スケジュール

授業研究会は年間3回実施している（基本は各学期1回であるが、昨年、一昨年は校舎の耐震化工事のため、2学期に2回実施した）。授業研究会の日程は、外部講師のスケジュールとも調整しながら、年度末（3学期の2月頃）に次年度のものを決定する。

本校教師は原則として一人1回以上指導案を作成し、授業公開を行うとい

う約束にしている。研究会では、午前中は研究協議なしの授業公開で、同じ部会の先生方の時間割をできるだけ空けて参観するようにしている。午後は、授業公開該当クラス以外は下校し、部会代表授業者を部会所属メンバー全員で参観し、その後研究協議を行うことにしている。1回の研究会で午前中の授業者は5名程度、午後は3～4名の授業者となる（所属メンバーが多い部会では、部会を二つのグループに分け、それぞれ授業者を出すので、午後の授業提案者が4名となっている）。これ以外の授業公開として、津山市学校教育研究センターの教科部会での授業公開、少人数指導での授業公開、初任者研修での授業公開なども1回と考え、原則、全員が授業公開するようにしている。年度当初に所属希望部会をアンケート調査し、研究推進委員会で部会所属を決定している。4月後半の校内研修（3部会グループ研修）で各部会の重点的な研究内容、方法、スケジュールを決め、5月初旬の校内研修（3部会グループ研修）で各研究会の授業者の決定を行う。

▼一人1レポート集

▼指導案の作成

## ❖学年会、教科会の開催状況

　授業研究にかかわる学年会や教科会の開催状況として、学年会で授業研究する時間は設定していない。もともと、本校の校内研修体制が学年・教科横断型組織を基本としているため、学年団で検討した実績は、過去、学級活動や道徳の授業実践を研究会の一部で公開したときのみとなる。

教科会については、フォーマルな時間設定として、授業研究会のおよそ1ヵ月前の校内研修の時間をあてている。また、十分な時間設定がむずかしいため、一定の期間に放課後などを利用して教科部会を開くよう指定している。教科によっては熱心に複数回教科部会を開き、時間割を動かしてプレ公開を行い、指導案を修正していく取り組みも見られる。ただし、教科部会の勤務時間内での設定時間がやや少ないことも課題としてあがっており、今後の改善事項となっている。

## ❖指導案の検討状況

指導案作成にあたって、まず校内研修で指導案作成の目的と統一して記述する項目の確認を行っている。その際、岡山県総合教育センターの教科教育部がホームページにあげている「教科等の指導に役立つ情報」から資料を抜粋し共通理解している。基本は、『言語活動の充実に関する指導事例集（中学校版）』（文部科学省、平成23年5月）『評価規準の作成、評価方法等の工夫改善のための参考資料（中学校）』（国立教育政策研究所、平成23年11月）などを用いている。教科や授業者によって指導案の様式（体裁）はまちまちだが、研究協議の焦点が分散しないために、記述する項目はそろえている。

指導案の作成については、授業研究会の1ヵ月半くらい前から始めている。全体で設定する時間として平均的には校内研修（3部会グループ研修）で検討会2回、校内研修（教科部会）で検討会1回、これ以外は、各部会・各教科で必要な時間を放課後などに設定し検討することとしている。いずれの部会でも放課後等に時間設定し、熱心に協議する様子が見られる。

外部講師に参加していただく研究会の前には、指導案の素案や完成版を事前に送付し、アドバイスをいただいている。

指導案集は研究会の10日～1週間前に完成させるのがやっとの状況である。完成した指導案集は、事前に津山市教育委員会、津山教育事務所等に送っているが、指導案作成の過程で指導主事等の指導は原則受けていない（昨年度より、岡山県「魅力ある授業づくり徹底事業」の地域指定を受けており、国語と数学については事前に県総合教育センター指導主事の指導を仰ぎながら指導案を作成した。この検討会は、校内研修で時間設定はせず、別途教科

部会を開催して行った)。

## ❖ 授業研究当日の流れ

　本校では、前述のように、午前中を研究協議なしの授業公開、午後を研究協議ありの授業公開と設定している。午前中の4時間は、5名程度の授業者ができるだけ同一時間に重ならないよう時間割を組み授業公開を行う。自分の属している部会の授業者を参観できるよう、可能な限りで時間割を組みかえている。しかし、部会の全メンバーが参観することは不可能なため、一昨年より全授業をVTR撮影し、参観できなかった先生方が後日視聴したり、各部会で後日協議したりできるようにしている。また、午前中は研究協議がないため、参観者が授業者に感想や助言、指導等を行うため「授業参観票」を用意している。「授業参観票」は基本的な授業規律の評価と授業のよかった点を中心に授業者に伝えられるように配慮している。

　午後は授業公開該当クラス以外は下校し、3部会を代表する授業提案者が授業公開をする。参観者は自分の所属する部会に分かれて参観することとしている。他の部会の授業を後日視聴できるよう、こちらもVTR撮影する。

　外部参観者は、原則自由に参観していただくが、午後は研究協議があるため、興味・関心のある部会の授業を参観していただき、そのまま当該部会で研究協議に参加していただく。

　研究協議は、部会内に6～7名のグループを編成し、KJ法を中心とした研究協議を行う。全員参加、全員発言の協議を実現するため、小グループ編成をとっている(昨年度は、「新教材・実践開発部会」が2グループ、「ユニバーサルな授業開発部会」が2グループ、「家庭学習開発部会」は1グループで協議を行った。「新教材部会」は同一の授業を見て2グループで協議した。また「ユニバーサル部会」は小グループから二つの授業を提案しそれぞれに分かれて協議した)。小グループの進行役は研究推進委員会で、研究会ごとに指名している。誰もが進行に携われるようにしていく配慮である。

　KJ法は模造紙ポスター(拡大本時案の場合あり)と3色の付箋紙を準備し、授業の導入から終末にかけて時系列に授業を振り返り、まとめていく。付箋紙は青色が「肯定的に評価できる点」、黄色が「課題点」、赤色が「生徒の大

きな変化が見られた点」としている。授業者の振り返りの後、グループ内で順番に付箋を示し、時系列に沿って授業の検証を行っていく。発言が偏らないように「40秒ルール」を採用する場合もある。これは、一人の1回の発言を40秒以内に設定するものである。最後に付箋のグルーピングなどで授業の成果と課題をまとめる。本校の研究主題の柱が「活用型学力を高める」であるから、活用型学力（思考力・判断力・表現力）を高める場面設定や教材の工夫が適切になされていたか（「新教材部会」）、活用型学力の前提となる基礎・基本の定着を図る手立て（多様なグループ形態や分業型の学習スタイル、板書計画、家庭学習の質・量・内容や授業での位置づけ等）が十分になされているか（「ユニバーサル部会」「家庭学習部会」）を中心に検証する。

研究協議の後、全体会を開催し、各部会（グループ）のKJ法ポスターを持ち寄り、ポスターセッション形式を中心として交流している。各グループ3名の説明者を決め、3クールの時間設定をして、ポスターセッションを進める。外部講師を招聘した研究会では、この後、指導・講評を含めた講演の時間を30分程度でお願いしている。全体会終了後、「自分化シート」を記入し、授業公開や研究協議の内容を振り返り、今後の自分の実践にどのように取り入れていくかを考えることとしている。

## ❖研究紀要など成果のまとめ方

本校では研究紀要は作成していない。年3回の研究会に作成する指導案集を研究集録として保管している。指導案集には、授業者の指導案とともに本校の研究の取り組み、生徒の学力分析、今年度の研究の経過を記録している。

また、先生方個々人の1年間の授業実践や部会研究を振り返り、成果と課題を明らかにする目的で、「一人1レポート集」を作成している。

## ❖外部講師への依頼の仕方

本校では平成20～22年度「学力向上実践研究に係る推進校（文科省指定）」の研究指定から毎年大阪教育大学木原俊行教授を外部講師として招聘している。年度末に木原先生の次年度のスケジュールを伺い、本校の研究会の日程と調整可能ななかで日程を決定していく。

## ❖ 指導者のもとで推進するOJT 《茨城県常陸太田市立峰山中学校》

# 学びの共同体

茨城県常陸太田市立久米小学校長／前峰山中学校長　**鴨志田悟**

## ❖ 今本校が取り組んでいるOJTとは

(1) 校内研修を中核とした学校づくり

　青年前期といわれる中学生は多感である。身体も向上し、知的好奇心も旺盛になり、多様なことに関心も広がる。そのなかで人間関係や将来への希望や不安から悩み多い時期でもある。感受性も豊かで大きなエネルギーを蓄える一面もあり、このような10代前半に位置する中学校の果たす役割は多岐にわたる。一方、この中学生活の充実が長い人生の原動力ともなる意義ある3年間でもある。中学校という一つの社会の縮図のなかで試行錯誤しながら人としての力をつける期間である。その視点からも学校生活の大部分を占める授業を一人残らず学びに参加させるようにすることは、中学校の学校づくりの根幹であると考える。授業のなかで仲間と対話を繰り返し学びを深め、思考力・判断力・表現力を育む生徒が主役になる授業づくりをしていくことが、現在、教師には求められているのではないか。

　本校は、「学びの共同体」による「一人残らず学びに参加する授業」をめざし、校内研修を中核とした学校づくりを進めている。教師は、毎日の授業をいかに質の高い学びのある授業とするか、多様な教材研究に取り組んでいる。もちろん同僚との日常の会話からヒントが生まれたりもするが、意図的・計画的な校内研修によって、教育専門家としての資質向上の機会を保障するようにしている。そのためにも、校長として学校づくりの「ヴィジョン」を示し、地道な職員との対話によって、教職員がともに学び合う学校に改革する必要がある。

(2) 「一人残らず学びに参加する授業」をつくる校内研修

　本校では、すべての教師が年1回以上教室を開き、授業公開による校内研修を進めている。もちろん個人研修や教科研修による授業研修もあるが、組

4 指導者のもとで推進するOJT

織的に実施している校内研修としては、学年研修と全体研修がある。
①学年研修

本校は、各学年2または3学級、教師6名程度の学年教師集団である。学年研修による授業公開では、授業を調整して、学年所属の教師全員が授業参観できるように配慮している。また、他学年の教師でも同じ教科担当者や空き時間の教師も参加できるようにしている。

▼一人残らず学びに参加する授業をめざして

▼年度初めの全体研修

放課後実施される授業協議会では、校長や教頭も参加し、学年主任や研修担当のリードにより、学級や学年が課題としている生徒指導面等についても関連させながら、教師がどう教えたのかに重点を置くのではなく、生徒一人ひとりの授業の学びの事実から議論を深めている。また、年1回は、外部講師による学年研修会を実施することにより、授業のなかの生徒の姿を再認識したり、学年や学級の成長を確認したりする機会としている。

②全体研修

年度初めの全体研修では、新しく編成された学級や新任の教師を踏まえて「0からのスタート」を意識して実施している。校長の示した学校づくりのヴィジョンをもとに、授業公開を中心とした校内研修の進め方を、「学びの共同体」の哲学とともに、全職員で確認する時間である。

一方、年4回程度計画されている外部講師を招いての「公開校内研修会」は、原則全教師が参加する。参観した提案授業を通して、生徒一人ひとりの学びの事実から協議し、講師の指導を含めて校内研修の方向性を再確認する研修である。とくに授業の事実から学ぶ時間では、外部から参観された方も含め

▼公開校内研修会

て4人グループで話し合い、その後全体で共有するようにしている。事前に配布している座席表から、生徒名をあげて学んだことやグループの学びの深まり、さらには滞っていた場面について対話する時間に及ぶ場合もある。全体で共有する時間では、授業者に教室のなかでの生徒一人ひとりの学びの事実を伝えながら、参観者が授業から学んだことや時には教科の本質に迫る議論をするケースなど臨機応変に進行するようにしている。講師には、授業の内容に助言いただくとともに、本校の研修の課題とその方向性について指摘いただくなど、校内研修を外部から支えていただいている。

(3) 「学びの質を高める」校外研修

校内研修を軸に学校づくりを展開する一方で、質の高い授業を学んだり各教科の本質に迫る教材研究について研修したりする機会を、校外のさまざまな研修会に求めている。

その一つは、学びの共同体を実践している先進校の校内授業研修会に参加する研修である。他校の授業研修会に参加することは、普段目にしている生徒とは異なる姿が生徒一人ひとりの学ぶ本質を冷静に見極める機会となったり、授業者のつないだり戻したりする多くの授業における配慮を直接学ぶ研修にもなる。とりわけ他校の授業研修会の内容が、本校の校内研修について改めて異なった視点から見直す機会ともなる。

## ❖OJT推進の中心組織

年間を通して計画的に校内研修を推進するために、各学年1名の研修担当を置き、その3名の一人を研修主任とし、他の二人を研修副主任とした。学校全体にかかわる全体研修計画や公開校内研修会の起案については、適宜3名で検討し、校長・教頭を交えて話し合い、全職員に提案するようにしている。

4 指導者のもとで推進するOJT

表1 年間研修会

| 月 | 日・曜日 | 回 | 形態 | 授業者(または研修内容) | 外部講師 |
|---|---|---|---|---|---|
| 4 | 7日・月 | | 全体研修 | 本年度の校内研修について | |
| | 14日・月 | 1 | 全体研修 | 協同的に学ぶとは<br>-提案授業、研究協議会を通して- | |
| 5 | 20日・火 | 2 | 学年研修 | 提案授業：(3年社会科) | |
| 6 | 2日・月 | 3 | 学年研修 | 提案授業：(1年国語科) | |
| | 16日・月 | 4 | 学年研修 | 提案授業：(3年国語科) | 講師<br>教育事務所 |
| | 30日・月 | 5 | 学年研修 | 提案授業：(2年音楽科) | |
| 7 | 16日・水 | 6 | 全体研修 | 提案授業：(2年理科)<br>研究協議会は8月18日に実施 | |
| 8 | 17日・日 | | 自主研修 | 茨城・学びの会夏の授業づくり・学校づくりセミナー | 講師 |
| | 18日・月 | 7 | 全体研修 | 7月16日の授業の研究協議 | |
| 9 | 第2週 | 8 | 学年研修 | 提案授業：校長(1年道徳) | |
| | 16日・火 | 9 | 公開校内<br>授業研修会 | 提案授業：(3年数学科)<br>一般授業：14クラス公開 | 講師 |
| | 19日・金 | 10 | 学年研修 | 提案授業：(2年英語科)<br>　　　　：(3年美術科) | 市教育委員会 |
| 10 | 14日・火 | 11 | 学年研修 | 提案授業：(3年保健体育科)<br>提案授業：(1年理科) | |
| | 23日・木 | 12 | 公開<br>授業研修会 | いばらき理科教育推進事業公開<br>提案授業：(2年理科) | 講師 |
| 11 | 10日・月 | 13 | 学年研修 | 提案授業：(1年英語科) | |
| | 25日・火 | 14 | 学年研修 | 提案授業：(1年国語科)<br>提案授業：(3年家庭科) | 講師 |
| 12 | 1日・月 | 15 | 公開校内<br>授業研修会 | 提案授業：(3年英語科)<br>一般授業：14クラス公開 | 講師 |
| | 15日・月 | 16 | 学年研修 | 提案授業：(2年保健体育科) | |
| 1 | 26日・月 | 17 | 学年研修 | 提案授業：(2年技術・家庭科) | |
| 2 | 2日・月 | 18 | 学年研修 | 提案授業：(2年数学科) | 講師 |
| | 9日・月 | 19 | 学年研修 | 提案授業：(1年保健体育科) | 講師 |
| | 16日・月 | 20 | 学年研修 | 提案授業：(1年社会科) | |
| | 24日・火 | 21 | 公開校内<br>授業研修会 | 提案授業：(1年数学科)<br>一般授業：1・2年8クラス公開 | 講師 |
| 3 | 17日・火 | 22 | 学年研修 | 提案授業：(2年社会科) | |
| | 20日・金 | 23 | 公開校内<br>授業研修会 | 生徒も教師も学び合いについて学ぶ会<br>提案授業：(2年理科)<br>一般授業：1・2年8クラス公開 | 講師 |

　たとえば、公開校内研修会では、一般授業や提案授業の授業者の決定や当日の日程・役割分担等について、研修担当3名が空き時間を利用して会合をもっている。また、学年授業研修会の情報交換についても随時実施している。その他、外部講師とのメール等の連絡交渉は、主に研修主任が担当している。

## ❖OJTのための年間スケジュール

　表1に示した年間研修会は、平成26年度実施した研修会である。台風等

159

▼教科会

の影響により、2度公開校内研修会を変更したため、夏休み前までは学年研修が中心となっている。

## ❖学年会、教科会の開催状況

　学年会は、週1回1時間、時間割の時間帯のなかで実施している。その時間では、学年の予定等について確認する他、授業中の生徒の姿や学びの事実について触れ、学び合いによる授業づくりに役立てている。

　教科会は、時間割には位置づけていないが、空き時間や放課後を活用して、教材研究の協議や授業デザインについて検討している。同じ教科の専門家として、質の高い授業を展開するため情報交換も含めて貴重な時間である。

　なお、学年主任と校長・教頭等とで構成している運営委員会は、週1時間、時間割のなかに設定し、25分程度、各教室の生徒の学びの姿を参観し、学びの事実から校内研修や授業づくりの成果や課題を共有している。

## ❖指導案の検討状況

　本校では、質の高い授業をするために各教科担当は、単元計画や学習課題の検討など深い教材研究に努めている。そのため授業公開における指導案についても、教科の専門家として事前の教材研究の時間確保を第一に考え、略案の授業デザインを採用している。もちろん簡略化された指導案ではあるが、質の高い授業をデザインするために同僚教師だけではなく、市教育委員会の指導主事等に助言をお願いすることもある。また、授業協議会において生徒の学びの事実から授業を省察する時間を重視するために、指導案に生徒の座席表を加えている。

## ❖授業研究当日の流れ

　公開校内研修会では、講師以外にも授業参観者の対応などを含めて、表2

表2　授業研究当日の流れ

- 当日の準備
  (1) 講師　授業研修会資料、学校づくりデザイン
  (2) 研修会資料
    ・授業参観の視点
    ・一般授業者一覧

|  | 1-1 | 1-2 | 2-1 | 2-2 | 3-1 | 3-2 | 3-3 |
|---|---|---|---|---|---|---|---|
| 3校時 | 英語 | 理科 | 数学 | 保体 | 理科 | 美術 | 技・家 |
| 4校時 | 理科 | 国語 | 保体 | 英語 | 国語 | 社会 | 音楽 |

　　・授業構想案　提案授業　5校時　3-3　英語
　　・研修概要・計画
- 当日の動き

| 時刻 | 内容 | 対応 | 主な対応者 |
|---|---|---|---|
| 9:18 | 講師迎え | 駅 | 校長 |
| 10:20 | 講師来校 | 出迎え　校長室へ | 教頭 |
| 10:20～10:30 | 懇談（校長室） | 懇談 | 校長教頭・研修担当 |
| 10:40～11:30 | 3校時<br>一般授業 | 各教室　授業の空いている先生 | 写真（校長・　　）<br>校長・研修担当 |
| 11:30～11:40 | 休憩（校長室） | 湯茶 | （　　） |
| 11:40～12:30 | 4校時<br>一般授業 | 各教室　授業の空いている先生 | 写真（校長・　　）<br>校長・研修担当 |
| 12:30～13:00 | 昼食 | 校長室で昼食　講師　校長<br>研修担当　（午前中授業者） | 給食準備（　・　） |
| 12:30～13:10 | 給食 | 各教室 | 1-2 填補（　　）<br>2-1 填補（　　） |
| 13:10～13:25 | 昼休み | 帰りの会<br>各教室でゴミ拾い・明日の連絡 |  |
| 13:30～14:20 | 5校時<br>提案授業 | 3-3教室 | 写真（校長・　　）<br>VTR（　　） |
| 14:20～14:45 | 休憩（校長室） | 湯茶 | （　　） |
| 14:45～16:40 | 研究協議会<br>14:45～15:40 | 総合学習スペース<br>・講師紹介（校長）→研究協議<br>・講話<br>・謝辞（校長） | 写真・VTR（　　）<br>司会（研修担当） |
|  | 指導・講話<br>15:40～16:40 |  |  |
| 16:40～16:55 | 懇談（校長室） | 授業者（英語部）振り返り | 校長・英語担当<br>研修担当 |
| 17:00 | 見送り | 玄関にて見送り後駅へ |  |

のような当日の動きである。午前中に講師を迎え、3・4校時に一般授業として全学級を公開している。午後は、5校時に提案授業を全職員で参観し、全体会のなかで授業協議会を設け、最後に講師の先生に授業内容を含めて講話をいただいている。

## ❖研究紀要などの成果とまとめ

　本校では、40年にわたり続いてきた職員研究集録「葦の芽」を作成して

表3 研究集録の主な内容

| 内　容　と　分　担 |
|---|
| 第40集に寄せて　（市教育長）<br>はじめに　　　　　（校長）<br>峰山中学校職員研究集録「葦の芽」40年のあゆみ |
| Ⅰ　学校づくり　（校長） |
| Ⅱ　研修のあしあと　（研修主任） |
| Ⅲ　実践事例報告（各Ａ４－６Ｐ）<br>　1　第3学年　国語<br>　2　第2学年　理科<br>　3　第3学年　英語<br>　4　第1学年　数学 |
| Ⅳ　個人研究テーマへの取り組み<br>「わたしの研究テーマ」（研修部）<br>各教科　（24名） |
| Ⅴ　研究の方向性（研修部）<br>　1　平成26年度研修経過<br>　2　学び合い通信<br>　3　公開授業研修会で学んだこと<br>　　(1)　9月<br>　　(2)　12月<br>　　(3)　2月<br>　4　アンケートによる生徒の実態<br>　5　研修の総括 |
| おわりに |

いる。これまで先輩教師が培ってきた校内研修の積み重ねを引き継ぎ、本校教育の伝統である生徒一人ひとりの力となるような校内研修の集録となるように編集している。とくに「聴き合い伝え合い学び合う一人残らず学びに参加する授業－生徒も教師も成長し合える学校づくりの中で－」という研究主題のもと、教師一人ひとりが個人研究テーマをもち、取り組んできた実践の積み重ねを振り返る個人研究2頁がその中心である。研究集録を作成することによって、本年度の校内研修の振り返りをし、来年度より高い目標に向けて力強く前進していけるようにしている。

　10月に研修部から全職員に編集方針とその作成計画が示され、3月末には発刊できるようにしている。主な内容は表3のとおりである。また、個人研究の様式は、表4に示した内容である。とくに1年間研究テーマに沿って積みあげた授業実践を、次年度に向けてまとめたものである。

## ❖外部講師への依頼の仕方

　毎年、継続的にご指導をいただいている「学びの共同体」にかかわる外部講師は3名、提案授業に応じて招いている講師は複数いる。また、提案する教科や内容によって、市教育委員会や教育事務所に特定の教科の指導主事を招聘する場合もある。とくに「茨城・学びの会」には、授業研修ばかりでなく研修内容や研修計画についてもご助言をいただいている。講師依頼や連絡については、主にメールでのやりとりである。

　なお、外部講師が参加していない学年研修では、校長や研修主任が講師と

4　指導者のもとで推進するOJT

表4　個人研究の様式

| 氏　名 | |
|---|---|
| 教科／領域 | |
| 研究テーマ | |

I　項目立ては草の芽第38集（平成24年度）鈴木孝裕先生（下記）のように作成する。

```
研究テーマへの思い
研究テーマへの取り組みについて
今後の取り組みについて
※文字を□で囲む。
※思いや手だてを具体的に書く。
```

※書式は下記のように設定し、A4で2枚とします。

```
A4　左右2段組
42字×45行（左右2段組：21字45行）
余白　上　21mm
　　　下　18mm
　　　左　18mm
　　　右　18mm
文字　MS明朝　12.0P
※この文章の書式で作ってください。
```

※写真や図を必ず入れてください。枚数は4枚前後とします。サイズは左右2段に入るサイズにしてください。

※全員「ワード」で原稿を作成してください。形式は「先生」→「課題研究」→「H24」→「草の芽原稿」→「研究紀要形式」にあります。名前をつけて草の芽原稿のフォルダにデータも保存してください。

◎年3回行なった公開校内授業研修会については別形式で逐語録なども付ける。

図の挿入例　1

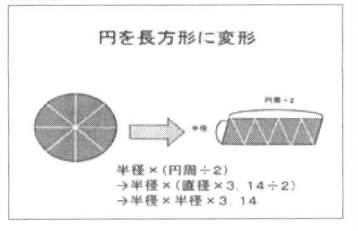

**円を長方形に変形**

半径×（円周÷2）
→半径×（直径×3.14÷2）
→半径×半径×3.14

図の挿入例　2

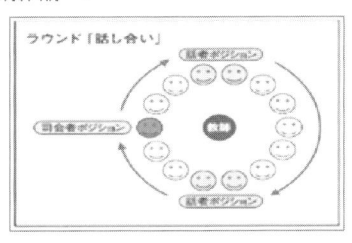

ラウンド「話し合い」

写真の挿入例

**モノとの出会い**

※写真のタイトルは中央下にゴシックで書いてください
※写真は変形しないようにご注意願います。

3月上旬完成をめざしています。お時間のあるときに作成をお願いします。

しての役割を担当し、それぞれの視点から学年研修会の協議に参加している。

*163*

◆ 指導者のもとで推進するOJT 《福岡県福岡市立飯倉小学校》

# カリキュラムマネジメントによる学校教育目標の具現化

福岡県福岡市立大原小学校教頭／前飯倉小学校教頭　**井樋述弥**

❖ **本校が取り組んでいるOJTの基本的な考え方**

(1) 本校の概要と教育目標

　本校区は福岡市早良区の中央部に位置し、かつては農村地帯であったが、今や田畑はあまりみられず、住宅地となっている。地域行事が盛んで、学校教育に対してとても協力的な地域である。そんな地域に恵まれ、本市事業である「心輝くまちづくり事業」の委嘱を受け、道徳教育を基盤に地域と連携し、挨拶、黙々掃除、声かけ運動を展開している。

　本校の教育目標は「言葉を大切にし、社会力を持った子どもの育成」である。そこで、めざす子ども像として、以下の3点を掲げている。

○かしこく…よりよい社会を創るために、ねばり強く問い続け、考え、表現できる子ども
○やさしく…よりよい社会を創るために、ふわふわ言葉を使い、励まし、支え合う子ども
○たくましく…よりよい社会を創るために、ねばり強く最後までやり抜く体力と気力を持った子ども

　一方、校内研究の主題を「よりよい社会を創り出す力を育てる生活科、社会科、生活単元学習」とし、副主題として、「問題解決への意欲を高める学習対象との出会わせ方の工夫を通して」を掲げて研究推進を図っている。このように、「よりよい社会を創る」という言葉をキーワードにすることによって、教職員の協働意識の高揚と実践的指導力の向上をめざした課題対応型校内研修への改善をめざした。

　ただ、本校は特別に研究校としての実践をつみかさねている伝統校でもなければ、子どもたちに学び方が身についた学力が高い学校でもない。むしろ学力的には全国平均に近い、ごく標準的な普通の学校である。

なお、本稿に使用している写真や図等は、実際に校内研修で使用したプレゼン資料をそのまま掲載している。校内研修のイメージを感じていただければ幸いである。

(2)　現有リソースの再構成化とカリキュラムマネジメント

　今の学校現場は超多忙だと教師はよく口にする。行事が多いとか、教材研究の時間がないとか、打ち合わせの時間がないとか、時数管理が……等々。そういう実態のなかで、OJTを進めるときに最も留意することは、多忙化の意識を増幅させないことであり、教師自身の意欲と自尊感情を減退させないことである。

　そのために重要なのが「できていることを大切にしながら、改善の視点を導き出す」つまり「現有リソースの再構成化」という視点である。

　現有リソース、とは、私たち教師が今もっている資源、能力等をさす。年度当初、あるいは年度末に膨大な時間を要して作成している年間カリキュラムこそ、最も大切な現有リソースである。この現有リソースを再構成化するということが、年間カリキュラムを作成することが目的であったり、進度の確認のためのカリキュラムであったりするのでは、カリキュラムを作成する意味がない。そこで、年間カリキュラムの作成・実践・評価・改善を行うために、次のようなねらいをもって取り組んだ。

①教師が教育目標を意識して、年間を見通したうえで日々の授業に取り組むようにする。

②カリキュラムの目的や意味を理解して、教育の効果および教育の効率性を意識して取り組むようにする。

　それらのねらいを達成するために、次のようなルールを明確にした。

○年間カリキュラムは全学級担任が作成する。
○市教育委員会が作成する基底教育計画を丸写ししない。
○年度当初のカリキュラムはとりあえずのカリキュラムであって、随時見直していく（紙キュラムにならないように）。
○職員室に常掲し、職員がいつでも加筆修正ができるようにしておく。
○授業実践後の記録としても活用し、加筆修正することを奨励する。
○年間カリキュラムを検討する研修会を定期的に設ける。また、この研修会

には岐阜大学准教授・田村知子氏の日程と調整することができるなら、極力入っていただき、カリキュラムマネジメントの理論も含めて研修の充実を図る。
(3) カリキュラムマネジメントを組み込んだ学校経営の重点
図1は田村知子氏の学校カリキュラムの構造のモデル図を参考に、本校の学校教育目標具現化の重点を表した構造図である。

## ❖OJTの実際

(1) カリキュラムマネジメント研修の基礎・基本
カリキュラムマネジメントの基本的な考え方と年間計画の見直しの仕方という点で、主幹教諭がわかりやすくまとめたプレゼン資料を紹介する(図2)。
連関性をもたせることが、教育効果あるいは教育効率があがるという意味とその効果について理解をしてもらうことと、連関性のもたせ方について研修することで、学年のなかでカリキュラムマネジメントについての話し合いができることをねらいとした。
(2) カリキュラム研修の方法
①研修時間の確保
○毎週火曜日が全学年5校時の日なので、研修および職員会は火曜日に開催する。内容はテーマ研修・人権教育研修・職員会・特別支援教育等々、カリキュラムマネジメントの研修は長期休業中しかとれないのが現状だが、学期の途中にやることに意味がある。そこで、職員会の回数を減らすことで学期途中にカリキュラムマネジメントの研修時間を確保する。職員会の回数を減らす工夫として、以下の3点を実施した。
● 提案される実施方案を教務であらかじめ示し、見通しをもつ。学期に1回程度にまで絞る。
● 直後プラン（行事後の反省会で次年度の実施案を作成）によって、次年度の職員会で提案される行事の話し合いの時間を削減する。
● 結論が出ないときは、原案優先で進めていくことを確認し、教頭が司会進行を務める。
②研修方法の工夫（図3）

4 指導者のもとで推進するOJT

図1 学校教育目標具現化の重点

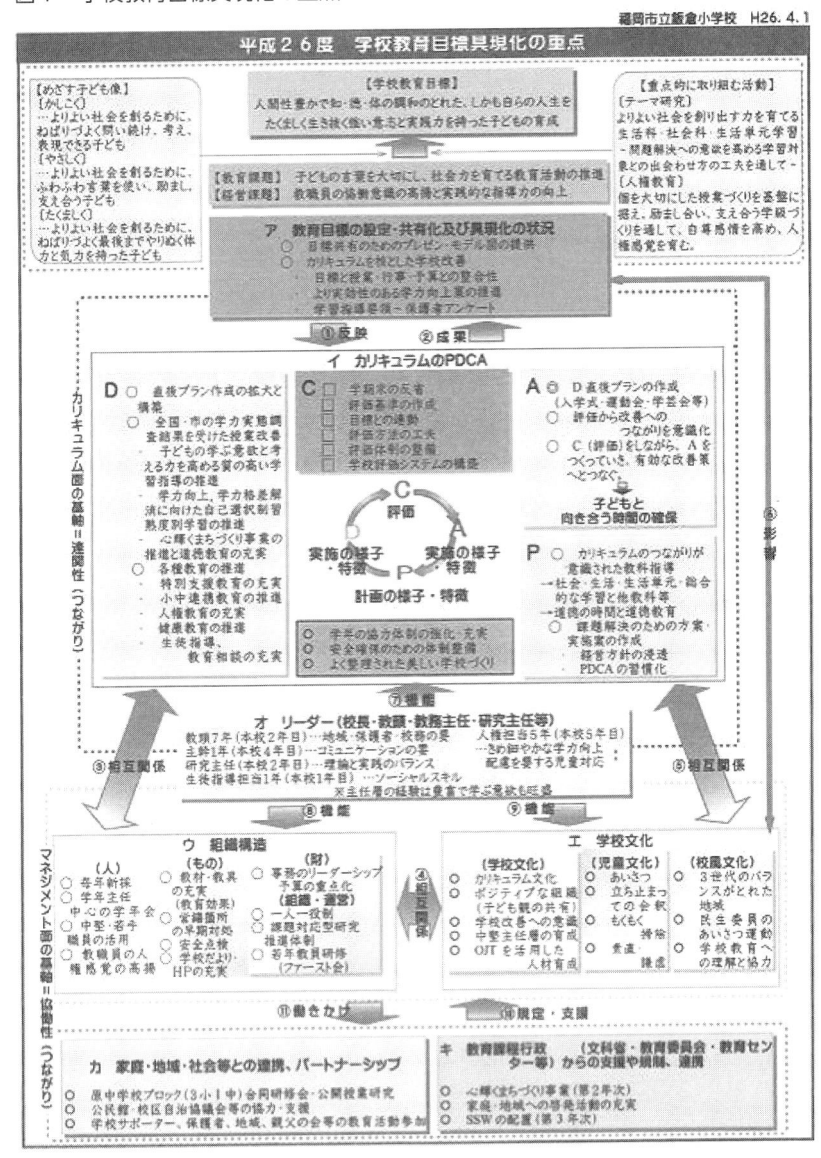

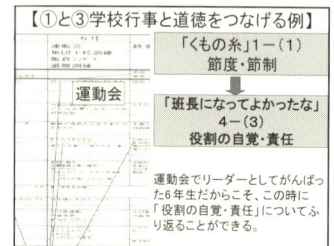

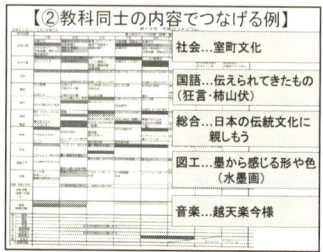

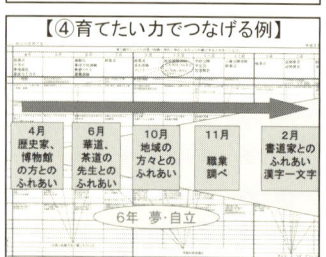

図2　カリキュラムマネジメントについてのプレゼン資料

図3　研修方法の工夫

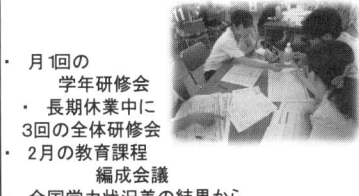

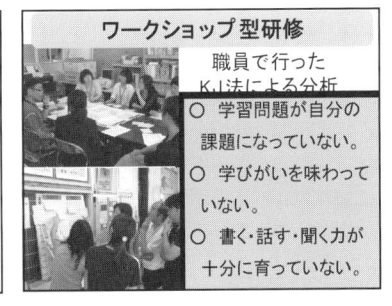

研修の充実を図るために、以下の3点における工夫を行った。
○KJ法等を用い、付箋紙を利用し、全職員の声を反映させる。
○机上に研修関係の資料のみ置かせ、話しやすい場をつくる。
○グループで話し合うことを基本とする。

## ❖カリキュラムマネジメントの成果と課題

(1)　カリキュラム一覧表の変容から（図4〜6）
○学校の重点目標や育てたい力を意識して、つなぐ線が増えていくことで、学年経営の行を追加する学年が出てきた。
○総合的な学習や道徳と各教科をつなぐ線が増え、後に線から色分けへと変更していった。
○単元の時期や順序の入替え、時数の増減が工夫されるようになった。
○ゲストティーチャー（以下、GT）を計画的に位置づけることができた。
(2)　教師のアンケート結果から

図4　年間カリキュラム表の変容1

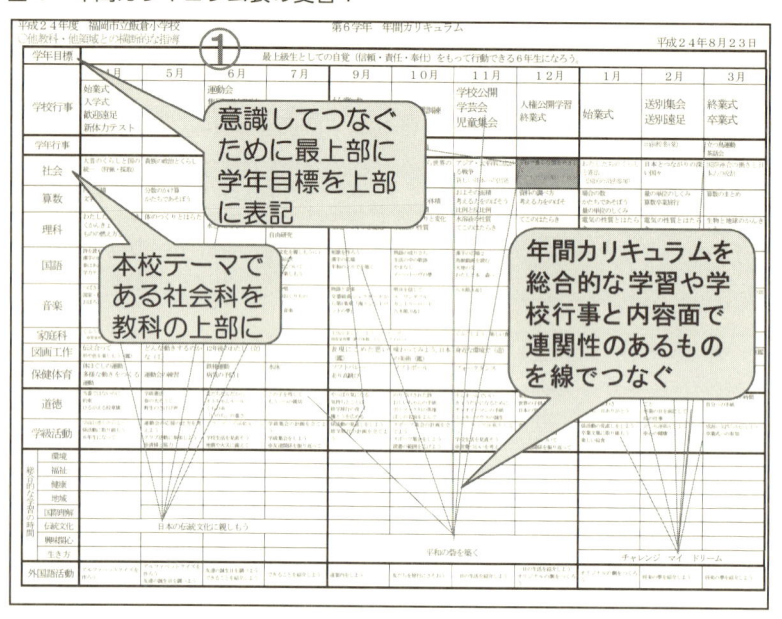

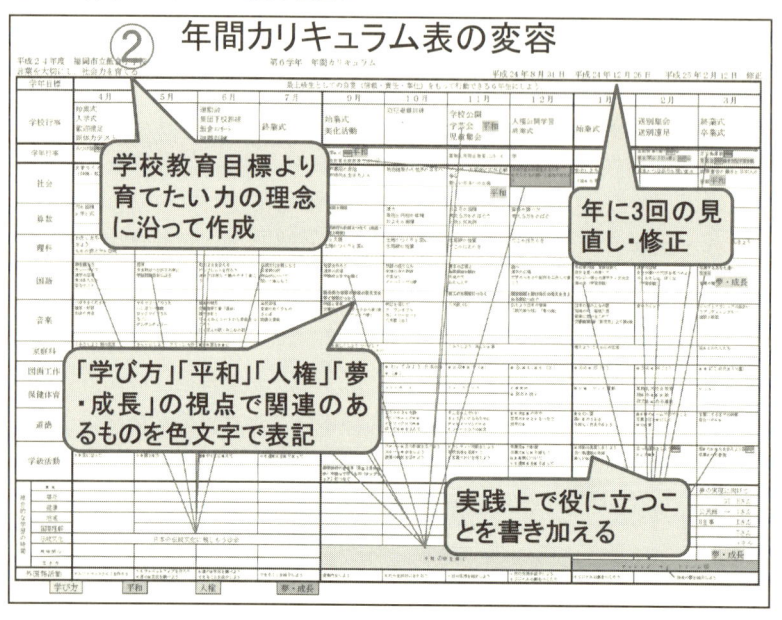

図5　年間カリキュラム表の変容2

図6　年間カリキュラム表の変容3

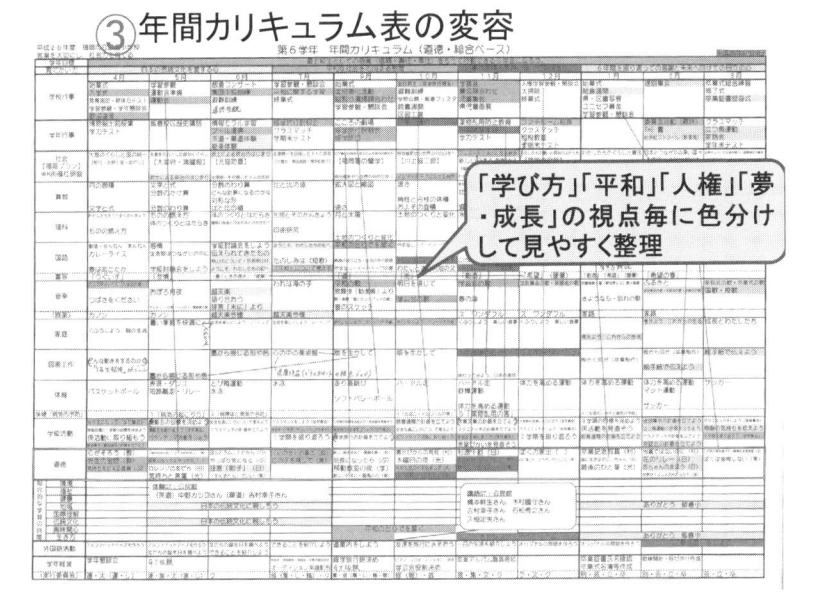

③年間カリキュラム表の変容

「学び方」「平和」「人権」「夢・成長」の視点毎に色分けして見やすく整理

①カリキュラムマネジメントの成果

　本校独自のカリキュラム作成について効果あるいは効率性を感じている教師の声として、大きく二通りに分類・整理できた。
○年間の見通しをもつことができた。
●教材の準備やGTの打ち合わせ等、計画的にできた。
●1枚の紙にまとめられていること、日常的に年間カリキュラムを目にすることができることで、1年間の見通しをもつことができたので、授業にも余裕をもって取り組むことができた。
○各教科や領域と関連させて授業ができた。
●教科を超えて、似ている内容の単元や関連させることができる単元をずらすことで、時数を削減することができた。
●単元を入れ替えたり、関連させたりすることで、学びを深めることができた。

②課題と今後の方向性

　若年層の教師が多いせいか、次のような課題も出された。

○年間を通した学習内容の把握がむずかしく、とくに初めて担当する学年となると、授業をやってみないとわからないことが多いので、つなぐと言われてもわからなかった。
○学校の重点目標と学年と各教科等のつながりを考えていくと、まず学校経営方針の理解をしっかりしておかないといけないことがわかった。

　以上のような課題が出されていたが、一方では「やりながら加筆修正していく」「定期的な見直し」そして「日常的に掲示されたカリキュラムを見て話し合う雰囲気づくり」これらの取り組みによって、自分たちでも今もっている力で研修に楽しく参加することができた。

　この言葉がOJTを進めていくうえでの最も大切な言葉ではなかったかと私は思う。

## ◆ 指導者のもとで推進するOJT 《お茶の水女子大学附属小学校》

# 学びをひらく

教諭　片山守道

## ❖今本校が取り組んでいるOJTとは

(1) これまでの研究から

　本校では、これまで長年にわたって、目の前にいる子どもの実態を見つめ、そのときどきの今日的課題に照らしながら研究を進めてきた。表1に整理した過去の研究主題を振り返ってみると、子ども一人ひとりが自ら主体的に学ぶための学習のあり方を「個の尊重」と「協働（協同）」の視点から探究し続けていることがわかる。

表1　これまでの本校の研究テーマとポイント

| | |
|---|---|
| 「自己を創造する」<br>(1989～1994) | ●「個の尊重」「学習の個別化・個性化　豊かな感性」「自主学習・課題選択学習・協同学習の設定」 |
| 「開かれた心をつくる」<br>(1995～2000) | ●違いを認めながら人とのかかわりを活性化するための場・学習環境を工夫した教育課程<br>●スモールスクール構想に基づいた小中連携（附中との共同研究）<br>〈下学年〉ことば・数・総合〈上学年〉教科・総合〈中学〉教科・探究・総合 |
| 「関わりあって学ぶ力を育成する」(2001～2003) | ●（身体感覚・情動・認知）を組み入れた「個の学びの構造モデル」<br>●（参加・協働・創造）という「関わりあって学ぶ、学びのモデル」<br>●幼小連携…接続期を設定し、意味ある段差となめらかな接続を追究 |
| 「ともに学びを創造する」（附幼との共同研究）(2004) | ●帰国児童教育学級の歩み－教科と「国際科」、一般学級との異なりを生かす－ |
| 「協働して学びを生み出す子どもを育てる」（附幼・附中との共同研究）(2005～2007) | ●（共同性、知性・身体性、公共性）の視点で、学習内容や方法を探究<br>●幼小中連携…幼小、小中の「接続期」の設定、各教科の「学びの概要」作成<br>●幼小中をつなぐ教師と子どもの協働→授業研究の改善をスタート |
| 『「公共性」を育む『シティズンシップ教育』』－友だちと自分の違いを排除せずに理解し考える力を発揮する－(2008～2010) | ●公共性リテラシーの要素（共感・賞賛・批判・提案）を取り出し学習環境や内容を工夫<br>●各学習分野で「公共性育成プラン」を作成<br>●授業研究を中心とした教師の協働した学び、力量形成 |
| 「交響して学ぶ子を育てる」－異質性が行き交うシティズンシップ教育－(2011～2013) | ●異質性の尊重→他者との出会いから、新たな「私」、「私たち」を創り出す学習環境　教師の意識変容「聴きあう」ことの重視　異なりを前提とした対話空間　批判的思考　他者への寛容<br>●低学年教育課程の見直し（えらぶわかちあうプロジェクト学習の試み）<br>●「創造活動」の見直し（実感する・はたらく・見通す・吟味する・伝え合う） |

近年の研究では、個人の学びを追究していくなかで明らかになった他者とのかかわりの重要さから、そのかかわり方を研究して「協働」のとらえ方を定義した。さらに、すべての学習分野でシティズンシップ教育に取り組み、「公共性育成プラン」を作成した。また幼稚園や中学校との連携教育にも取り組み、異なる校種・立場の教師と協働することで、授業研究の大切さを実感し、改善を進めてきた。さらに現在は、附属間だけでなく大学まで含めた連携研究を継続して行っている。こうした研究の積み重ねから、校内で共通理解されている、①子ども一人ひとりを尊重し主体性を発揮できるような場をつくること、②他者との相互作用によって生まれる協働的な学びを追求していくこと、③民主主義の質を問い続けるよりよい市民を育成していくこと、といったことが、本校の研究活動を進める基盤の考えとなっている。

(2) 現在の研究「学びをひらく」

　2014年度からの研究主題「学びをひらく」も、日々の授業実践を積み重ねるなかで、よりよい教育内容・方法・環境を探究しようとするボトムアップ型の発想から、教師の期待と願いを文言に託して生まれたものである。

　それまでの研究で「聴きあうこと」「個人の学びを尊重して他者と協働して学びを深める学習環境をつくること」などの大切さが浮かびあがってきた。そこで、ここ数年「協働」に力点を置いてきたが、「個人の学び」に重点を移し、その質を問い直そうというものである。もちろん、個の尊重と協働は密接につながっており、個人の学びを深めていくことが、より協働して学ぶ集団の質をも高めると考える。

(3) 教師も子どもも学び続ける

　本校ではOJTとして、教師の意識変容を働きかけることを大切にしている。教師と子どもの学びは同型だと言われる。教師が異質な声を受けとめ、さまざまな学習活動や考え方に触れて自らを振り返れば、子どもとの関係や大人同士との関係、授業内容・方法なども変化していくのではないかと考え、「教師の意識変容」の必要性を説いてきた。教師と子どもの変容を見つめていくと、教師や子どもが、人やモノ、事象とかかわっていくなかで、情動が揺り動かされるときをとらえることができる。それが「学びをひらく」姿につながり、学びの質を高め、世界を広げていくのではないかと期待を込めて、

## ❖OJT推進の中心的組織

　本校では、校務分掌部会の一つとして研究推進部会を設置し、毎週木曜日16時より定例で部会を行っている。研究推進部会は、学年や教科担当等のバランスを考えた8名の部員で構成している。部会では、研究授業を含む校内研究の内容や進め方、公開研究会の準備・運営にかかわること、さまざまな研究課題への対応などについて、毎週2～3時間かけて話し合い共通理解を図りながら進めている（表2）。また、研究推進部では、授業参観や研修等の受け入れ、研究情報の提供、大学や他の附属校園との連携、外部講師との交渉など、研究にかかわるさまざまな事務仕事について分担して取り組んでいる（表3）。

　具体的な研究に取り組むにあたっては、教科部会や課題別部会（2014年度は「教師のシティズンシップ」「コミュニケーションを深める表現」「再考：創造活動」「低学年教育を考える」

表2　研究推進部の仕事

| 校内研究 | ◎校内研究推進・運営　◎研究授業・協議会 |
|---|---|
| 公開研究会 | ◎公開研究会計画・運営　◎1次・2次案内<br>◎発表要項編集 |
| 開発研究 | ◎開発研究推進　◎開発報告書<br>◎教育課程編成　◎新教科「てつがく」科 |
| 書籍 | ◎書籍販売　◎児童教育　◎研究紀要・合本 |
| 会計 | ◎本会計　◎研究開発会計 |
| 広報・渉外 | ◎対外交渉　◎参観対応<br>◎研究HP　◎他校研究情報　◎出張調整 |
| 研究課題 | ◎幼小連携・低学年カリキュラム　◎食育<br>◎創造活動　◎帰国研究　◎外国語活動 |

表3　研究推進部員の役割分担

| 部員 | 役割① | 役割② | 公開研係担当 | 課題別部会 | 連携・委員等各種担当 |
|---|---|---|---|---|---|
| A | 全体運営<br>広報・渉外 | 参観対応 | 総務<br>庶務 | 開発課題 | 教育研推委員 |
| B | 開発研究推進 | 研究紀要<br>・合本 | ◎掲示<br>案内 | 低学年 | 幼小連携 |
| C | 公開研運営<br>1次・2次案内 | （食育窓口） | 総務<br>庶務 | 低学年 | 食育 |
| D | 校内研究推進<br>研究授業・協議会 | 発表要項 | ◎会場 | 開発課題 | 教育課程 |
| E | 会計 | （食育会計） | ◎会計 | 中学年 | 教育研推委員 |
| F | 研究HP／他校研究情報 | 児童教育 | ◎接待 | 開発課題 | 外国語活動 |
| G | 新教科「てつがく」科 | 開発報告書 | ◎受付 | 開発課題 | 帰国研究 |
| H | 研究開発会計 | 書籍販売 | ◎販売 | 高学年 | 創造活動 |

「ICT」「学校保健」「SHOKUIKU（食育）」の7部会）を組織し、全教師がどこかの部会に所属して、全員で進めるようにしている。

また、大学全体とのかかわりとしては、学校教育研究部の管轄のもと、大学および幼・小・中・高の各附属学校の主任研究員が集まって、教育研究推進専門委員会を月1回開催し、連絡・調整を図りながら、各校園の研究や連携研究に取り組んでいる。

## ❖OJTのための年間スケジュール

本校では、毎年2月下旬に2日間、教育実際指導研究会という公開研究会を開催し、全国から2,000名あまりの参会の先生方を迎え、授業公開・協議、分科会提案・講演などを行い、研究を深めている。この2月の公開研究会で、その年の研究成果を報告できるよう、1学期から部会ごとに研究に取り組み、随時授業研究なども行いながら、12月までにはまとめられるように進めている。

年間のスケジュールについて、具体的な内容は、毎年試行錯誤しながら進めているため決まった型はないが、年間の流れは、おおむね表4のように進めている。また、表4にあげた以外に、研究全体会や教科部会・課題別部会などを随時開催して、研究内容について、教師相互の共通理解を図りながら進めている。なお、全教師が参加する校内研究授業は、他の予定との兼ね合いで年間5〜8回程度と限られてしまう。そのため、全員参加の校内研究授業の他に通称「自主研」と呼ぶ、個々の教師が自発的に随時行える授業研究の場も設けている。自主研の授業は、空き時間の教師を中心に有志が授業観察して、参観者で事後研を行

表4　年間研究スケジュールの概要

| 4月 | 年間研究計画作成 |
|---|---|
| 5月 | 研究授業・協議会① |
| 6月 | 研究授業・協議会②③　校内講演会① |
| 7月 | 夏の研究会〔2日間〕（各部会提案・講演等） |
| 8月 | 夏の研究会〔1日〕（授業省察・部会提案等） |
| 9月 | 研究授業・協議会④　校内講演会② |
| 10月 | 研究授業・協議会⑤⑥ |
| 11月 | 研究授業・協議会⑦⑧ |
| 12月 | 冬の研究会〔半日〕（授業省察等） |
| 1月 | 部会ごとに事前研究会 |
| 2月 | 教育実際指導研究会〔2日間〕 |
| 3月 | 年度研究反省 |

うようにしている。自主研では、個々が研究的な関心から提案的な授業を行うこともあるが、必ずしも研究授業として構えることなく、子どもたちとつくっているふだんの授業の一コマを取りあげて行うこともある。互いに授業を見合い省察する形で進めており、この自主研により、ほとんどの教師が授業研究に取り組むことができるようにしている。

省察を重視する本校の授業研究では、授業後の研究協議会での話し合いで研究協議を終わらせるのではなく、日をおいて改めて授業について省察する場を設けている。１学期に行った研究授業については夏休み中に行う研究会議で、２学期の研究授業については、冬休み直前に行う半日の研究会議のなかで、それぞれ各授業７～10名ほどのグループに分かれて省察する。進め方は、授業者が、授業および授業後の研究協議会での協議内容とそこからの考察をまとめたものを提案し、グループの他のメンバーが、それを元に質問したり意見を述べたりしてさらなる協議を行うことで、授業の成果や課題などについて意味づけていくという流れである。

## ❖学年会・教科会の開催状況

学年会は、原則として毎週月曜日、児童下校後に行うことにしている。本校では、学年協力担任制ということで、一人の教師が１学級を担任するのではなく、学年担当の教師が全員で学年を担任するという姿勢で指導に当たっている。また、４年生以上は教科担任制を採っている。そのため、学年会では、生活・学習の両面からさまざまな情報を共有し、実践研究の前提となる一人ひとりの児童理解を深めるように努めている。

教科部会は、月１回程度、時間を確保している。また、課題別部会もほぼ同様に行っている。各部会は、お茶の水女子大学の教員に共同研究者として助言をお願いしている。また、コメンテーターとして本学以外の研究者の方をお迎えし、ご指導いただいている。

## ❖指導案の検討状況

研究授業にあたっての学習指導案は、簡潔にＡ４判１枚にまとめることを約束としている（授業資料等は別途添付してかまわない）。

学習指導案を端的にまとめる意図は、大きく二つある。一つは、学習指導案は、あくまで案、つまり実施前の机上のプランであり、実際の授業は、学習指導案にとらわれることなく、目の前の子どもの思いや気づきを大切にして柔軟な展開を心掛けることが大切であるということ。それゆえ、学習指導案には授業の意図や要旨などの骨子のみ示すだけで十分という考えである。もう一つは、授業者の考えを整理し、よけいな物を削ぎ落とし焦点を明確にして、参観者に授業構想や主張を明快に示せるようにするということである。
　なお現在は、年度初めに「授業に向かう私のビジョン」と題する大枠の授業デザインをＡ４判１枚で作成し随時修正を加えていくようにしているが、研究授業では、この最新版を左頁につけ、学習指導案とともにＡ３判１枚にまとめて示すようにしている。
　学習指導案は授業者が作成し、事前に教科部会・学年会等で検討して、必要に応じて修正していく。本校では、学習指導案の作成以上に、授業後の省察が大切と考えているので、事前の学習指導案検討をどの程度行うかということについては、授業者の意向を尊重している。最終的に仕あがった学習指導案は、原則として授業前日に全教師に配布するようにしている。

## ❖授業研究当日の流れ

　全教師が参加する校内授業研究は、原則として、火曜日の６校時に行っている。研究授業当日は、５校時まで通常どおり授業を行い、５校時終了後、当該学級以外はすぐに下校となる。下校を完了させて通常より10分遅れの６校時に研究授業を行い、研究授業が終わって15分後をメドに、研究協議会を始めることにしている。
　授業観察にあたっては付箋を用い、授業において長短両面から気になった事象について、なるべく具体的に、時刻・子どもの発言や活動等の事実・考察・記載者名などを書いて、書き貯めていくようにしている。
　研究協議会は、研究推進部が輪番で司会を行い、授業者自評（簡潔に５分以内）、グループ協議（約30～40分）、グループ協議の報告（約20分）全体協議（約30分）、講評（指導・助言者が参加している場合）といった流れで進めている。授業者自評では、本時に至る子どもの学びや授業に向けてのビ

ジョンや意図などについて、話題を絞って簡潔に述べるよう心掛けている。グループ協議は、ランダムに着席した5～6名の教師で、授業中に記述した付箋を模造紙に貼り、整理・分析しながら、授業から見えてきたことを構造化して示していく。授業者は、各グループを回り参観者の声を聴きながら、質問に答えたり、指導の意図などを補足説明したりしている。全体協議では、各グループの模造紙を掲示し、代表者からの報告を受けて、授業者への質疑応答や授業改善の方向に関する意見交換を行う。最後に、協議を受けた個々の教師の学びを新たな付箋に記し、それを集めて研究推進部で省察するとともに、蓄積していくようにしている。

## ❖研究紀要など成果のまとめ方

先述した2月の公開研究会に向けて、A4判150頁程度の研究会要項を用意するのだが、この毎年の要項が、本校のそれまでの研究成果のまとめということになる。研究会要項には、全体研究理論提案、各教科部・課題別部会の部会研究提案と当日の学習指導案などが載っている。

また、「児童教育」という研究雑誌を年1回作成・発行している。「児童教育」は、毎号特集テーマを組み、各界で広く活躍している方々にもご寄稿いただき、多面的・多角的にテーマ理解を深めている。また、本校で行われた講演記録や、本校教師の研修報告、授業研究実践報告などをまとめている。

なお、研究紀要も発行しているが、個人研究論文の集録となっており、原則として輪番制で、毎年5名前後が10～20頁の研究論文を執筆している。

## ❖外部講師への依頼の仕方

各教科部会・課題別部会では、それぞれ年度初めに、共同研究者（本学教員）1名、コメンテーター（他大学等に所属）1名に研究協力を依頼している。共同研究者・コメンテーターの先生方には、2月の公開研究会と12～1月に部会ごとに行う事前研究会でご指導いただいている。その他、先生方のご都合にもよるが、授業を観て授業研究についてご指導いただいたり、部会に参加していただいて提案についてご指導いただいたりしている。外部講師への依頼や連絡は、各部会の世話役がおおむねメールで行っている。

# 5章　OJT指導者は語る

柴田好章／久野弘幸
佐古秀一／村川雅弘
木原俊行／北田佳子
田村知子／澤本和子
　　　　　岩渕和信

❖ OJT指導者は語る

# 授業分析を通した子どもの再発見

名古屋大学准教授　柴田好章

## ❖教師は実践を通して育つ

　教師の仕事は複雑なものである。社会から学校に要請される課題、保護者から寄せられる期待、教師自身がもっている教育観は、時には矛盾することも少なくない。そのような諸要求のなかで、高度な判断が迫られ、ある側面から見れば〈よい〉と思われることが、別の側面から見れば〈よくない〉という場合もある。限られたリソースのなかで、時に矛盾する諸要求に対して、よりベターな方策を選び取っていくことが、専門職の教師の実践といえるであろう。

　教師が成長する過程には、多数の要因が関与していると考えられるが、その中心となるのは、日々の授業実践の積み重ねである。教師が、一人ひとりの子どもをとらえ、子どもに願いをかけ、しかるべき手立てを考え、授業をデザインし、その過程や結果を反省し、次に打つべき手を考え、計画を修正するというサイクルの連続が、日々の教育実践である。これを繰り返すなかで、授業デザイン、指導技術、意思決定などにかかわる実践知や力量が形成されていくことになる。子どもをとらえる力が、これらの中心に位置づけられる。外に表れた行動や発言から、その背景となる、思考、論理、生活、関心などを読み解いていくことが、教師に求められる。

　こうした教師の力量は、ただ経験を積むだけでは、向上することが困難である。意識的に日々の授業実践を改善していくことが必要となる。よりよい意思決定を行うことができるよう、子どもの状況をとらえて、当初のプランを見直すことを、途切れることなく行うことが重要である。この活動を組織的に行うために、OJTに授業分析を導入することを筆者は推奨している。一人ひとりの子どもが授業のなかでどのように学んでいるのか、また、お互いにどのようにかかわって学びを深めているのか、それを支えている要因はど

のようなものか、ということを明らかにするために、授業分析は有効な手立てとなる。そして、目に見えている事象の背後にあるものを見抜いていくための力の向上に寄与する。筆者はこの力を授業洞察力と呼んでいる。

## ❖授業分析とは

　筆者が所属する名古屋大学の教育方法学研究室には、約60年にわたる授業分析の研究の歴史がある。とくに、逐語記録（発話記録）を用いて授業を分析することを特徴としている。この研究では、子どもの発言や教師の発問や指示など、教室の中でのすべての発話を文字として記録する。そして、これをもとに授業を分析し協議を行う。授業分析の方法には、さまざまなバリエーションがあるが、本稿では名古屋大学の教育方法学研究室の授業分析に限定して述べていくこととする。

　研究室の初代の教授である重松鷹泰氏によれば、授業分析は「教育の科学化」をめざして、「教育に参加する人々の協力を、したがって実践や研究の積み重ねを、可能にする」ことを目的としている（重松、1961）。授業を事実に基づいて共同して研究するために、詳細な授業記録を、誰もが共通に承認できる資料として位置づけ、それを土台にすることによって科学的な議論を成立させることをねらいとしている。

　日本には、授業研究の長い歴史があり、重松氏が名古屋大学で授業分析の研究を開始する前にも、研究授業とその批評という形式の授業研究は、広く行われていた。しかし、集団で授業を研究したとしても、主観や印象に基づくだけであれば、権力のある人の発言に支配されることも少なくなかった。戦後の民主化のなかで、誰もが平等に発言できる機会を保障するために、事実にもとづく科学的な研究として、重松氏は授業分析の研究を開始したのである。そして、基本的な考え方や方法は今も受け継がれている。

　また、重松氏が授業分析を始めた当初より、この研究は大学の研究室の中に留まることなく、多くの学校に広がっていった。授業分析の考え方や方法を取り入れた授業研究は、いくつもの学校で取り組まれている。研究授業の後の協議に発言の速記録が用いられたり、研究授業を文字に起こして研究紀要をつくったりする学校は、少なくない。発言をすべて文字にするというこ

とは、一見すると非常に手間のかかる方法に感じられるが、授業を参観する各自の観察や、撮影された映像（ビデオ）にもとづく研究にはない、独自の意義が存在する。文字に起こすことによってこれまで見えていなかった、子どもの発言の背景、子どもの発言の真の意図、発言と他の発言の関連、授業展開の別の可能性、授業者の出方の影響などが見え、授業を深く考察する手がかりが得られる。

## ❖授業分析と子どもの理解

　学校において教師たちが授業を研究する目的は、明日の実践の拠りどころを見つけることにある。この拠りどころとは、「次はこうすれば、こうなるだろう」あるいは「こうすることで、こうしたい」という予測や見通しのことであり、理論の一種である。今日の実践から、明日の実践を構想することが授業分析を行う目的の一つである。ねらいとしたことが達成できたとしても、それに満足することなく、次の手立てを考えていくことが、実践研究の持続性として重要である

　そして、明日の実践の拠りどころは、今日の子どもの学びの姿のなかにこそ、見出されるべきである。研究によって実践を改善するためには、書物や論文で示されているような理論や、先進的な実践事例を大いに参考にすべきであるが、そのような外側からの知見は、教室の中にいる子どもの実態と遊離していれば役立たない。教室の中にいる子どもの内側を見つめていくことが基本となる。

　これはあらゆる問題解決に通じる見方である。筆者は、病気と薬の関係をよく例にあげる。（内側にある）病気が、（外側にある）薬によって治った場合、薬のありがたさを感じるであろう。ただし、薬が合っていなければ、病気が治ることはない。したがって、病気が薬で治ったということは、〈その薬によって病気が治るという可能性〉は、病気の体の中にすでにあったということになる。つまり、病気である体の内側に、薬によって病気が治る可能性が秘められていたといえる。

　話を戻せば、子どもの学び、成長、発達のためには、教室の外側にある理論や事例が役立つが、まずは目の前の子どもを理解することが、何よりも大

切である。突き詰めていえば、授業分析の目的とは、子ども理解である。すなわち、子どもの実態をとらえ、願いをかけ、その実現の可能性を子どもの内側に見出すことが、授業分析の意義である。

## ❖逐語記録にもとづく授業分析の方法

　授業の逐語記録にもとづく授業分析は、ボイスレコーダーやビデオカメラで録音・録画した記録から、文字に起こして授業記録を作成する。授業記録には以下のとおり、発言者、発言番号（連番）、発言内容を、文字として筆記する。発言者は仮名でもかまわないが、児童・生徒一人ひとりを識別できるようにする必要がある。時刻（または開始からの経過時間）も合わせて記せば効果的である。

　　（発言者）　（番号）　　　（内容）
　　　〇〇　　　　1　　　　………
　　　□□　　　　2　　　　……………

　日常的に授業記録を作成した研究を行うことはむずかしいかもしれないが、年に1回、学期に1回など、定期的に行うことにより、授業に対する洞察力を高めていくことが大切である。
　研究授業当日に行う事後検討会（研究協議会）では、詳細な授業記録（逐語記録）を準備して討議することは困難だが、代替する方法もある。速記録を用いたり、観察者が子どもの発言をできるだけ詳しく付箋紙に記録しもちよったり、拡大指導案にそれを貼りつけたりすることによって、授業記録にもとづく授業分析の考え方を取り入れた授業研究会も可能となる。抽出児童・生徒を設定することも、有効である。子どもの学びの具体的な様子から、私たち教育者が学ぶということが、授業分析の基本姿勢である。
　愛知県新城市立東郷西小学校、愛知県幸田町立荻谷小学校などでは、研究授業において代表が速記録を作成し、直後の検討会（研究協議会）では、それが印刷・配布されるとともに、子どもの学びの事実にもとづいた協議が行われている。また、速記録の拡大コピーが掲示され、ファシリテーターが協

議の発言にもとづいて記録のなかに書き込みを行う。また、これらの学校では、研究授業当日だけではなく、別の現職教育の日に、テープ起こしした詳細な逐語記録にもとづいた協議が行われている。こうした研修は、愛知県豊川市立牛久保小学校などにおいても取り組まれている。

　また、愛知県東海市立富木島中学校では、「参加型授業研究会」が行われている。参加型とは、ただ単に授業をそれぞれの関心から観察するのではなく、授業研究、授業改善のために、参加者が一定の研究上の役割を与えられて、全員で研究をつくりあげていくことがめざされている。速記録の作成や、ビデオ撮影の他、参加者には特定の生徒（抽出生徒）の詳細な行動記録を作成する役割などが割り振られる。また、抽出生徒に対しては、本時においてめざす姿とそのための手立てが指導案に書かれており、参加者は参加意識を高めるとともに、研究のねらいを共有して参加することができる。事後検討会では、速記録の拡大コピーに、この生徒の学びの様子が書き込まれていく（名古屋大学東海市教育委員会教育実践問題支援プロジェクト、2004）。

　名古屋石田学園中等教育研究部では、授業分析の考えにもとづいた、非常にユニークで効果的な中堅教師の研修が行われている。同学園の星城中学校・星城高等学校の教師が、研究員として1年間、星城大学内にある中等教育研究部に週2回通い、研究授業の立案や授業分析を行う。1単元を構想・実施したのちに、授業の逐語記録を作成し授業分析が行われる。その成果は、研究論文に執筆されている。研究紀要には、詳細な授業記録にもとづく授業分析の成果が論文として蓄積されている（名古屋石田学園、2008〜2014）。大学とも連携した私学の教員研修の新しいモデルとしても注目されている

## ❖授業記録の読み方

　授業分析の方法の中心は、授業記録を読むことである。それでは、どのようなことに気をつけて授業記録を読むことが大切なのであろうか。ビデオとは違い、映像がないために、記録を目の前にしても、細かく読み進めるのを煩わしいと感じるかもしれない。文字だけではイメージがしにくく、意味のある発見ができるかどうか不安を感じるかもしれない。記録を読んでも、たくさんの事実を、すべて頭に入れることはむずかしいと感じるかもしれない。

しかし、むしろ一度にすべての情報を頭に入れることができないからこそ、文字としての授業記録は有効である。気になったところに線を引いて何度も読み返したり、時間的にはなれた二つの出来事を結びつけて考えたりするために、文字で書かれた授業記録は、とても有効に使うことができる。ビデオで授業の雰囲気や子どもの表情をとらえることも大切であるが、文字の記録から自分なりにイメージしようとすることが、自分の考えを深めるきっかけにもなる。

そして、授業で起きた事実の解釈から、自らの授業観を豊かにすることが授業記録を読むことの意義である。「こういう学びの姿がある」「こういうことをきっかけにこの子が変わろうとしている」ということに気づくことによって、子どもの発達の可能性、授業の可能性に対する見識を広げていくことができる。知っているはずと思っていた子どものなかに新たな可能性を見出すということは、いわば子どもを再発見するということでもある。こうした「学び」が、授業記録を読むうえでは大切にされるべきである。

それでは、つぎに、自らの学びにつなげるために、授業記録から事実を深くとらえるための方策について紹介する。

## ❖授業記録から事実を深くとらえるためには

(1) 自らの身体を介して理解する

授業記録（逐語記録）を文字に起こした経験のある方は思い当たることがあると思うが、起こしながらいろいろな気づきが生まれる。耳で聞き、手を動かして筆記する、そして書かれつつある文字を目で見る、こうして自らの体を使うことによって、過ぎ去った授業という事象を、別の世界で構築しなおす過程を経験することになる。

同様のことは記録を読む際にも当てはまる。黙読よりも音読がよいだろう。音読しようとすれば、どういう口調や表現で発言しているのだろうかを自然と考える。また、目で見た文字を、自分の声を耳で聞くことによって、授業の事象に深く浸って考えることができる。深い子ども理解は、自らの身体を媒介とすることによって、もたらされる。

(2) 視点をもつ

漫然と記録を眺めるのではなく、視点をもって読むことも大切である。視点をもつとは、記録のどこに着目して何を汲み取るかを意識するということである。それによって、漫然と読んでいただけでは見えてこなかったことも、見えてくることが期待される。

　授業の優劣を評するために授業記録を読むのではなく、自分が学ぶために授業記録を読むのである。学ぶということは何かを求めている自分がいるはずである。その自分の内から、関心が生まれ、それが視点となっていくのである。そこには、自分自身の授業観、授業像が反映している。

⑶　記録をすらっと読まない

　自分なりの視点をつかむためには、記録を「すらっと」読まないということが大切である。それは、何度も読み返したり、後戻りしたり、前のことと関連づけながら後を読んだりするということである。

⑷　シミュレーションをする

　具体的には、シミュレーションをしながら読むという方法が有効である。たとえば教師がある発問を行ったとする。そこで、すぐに記録の先を見ずに、どんな答がでるだろうかを予測してみる。自分が知っている子どもを想定しながら、あの子だったらと、より具体的に考えることができる。ある子どもの発言や様子に対して、自分が授業者だったら、どのように対応するだろうかを考えることが大切である。こうすることは、別の授業展開の可能性を探ることができる。

⑸　問いを立てる

　さらに、問いを立てることは、深くかかわらせながら記録を読むことになる。それは具体的には、「何でこんな発言がでてくるのか？」「この発言の意図は何だろうか？」などと、自問自答してみることである。まずは、「おや？」「あれ？」「なぜ？」という、素朴なひっかかりが問いのもととなる。このような心の動きを意識的にとらえ直すことによって、自分の視点が自覚され、さらに発展した問いを導き出していくことができる。

⑹　共感的に理解する

　以上、自らをかかわらせながら深く読むということについて論じてきたが、前提として、行われた授業に対する共感的な理解の重要性を指摘しておきた

い。自分が授業者の立場で記録を読むと、「自分ならこうする」「ここではこうすべきであった」ということが頭に浮かぶであろう。これは、自らをかかわらせた読みであり、自らの授業像に照らし合わせながら、授業で起こったことをとらえていることができていることを示している。しかし、〈その授業〉の意味をとらえられず、一方的な押しつけになってしまうこともありえる。「こうすべきなのに、この授業はそうなっていない」と、断定的に切り捨ててしまい、そこから先を考えずに止まってしまえば、考えに広がりをもたなくなってしまう。

　まずは、記録をとおして授業で起こったことを知るという段階で、謙虚に起こった事実に学ぼうという姿勢が大切である。授業者や子どもが大切にしようとしている価値に気づき、共感的に理解しようということが重要である。

＊

　以上のように、授業記録を読むことを通して、教師は子ども理解を深め、授業の洞察力を高めていくことができる。教育実践とは、わからないことや不確かなことに向かって挑んでいくという点で、未知への挑戦であり、研究的な営みである。授業記録のなかに学びの新たな価値を見出し、子どもの再発見がもたらされることが期待される。

《参考文献》
(1)　重松鷹泰『授業研究の方法』明治図書、1961年。
(2)　名古屋大学東海市教育委員会教育実践問題支援プロジェクト『授業記録による授業改革のプロセス――東海市小・中学校教師の挑戦』黎明書房、2004年。
(3)　名古屋石田学園「中等教育研究部紀要」2008～2014年度。

◆ OJT指導者は語る

# 学校における実践研究を充実させる12のヒント

名古屋大学准教授　久野弘幸

　これまで、授業研究・校内研修を通じて、さまざまな学校で多くの先生方と共に授業づくりにかかわらせていただいてきた。それらの経験のなかから、多くの学校に共通した実践研究を充実させる基本事項を12項目に整理した。どれも日常的なOJT研修に利用することが可能なものとして選んだつもりである。それぞれの学校の実情に合わせて柔軟に組み合わせたり、改変したりして役立てていただきたい。各項目は、大まかに研究の立ちあげ、主題設定、授業の計画、組織づくりという流れで記してある。

## ❖ 1・学校訓を拠り所に研究を立ちあげる

　各学校には、それぞれ学校訓がある。おおむね、知徳体のバランスある成長をめざしたものが多いが、学校研究の原点として常に立ち返る不易の部分として生かしたい。学校訓を拠り所にして研究を立ちあげれば、大きな視座から大局を見据えた骨太の研究課題を立ちあげることができるし、説得力も生まれる。愛知県岡崎市立豊富小学校の校訓は「明るく　強く　正しく」である。「物事に知的に通じる明るさ、しなやかでばねのある身体的な強さ、そして自信をもって正しいことを正しいと伝える道徳性」と解釈できる。このような端的な言葉から意味をくみ取るのは、読む側の責任であり、この言葉の解釈を一つの拠り所にして研究のイメージをつくっていくのである。

## ❖ 2・過去からの研究の蓄積を大切にし、3～5年を一つのスパンとしてどのような研究に取り組んできたのか、研究の経過を整理する

　私は、一緒に研究を進める学校に対して、過去の学校研究の経過について話を伺い、その学校の授業研究の「履歴」を大切にするように心がけている。急な方向転換は、次の急な方向転換を生み、学校の実践研究の蓄積にならな

いためである。愛知教育大学附属幼稚園では、20年ほどさかのぼって園の研究の経過を再整理することで、自分たちの研究関心がどのように推移し、現在どこにいるのかを確認することができた。

一つの研究に取り組むためには、最低3年はほしいところである。とくに指定研究の場合には、前年から意識的に研究課題の設定や研究体制の構築などを進めていれば初年の1学期からスタートできるが、そうでない場合は、やはり研究体制が立ちあがるまでに最初の数ヵ月が経過してしまう。研究が充実を迎えるには、1年ほどの助走期間が必要であり、2年目に成長期、3年目に充実期を迎えることが多い。

## ❖ 3・シンプルな研究主題を設定し、そのなかに研究の論理を組み込む

愛知県刈谷市立衣浦（ころもうら）小学校の研究主題は「共に学び合う授業の創造－根拠を基にして自分の考えを持ち、かかわり合える子どもの育成－」（平成26年度）である。主題の「共に」には、①子ども同士の「共に」、②教師と子どもの「共に」、③教師同士の「共に」という三つの意図が組み込まれている。「学び合う」とは、教師も子どももかかわり合う場には「双方向」の学びがあるとされる。また、「授業の創造」には、同じ教材を使用しても子どもと教師が異なれば新しい価値を含んだ授業となり、一つひとつの授業が創造の連続であるという意味を込めている。シンプルな表現でも、主題のなかに研究の論理構造が見えてくるものになれば、教師間の共通理解も形成しやすい。

## ❖ 4・研究の「柱」を3本程度設定し、それらを構造的にとらえる

実践研究にどのように取り組むかは、さまざまなアプローチがある。多忙化した公立学校で実際に有意義な研究を行うためには、私は、研究主題を実現するための中核となる「柱」を3本程度設定するようにアドバイスすることが多い。経験的にみて、それ以上では、先生方の目が行き届かず、それ以下では、十分に研究が深まらないと感じている。

愛知県幸田町立坂崎小学校では、「豊かな心を育てる－人とのかかわり合

いで−」「目を輝かせて学ぶ−問題解決型学習で−」「たくましく生きる−健康で生き生きとした生活で−」という3本の「柱」を立て実践に取り組んだ。

## ❖ 5・3本の「柱」それぞれに、3項目程度の「手だて」を設定する

　3本の「柱」を設定したあとでは、各柱それぞれに3項目程度の「手だて」を設定するとともに、その下にさらに複数の具体的な活動を編成し学校研究を具体化している。

　先の坂崎小学校では、「豊かな心を育てる」柱の下に「ア　仲間とのかかわり合いを大切にした活動」「イ　地域の人から学び、地域に働きかける活動」「ウ　感じる心・表現する心を育む活動」という三つの「手だて」を設定している。さらに、「ア」の具体化として「①異学年と交流を深める全校縦割り班活動」「②全校を招待するライスフェスティバル」「③2年生が主体となった1年生との交流」のように、それまで個別に取り組まれていた具体的な活動の意義を見直し、各活動が研究の力となるように再編成した。

## ❖ 6・学校生活のさまざまな場面に授業改善の機会を見いだす

　愛知県東浦町立藤江小学校の研究課題は、「伝え合う活動を重視した授業づくりと帯単元の活用」であった。「思いを伝え合う基礎」として「伝え合いタイム」というスピーチ活動に取り組んだが、積極的に活用したのは朝の会の時間であった。毎週木曜日の朝8時25分からの15分間を伝え合いタイムとして、生活作文や日記など書く活動と連動させながら基礎の力を培った。

　授業で発揮させたいと考える子どもの力を授業時間のなかだけで培うことはむずかしい。むしろ、朝の会の帯時間や家庭学習と連動させながら、基礎の力を培いたい。

## ❖ 7・自校の「持ち味」と実践研究の「トレンド」を上手に生かす

　『置かれた場所で咲きなさい』というベストセラーがあるが、各学校には、自校の立地する地域的固有性と、独自の実践研究の蓄積がある。自然環境や

社会的な環境、伝統的な強みを自校の持ち味として積極的に活かして、実践研究に取り組みたい。しかし、その持ち味が惰性的な前例踏襲に陥る可能性もあるため、持ち味を再度吟味し、新たな意味を加えることも重要である。

　実践の研究には、常に新しい課題が生まれ、よりよい教育を求めて探究のスパイラルが継続している。そのため、実践研究にも「旬」とも言えるトレンドがある。そのトレンドにあたる時期には、教育雑誌に多くの特集が組まれ、著書が出版される。たとえば、朝読書やスピーチ活動のように定着し日常化するものもあれば、別のものに置き変わっていくものもある。

　愛知県岡崎市立豊富小学校では、「思考ツール」を用いて子どもたちの思考スキルを育てることを研究の手だてに取り入れたが、その間、「思考力・判断力・表現力」とは何かなど、現代の授業づくりの本流を学ぶことができた。トレンドのなかには、次の教育のあり方、授業のあり方を示唆する内容が多く含まれている。「流行と不易」の「流行」の部分ではあるが、より多くの情報がもたらされる学びのチャンスであり、研究に組み込んでいきたい。

## ❖ 8・指導案の「書式」のなかに研究課題が可視化されるように位置づける

　教科におけるキャリア能力の開発の研究に取り組んだ愛知県西尾市立西尾中学校は、自校で開発した「西中キャリア能力表」の七つの能力（計画立案能力、情報収集能力、相互理解力、コミュニケーション力、選択力、役割認識力、将来展望力）のどの力をめざした学習活動なのかが明確になるように、指導案のなかに位置づけた。それにより、授業の各場面で育てたい資質・能力が可視化されるとともに、教科を越えて育てたい共通の資質・能力の視点が生まれ、研究内容の共通理解を図ることができた。

## ❖ 9・指導案の展開は、教師のさせたい活動や指導手順ではなく、子どもの意識のつながりで精査する

　愛知県岡崎市立広幡小学校の単元構想は「学習内容・学習課題」「児童の意識の流れ」「教師の主な支援・評価」の3項目で記されている。なかでも、「児童の意識の流れ」の単元展開は、「素朴な疑問を抱く子」「粘り強く取り

組む子」「人との関わりあいに積極的に取り組む子」「学習したことを見つめ直す子」「学習を生活に活かす子」の５段階で記されている。子どもの意識のつながりで単元の展開をイメージできるように工夫がなされている。

　たとえば、２年生活科の町たんけんでは、「中根精肉店には、できたてのコロッケがあるんだよ」「ひばり美容院で、神明さんのお祭りの時に化粧をしてもらったよ」のように、たんけん活動を経て得るであろう子どもの意識を「子どものことば」で具体的に予想し、その連続性に無理や段差がないかを吟味している。

### ❖10・本時案は、「学習課題」を吟味し、子どもの思考に沿った設定をする

　授業では、教師の本時の学習課題を黒板に書き始めた瞬間から、子どもがその課題を声に出して読み始めることがある。時には、教師がまだ書き終わっていないのに先回りして学習課題を予想して、口に出したりすることもある。この時点で教師が言葉を発していなくても、子どもは本時の学習課題について考えをめぐらし始めている。このような子どもが自ら考え始める学習課題の設定は、小学校ばかりではない。次の学習課題は、愛知県幸田町立北部中学校において教科の学習のために設定された学習課題である。生徒の探究心を動かす学習課題になっていないだろうか。「パスタをエコに調理するにはどうしたらよいのか？」「あなたのやる気を引き出す労働の在り方は、年功序列？　成果主義？」「合唱コンクールを聴いていた人の思いにふれてみよう」「My備長炭電池で電子オルゴールの音を大きくできるか!?」。

### ❖11・研究推進部を「充て職」で編成せず、若手の力を活かす

　かつて、実践研究の組織があまりうまく機能しなかった例を経験したことがある。その学校では、研究推進部の部長を教務主任が務め、研究推進の委員を各学年主任が務めるという「充て職」で組織化していた。もちろん、学校事情もあり、また同様な組織構成で順調に機能する例もあるとは思うが、やはり研究主任は、個人の力量を見極め期待をかけつつ、校長の指名によって任命したい。

愛知県高浜市立吉浜小学校では、成長の期待のかかる中堅教師から研究主任の指名がなされている。前主任の成田教諭と現主任の間瀬教諭である。二人とも非常な努力家で、多くの研究会に自ら足を運び、日々研鑽を積んでいた。校内での指導案検討を熱心に行い、外部講師との連絡・連携も意欲的に進めていた。二人とも、研究主任という役割を通して、自分自身がよりよい授業者になりたいという切なる願いをもち続けているからであろう。もちろん、その中核的な中堅教師を背後で支える校長や教務主任の存在と、研究主任を慕いともに成長したいと願う若手の研究推進部員の協力が必要である

## ❖12・研究主任だよりを活用して、研究会情報や主任が学んだことを発信する

愛知県東浦町立緒川小学校の前研究主任種村教諭は、研究主任として在籍した平成25年4月からの2年間に合計200号の研究推進通信「轍」を発行した。校内の研究授業で得られた成果や課題はもちろん、他校の公開研究会で学んだことや自身の勉強の足跡、学校生活の一コマを研究の視点から紹介するなど、研究主任として校内の先生方と共有したい話題や情報をA4用紙1枚にまとめていた。「轍」はホームページでも公開され、同校の実践研究を知る手がかりとなっている。

＊

実は、最終稿をまとめている今日もある幼稚園の校内研修に参加させていただいた。専門的知見に優れ温かみのある園長、明るく「風通し」のよい教師の人間関係など、校内研修の充実の最後のカギは、やはり「人間性」ということになるのであろうか。

授業研究や校内研修は、教師としての専門的な力量形成の手だてではあるが、その限定された教職研修やOJTとしての営みを越えて、私たちの生き方や教育観の髄にあるものを求めて取り組まれていくものでもあるように思う。

これまでにかかわらせていただいた多くの実践者の真摯な姿勢から、教師の成長はその人の生涯にわたって継続し、互いに影響を及ぼし合うものであることを学んできた。その意味において、筆者も授業研究の伴走者として生涯にわたって共に学ぶ学び手の一人であり、この立ち位置を大切にしている。

◆OJT指導者は語る

# 内発的な改善力を高める学校組織開発

鳴門教育大学教授　佐古秀一

　大学の研究者が学校とともに教育活動の改善に取り組む際には、いくつかのかかわり方があるように思われる。筆者は学校組織開発論の立場から学校にかかわっているが、そのねらいとするところは、学校の内発的な改善力を高めることにおいている。つまり、教育活動としてなすべきことを外部からもち込むのではなく、学校自らが児童・生徒の状況をふまえて、どのような教育活動に取り組むべきかについて組織的に考え、実践することができる学校をつくっていくことである。以下にそのようなかかわり方の基本的なスタイルを紹介することにしたい。

## ◆教育活動活性化のための二つの課題

　われわれの学校組織開発のねらいは、第一には学校が教育活動の改善を組織的に進展できるようになることであり、第二にはその過程で教員が教員として育ち成長することである。

　当然のことながら、学校の教育活動は、個々の教員の児童・生徒や教育活動に関する意識と行動が大きな影響をもつ。したがって、学校の教育活動改善を実現するためには、教員それぞれがその学校の児童・生徒の実態をふまえ、それに即して実践改善に不断に取り組むことが第一の条件となる。これは個々の教員における自律的な教育活動の改善として位置づく。他方、学校は組織的な統合性が弱く、教員の個別的な教育活動の集合に陥りやすいという傾向を有している。このような状況で、個々の教員のがんばりだけでは、学校の組織的な教育活動の改善には結びつかない。つまり、学校の組織的な教育活動改善の第二の条件として、教育活動の組織性（つながり、まとまり）が不可欠となる。

　学校の組織開発、もしくは組織マネジメントの要点は、上記二つの条件を「共に」強める方向で、学校組織の体制や動きを創り出していくことにある。

たとえば、第二の組織的統合性を強めるあまり、第一の教員の主体的な教育活動の改善への意識と行動が阻害されるようなことがあれば、教育活動の改善には至りにくい。

図1

教職員の自律性
教員として誠実に児童生徒に向かう

組織性
学校としての教育のつながり、まとまり

協働

学校の課題を共有して、実践改善を協力して進める

これら二つの条件を両立させ、学校の組織的な教育活動の改善をもたらすために、私たちの学校組織開発の実践においては、学校における協働を強めることを重視している（図1）。具体的には、①学校課題の可視化と共有、②実践の組織的改善の二つの局面において教員の協働を強めることで、学校の内発的な改善力を強めることを実現することを試みているのである。それらをどう展開していくのか、それらの具体例を示しながら説明してみよう。

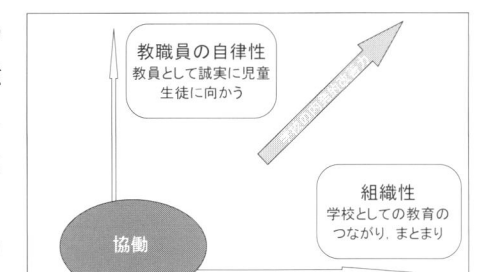

## ❖実践事例

以下に学校における教員の学びを実現・展開していくための工夫を実践事例に基づいて説明したい。この事例のさらに詳細な内容は、佐古秀一・住田隆之（2013）を参照されたい。

(1) 自校の児童の実態確認と共有

この事例校は、児童数550人程度の小学校である。

学校の教育活動の改善に向けて取り組んだ最初のステップは、自校の児童の実態を教員自らが確認し合い、児童のよさ（強み）、問題（弱点）を整理し共有することであった。このためまず学力・学習状況調査などの資料・データを管理職と主任が整理して主要な傾向（キーデータ）を教員に説明している。それに続いて教員を5、6人のグループに分け、ブレインストーミングとKJ法の手法を応用して、日頃教室等で見ている児童のよさと問題を出し合い整理した。そして各グループのまとめをさらに管理職とミドルリーダーの教員がそれらの共通性に着眼して、この学校の基本課題を「自己効力感が低く、そのため学習面等においても表面的な取り組みに終始すること」で

図2

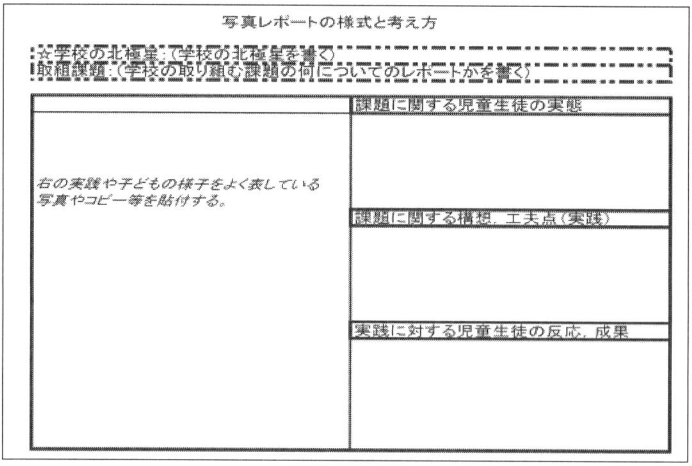

```
写真レポートの様式と考え方
☆学校の北極星：(学校の北極星を書く)
取組課題：(学校の取り組む課題の何についてのレポートかを書く)
```

| | 課題に関する児童生徒の実態 |
|---|---|
| 右の実践や子どもの様子をよく表している写真やコピー等を貼付する。 | 課題に関する構想、工夫点(実践) |
| | 実践に対する児童生徒の反応、成果 |

あることを確認し教員に返している。

そしてこの児童の課題に対応させて、必要とされる実践（学校の取り組み）を、「『がんばる』、『できる』、『認め合う』経験を教育活動に実現していくこと」と設定した。これをふまえて教員がこの実践課題に即して授業改善を行うことと、研究授業だけでなく常時指導の改善に取り組むことにしたのである。

このような一連の過程によって、日頃各教員が実感していた児童の実態（よさ、問題等）について率直なコミュニケーションを行い、それをしっかりと共有したうえで、学校の課題を立ちあげたのである。

(2) 常時指導の工夫を学び合う研修の実施（実践交流型研修）

さてわれわれの学校組織開発では、学校課題ないし学校ビジョンの共有のみならず、実践段階における協働の促進を重視していることに特徴を有している。ここでは実践段階における協働促進の手法として位置づけている実践交流型研修について、この事例校の取り組みに即して説明を行う。

①実践を定期的に振り返るためのツールの導入：写真レポート

学校の課題をふまえて、それぞれの教員が自らの実践を継続的・連続的に振り返るために、この学校では学期に2回程度のレポートを全教員が作成することにした。ただし、レポートというと、どうしても形式的内容に終始し

たり、実践の振り返りとして適切な内容になりにくくなることが予想されたので、実践の工夫やそのなかで見えた児童の様子をできるだけ率直に交流し合うことを実現するために、図2のような様式・内容とした。

　レポートの大きさはＡ５判程度であり、用紙の左側６、７割は写真スペースとして、右側の記述内容に関連した写真やコピー等を貼付するスペースとした。右側は教員が記述するスペースとなっている。

　このレポートの様式の特徴は、第一には、学校課題に対する児童の実態の確認→それに対して構想・実践した内容→そのことに対する児童の反応ないし変化、を関連づけて教員が記述することになっている点である。つまり、学校課題に即した学級の児童の実態、実践の工夫とその成果・課題を簡潔に記述することとしたことである。子どもの実態→計画／実践→児童の反応・変化を関連づけながら振り返る仕組みである。要するところ、児童の実態の想起（R）→計画ないし実践（P／D）→児童の変化ないし反応（S）のプロセスで教員が自らの実践を振り返る仕組みをとっている。前述したようにこのレポートを２学期以降、学期に２回程度実施した。その都度教員は、自らの実践を単なる感想や思い出としてではなく、実態→課題／実践→実態（成果、変容）のサイクルを繰り返しながら再構成し振り返ることとしたのである。

②レポート交流の研修

　この学校では、このレポートを教員が相互に交流しあう研修を校内研修(全校研修)に位置づけて実施した。教員を５、６人のグループに分けて、各自が自分のレポートを説明し、意見を述べ合うだけの研修である。交流研修では、実践の批判的検討ではなく、それぞれの実践の工夫と児童の変容のつながりをしっかりと確認すること、よい実践は相互に参考にしあうこと、またさらによいアイデアがあれば出しあうこと、などに留意して進めた。

　このような研修の意味については以下のように考えることができる。第一は、学校課題に向けて各教員がどのように取り組んでいるかを互いに確認できることである。つまりレポートと研修会によって、その都度（定期的・継続的に）学校課題を意識し、かつ自らの実践をそれに関連づけて工夫していくという意識が喚起されることである。第二は、実践の工夫や子どものとら

図3

```
教育活動の良循環サイクル
         R
       実態認識
     S        
  D              F
実践(変革) ← 課題生成
```

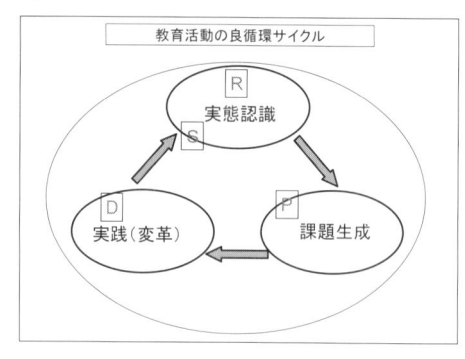

え（変容のとらえ方）について、まさにその具体を教員が相互に学びあうことができる場となっていることである。そして第三には、学校課題に即した実践や子どものとらえに関するコミュニケーションが活性化され、それによって教員間の関係づくりが進展することである。

## ❖内発的な改善力を高める学校組織開発の意義

(1) 基本的な考え方

　概括的であるが、実践例を示しながら私たちの学校組織開発の取り組みの一例を紹介した。この事例からわかるように、内発的な改善力を高めるためには、教員の協働をつくり、教員が考え学び合う機会や場を学校組織マネジメントの中心におくということである。その具体的な局面は、①学校課題の形成と共有を促進すること、②実践の協働的な改善の仕組みを動かすことの二つである。いずれもあるべき子どもの姿や実践のあり方からスタートするのではなく、まず教員が協力しあい目の前の子どもの実態を確認しそこから自らのなすべき行動（アクションプラン）を起ちあげることを重視した方法論である。そして実践の成果を教員自身が子どもの変容を注意深く見とることによって確認しようとしている。子どもの実態→課題→実践→子どもの実態というサイクルを組織運営の基本サイクルとして動かしていく方法論とも言える（図3）。このことによって、他律的な学校（こなす実践、やらされる教育活動）ではなく、教員自らがその意味やねらいをふまえ取り組める学校へ近づけようとしているのである。

(2) 学び続ける教員のための学校づくり

　この事例でも取り入れた実践レポートは、すでに紹介したように、①その実践の背景となっている児童・生徒の実態、②実態から見出した実践上の課題、③そして実践の具体、④それによる児童・生徒の変化、を一連の流れと

して（ストーリーとして）再構成することであるといえる。これは教員としての実践の構想とそれらの具体を、児童の姿によってとらえ直す（省察する）という作業である。このような手順で、自らの実践を意味づけることができれば、さらに次の実践課題を見出し、新たな実践改善を探求することができるだろう。すなわちここで示した教員の実践を再構成し省察する手順は、それが一連の流れとしてなされるならば、継続的に教育活動が改善されていくプロセス（教育活動の良循環サイクル）となるのである。

　そして、教育活動の良循環サイクルを共有し、それを確認しあうことによって、要するに実践を学びあうことによって、教員間のつながりやまとまりも強まり、これが学校全体の教育活動改善の源となっていくのである。

　今後の教員のあり方として「学び続ける教員」像が示されている。この「学び」には、さまざまなものが含まれるであろうが、教員が教員として不断に成長を続けていくためには、自らの実践（経験）から学び成長していくことが求められるであろう。つまり実践の経験を教員としての学びに転換していく仕組みを学校に位置づけていくことが今後の学校づくりの重要な課題となる。

　また「学び続ける教員」とは、教員個々の成長を実現することがねらいとされるだけでなく、当然のことながら、学校としての教育活動の改善と結びついていることが求められるだろう。つまり、児童・生徒の課題を共有しその解決に向けて組織的に取り組むことを通して、教員としての学びと学校の教育活動の改善が同時的に実現できると思われる。

　本書で紹介した、内発的な改善力を高める学校組織開発とは、学校課題を共有しそれをふまえた教員間の学びを実現する方法論としても位置づけられるといえよう。

《参考文献》
　佐古秀一・住田隆之「学校組織開発理論にもとづく教育活動の組織的改善に関する実践研究」鳴門教育大学学校教育研究紀要28号、145～154頁、2013年。

❖ OJT指導者は語る

# ワークショップ型研修による学校改革

鳴門教育大学教授　村川雅弘

　テーマに「学校改革」も掲げられているが、筆者は学校改革に直接にかかわったという実感はなく、そのようなスタンスで指導・支援は行ってこなかった。総合的な学習や生活科あるいはICT活用や言語活動の充実、探究的な学習等々の研究課題との関連で各教科・領域の具体的なカリキュラム開発や授業づくり、その実現のための校内研修の工夫・改善に関する指導・支援を行ってきた。しかし、ワークショップ型の研修を導入してからは、結果的には学校改革にまで及んだ事例は少なくない。各学校は共通の学習指導要領のもとで校内外の限られた諸資源（施設・設備、予算、人材等）を活用し、具体的な教育活動を通して最大限の教育効果をあげることを求められている。ワークショップ型研修は、教職員一人ひとりがもつ専門性や経験、知識、スキルを引き出し、繋げ、教材や授業等といった具体的な形にし、日々の実践を基に見直し・改善を図っていくことにおいて有効に機能してきたがゆえに、結果的には学校改革に繋がっていったと考えられる。

　本稿では、ワークショップ型研修の意義や効果に触れた後で、筆者自身が学校現場を指導・支援するにあたりどのようなことに配慮してかかわっているのか、あらためて整理してみたい。

## ❖ ワークショップ型研修の開発と推進にかかわって

　学校現場に赴き研究指導を行って30年以上になる。この10年で校内研修や教育センターの集合研修が大きく様変わりしてきた。授業研究だけでなく、さまざまな研修課題においてワークショップが盛んに導入されてきている。たとえば、全国教育研究所連盟も「現在、各教育センターが取り入れ、各学校で進められている授業研究のモデルの多くはワークショップ型の授業研究である」と報告している[1]。

　ワークショップは、元々は企業内教育や社会教育の分野では行われてきた

が、学校教育における歴史は浅い。「ワークショップ（workshop）」は、「（特に、機械仕事をする）仕事場、職場、作業場、工作場」「（意見の交換、技術などの紹介や実地の応用を主とする）研究会、討論会、セミナー」（小学館『ランダムハウス英和大辞典』より）と定義されている。ワークショップ型研修はおおむね後者の定義に合致しているが、指導案作成や教材研究、学習環境整備などの研修を、ある種の「ものづくり」ととらえた場合には、前者の意味合いも含んでいると言える。

　筆者が初めてワークショップ型研修に取り組んだのは平成16年2月である。福岡県にある夜須高原青少年自然の家で実施された総合的な学習に関する研修講座のなかで、会場周辺にある自然物を使った遊びを開発するワークショップを行った。学校現場が抱えるさまざまな研修課題に関してワークショップ型研修を本格的に開発・実施したのは同年の夏以降である。三重県教育委員会研修支援室OJT支援グループと3年間にわたってプロジェクトを展開した。三重県内の小・中・高等学校および特別支援学校で、各校の課題に応じた研修を開発・実施するだけでなく、県内各地においてワークショップ型研修を実施し、広めていった。ワークショップ型研修の基本形はこの時期に固まったと言える。

　平成27年4月現在、研究室のデスクトップパソコンのワークショップ研修のフォルダには、大学や大学院の授業での実施も含め40都道府県における事例が600弱（写真は4万枚強）ある。小・中・高の学校訪問フォルダや教職大学院のフォルダにも数々のワークショップ事例が散在しているのを合わせれば800事例を超えるものと考えられる。

　堀公俊は、ワークショップを「主体的に参加したメンバーが協働体験を通じて創造と学習を生み出す場」と定義し、構成要素として、①参加（参加したメンバー全員が、人任せや傍観者にならず、当事者意識を常にもちながら、めざす成果を一緒になってつくりあげる）、②体験（参加したメンバーが各々の体験をもち寄り、それを素材にして活動を積み立てていく。ワークショップを通じて参加者が共通の体験をする）、③協働（互いの資源をもち寄り、協働作業を通じて活発な相互作用〈相乗効果〉を起こす）、④創造（協働作業を通じて一人では思いつかないことを発見したり、主体的な参加者がいる

からこそできる成果をつくりあげる）、⑤学習（相互作用を通じて、一人では得られない気づきを得たり、参加者全員で大きな学びを培う。プロセスを通じて参加者の学習を引き起こす）の五つをあげている[2]。

　数多くのワークショップ型研修を開発してきて、堀の指摘する五つの要素が教員研修にも合致すると考える。研修課題として学校現場の日々の授業や経営に関する課題が取りあげられ、教職員全員が主体的に参加し（参加）、専門や経験年数を越えてお互いの専門性や経験、知識や技能をもち寄って（体験・協働）、問題解決を図る（創造）。その一連のプロセスにおいて互いに力量を高め合い（学習）、その学び合いの文化が日常化するといったプロセスが、ワークショップ型研修において内在している。

## ❖学校への指導・支援で配慮していること

(1)　内から下からの改革を促す

　学校の研究指導においては、総合的な学習や生活科、各教科、環境教育、キャリア教育、防災教育、ICT活用等々、実に多様な分野や課題にかかわってきた。筆者の専門性においても限界があり、何よりも地域や子どもの実態等を熟視している教師には及ばない。また、学校指導に赴く機会は多くて年間3回程度である。外から見えるものも確かにあるが、日常的・継続的な研修・研究が実践を支えているのである。ワークショップ型研修は内（校内）から下（一人ひとりの教職員）からの改革を促進する有効な方法である。実際、短期間で生徒指導や学習面の課題解決を実現した学校はワークショップ型研修を積極的に導入し、教師一人ひとりがもつ力量を引き出し、協働的に問題解決、学校改革に取り組んでいる[3]。

(2)　各学校の独自性を生かし伸ばす

　平成27年度より高知県の「探究的な授業づくりのための教育課程研究事業」にかかわっている。まず、五つの中学校が拠点校としてスタートし、授業改善および校内研修の工夫・改善のモデルを開発し、県下中学校へその成果を発信する。拠点校への指導・助言において大切にしたいことは、各校の実績やよさを生かし伸ばすことである。どんな実績があるのか、教職員はどのような課題に取り組みたいのかを把握したうえで、さまざまな課題やニー

ズを抱える中学校に対して具体的かつ多様なモデルを提供できるように指導・支援することが重要と考えている。

　このようなスタンスはこれまでの学校指導でも貫いてきた。総合的な学習や生活科、心の教育、防災教育等々、どのような分野や課題の研究テーマであっても同様である。「全国に同テーマで取り組んでいる学校は山ほどある。各々の学校がこれまでの実績やよさを生かして個性を発揮してこそ研究指定の価値がある」と言い続けてきた。重要なことは、教職員が個々にもつ専門性や経験、知識や技能をいかに引き出し繋げ具体的な形にして実践を踏まえての見直し・改善を促していくかである。

(3)　若手教師の活躍のチャンスを増やす

　団塊世代の大量退職に伴う若手教師の増加が全国的に重要課題となっている。短期的かつ着実な力量向上が求められている。ワークショップによる校内研修には、若手教師の力量を伸ばす機能が備わっている。

　たとえば数分程度の感想や意見で済む従来型の事後研と異なり、ワークショップ型授業研究であれば、若い教師の授業実践力を高めるうえで有効な活動が組み込まれている。

① 事後研で授業の各場面やさまざまな構成要素（板書や発問、教材、個別指導、学習形態、学習環境等々）に関しての記述や協議が予定されているので必然的に主体的かつ分析的に授業参観に臨むこととなる。

② 事後研の協議前に参観メモをもとにして付箋に転記する際、他者に理解できるレベルに記述し直す必要がある。そのときに概念整理が起こる。

③ 記述した付箋を出し合う際に、同じ場面や事象であるにもかかわらず見方やとらえ方が異なることが明確になる。授業の各場面や構成要素について自分なりの意見や解釈を明確に記述しているからこそ、他の教師のそれと比べて学びが起きる。

④ 付箋を整理し小見出しをつけ、グループ間の関係（因果関係や対立関係など）を矢印等で明らかにする。たとえば、学習が停滞したとしたら、その直前の手だて（発問や教材等）に問題がある。授業はさまざまな要因・要素が複雑に絡み合っている。授業を構造的にとらえる力が身につく。

⑤ 分析結果を他のチームに説明する際に改めて自分の言葉で授業を関連づけ

る。他チームの分析結果と比べて聴くことで新たな視点を学ぶ。

　このような参観者としての学びは多いが、授業者になった場合のメリットも大きい。1回の授業で「よさや成果」「問題点や改善点」「助言や改善策」を数多く具体的に得ることができるからである。

　若い教師が大半を占めるにもかかわらず短期間で学力向上を果たした東京都東村山市立大岱小学校や広島県福山市立新市小学校では、ワークショップでのグループでの話し合いの進行役や発表役だけでなく、校内研修のコーディネーター役や研究協議で授業のコメントをする校内の指導主事役をできるだけ若い教師に担当させてきた[3]。

(4)　中堅・ベテランの力量を還元する

　また、両校に共通なのは中堅・ベテランの活用である。若手教師による自主的な研修会である「ファースト会」（大岱小）や「新市ステップの会」（新市小）に中堅・ベテランを学内講師として登用している。学級経営や児童理解、ICT活用、学習環境整備、読み聞かせ等々、各中堅・ベテランがもつ得意分野の知識や技能を自らの実践を基に具体的に伝授してもらうのである。

　学力向上に威力を発揮したと考えられる児童用の学習手引き「まなブック」（大岱小）も、若手と中堅・ベテランがタッグを組んで作成した。中堅・ベテランがもっているさまざまな手だて（発表の仕方、話し合いの仕方、ノートの取り方等）を子どもにわかる言葉にしていく過程で若い教師は多くのことを学んでいったと考えられる。これもまさしくOJTである。

(5)　ワークショップ型研修こそ周到な準備が必要である

　ワークショップ型研修の成否は参加者に委ねられている。参加者一人ひとりが情報やアイデアを惜しみなく出し合い、その成果を形にしてはじめて満足度も高くなる。付箋と模造紙を用意すればワークショップが成立するわけではない。グループの人数や構成、研修課題にあった手法の選定、事前課題の提示や他の研修形態との併用、研修グッズやマニュアルのパッケージ化など用意周到な準備が必要である[4]。そのなかでも最も重視していることが「ゴールイメージとプロセスイメージの明示」である。何のために研修を行うのか、最終的にどのような成果物ができればよいのか、付箋の色使いはどうするのか、どのようなことを書けばよいのか、どのように整理するのかを明確

にしておかないと、路頭に迷い満足な成果をあげることができないグループが出てくる。付箋の書き方や整理の仕方、成果物については、研修の冒頭で写真や事例で具体的に示したい。適切な写真や事例がない場合には、校内において気心の知れた仲間を募り、実際に行う予定の研修を試行し、その様子や成果物を写真に収め、実際の研修の説明で活用するのである。そのミニワークショップに参加した教師が研修本番において各グループのファシリテーターとして活躍してくれる。

＊

平成26年11月の文部科学大臣による中央教育審議会への諮問「初等中等教育における教育課程の基準等の在り方について」のなかでは、将来を担う子どもたちに「他者と協働しながら価値の創造に挑み、未来を切り開いていく力」「何事にも主体的に取り組もうとする意欲や多様性を尊重する態度、他者と協働するためのリーダーシップやチームワーク、コミュニケーションの能力」が必要と述べている。日々さまざまな課題に立ち向かい解決を迫られている学校現場の教職員にも同様の力が求められる。ワークショップ型研修はまさしくこのような力を育んでいくうえできわめて有効な手段である。

《注》
(1) 全国教育研究所連盟「実践的な指導力の向上を図るこれからの教員研修の在り方」第19期共同研究報告書、2010年、36頁。
(2) 堀公俊『ワークショップ入門』日本経済新聞出版社、2008年、32～34頁。
(3) 以下の書籍に、具体的な事例や手だてが紹介されている。村川雅弘・田村知子ほか編『「カリマネ」で学校はここまで変わる!』ぎょうせい、2013年。村川雅弘・田村知子・東村山市立大岱小学校編『学びを起こす授業改革』ぎょうせい、2011年。
(4) 村川雅弘「ワークショップ型校内研修の企画・実施のポイント15」村川雅弘編著『「ワークショップ型校内研修」充実化・活性化のための戦略&プラン43』教育開発研究所、2012年、10～19頁。

◆OJT指導者は語る

# 学校研究に研究者が参画するために

大阪教育大学教授　**木原俊行**

## ❖学校研究とはなにか

　わが国の教師たちは、所属する学校の同僚とともに、授業づくりやカリキュラム開発を推進してきた。とりわけ、新たな教材の授業化を図ったり、ICT環境を整備したり、教科横断的な指導に着手したりして、授業やカリキュラムを創造する営みを繰り広げてきた。すでに、大正時代には、いくつかの小学校で、新教科の設立やその基盤となる児童の成長過程と教育課程に関する研究・実験が試みられている[1]。このように、学校を基盤とする教師たちの授業づくりやカリキュラム開発に関する研究的実践を本小論では、「学校研究」と呼ぶ。その営みの要件として、少なくとも、次のようなものは指摘できよう。

(1)　創造性が尊重される

　学校研究は、「研究」なのだから、その営みは、何らかの意味で新しさ、提案性を求めるものとなろう。たとえば、教育課程の基準の改訂に応じて教科・領域の年間指導計画を構想する、学校独自の学力向上プランを策定する、教科書に新たに登場した教材の授業化を図る等々、学校研究の活動が始まる、そのテーマが設定される経緯はさまざまである。しかし、いずれにしても、教師たちにとって、学校研究は、正解の存在しない問題に対して何らかの解を得ようとする、その創造性が問われる機会となろう。したがって、学校研究の推進上、彼らには、チャレンジ精神を発揮することや失敗しても再度その問題にトライするというたくましさが求められることになる。

(2)　学校全体の組織的営みである

　「学校を基盤とする」のであるから、構成員全員の参画が確認されるべきだ。ある学年、特定の教科だけの教師による営みであってはならない。ただし、それは、常にスタッフが一堂に会して研修活動に従事することを意味するわ

けではない。むしろ、教師たちの学びは、多様な単位で企画・運営されるべきだ。すなわち、それぞれの教師が個別に取り組んでおくべきこと、教師たちがグループを組んで活動すべきこと、そして全員が時空をともにして学び合いを繰り広げることが適切に組織化されることをもって、本当の意味で、学校全体の組織的営みが成立する。

(3) 数年間に及ぶ縦断的な活動である

　学校研究のシンボル的存在は、授業研究会の開催であろう。教師たちが研究授業を題材にして語り合い、互いの実践的知識を環流させる営みは、授業改善の波を学校全体にわたらせるための舞台として、昔も今も、大切である。しかし、筆者は、すぐれた学校研究においては、授業研究会における協議、授業づくりに関するアイデアの交流が連続・発展しており、そのための仕掛けや仕組みが豊富であると考える。また、その追究が、年度をまたいで継承されており、それを実現させるためのシステムが整っていると思う。

　換言すれば、真の学校研究においては、その活動が、短期的（授業研究会等）・中期的（研修の年間スケジュール等）・長期的（研究テーマの連続・発展等）に組織化され、立体的に展開される。

(4) 学校内外に開かれている

　学校研究の諸活動は、上述したように、さまざまな単位で繰り広げられる。それぞれの教師が個別に取り組む場合、数名の教師がグループを組んで推進する場合も、少なくない。しかし、それらにおいても、その過程や成果は、他の教師・他のグループに対して、開かれているべきだ。それは、たとえば、教師たちの授業改善の努力が事例集によって接続される、ある学年の授業研究の模様が研究通信上で披露されるといった営みに代表されよう。

　同様にして、学校研究は、学校外部に対してもオープンにされるべきだ。授業研究会の開催を近隣の学校の教師に案内する、研究発表会を開催して参加者に学校研究を第三者評価してもらう、教育委員会スタッフや大学研究者を招聘して専門的な見地からアドバイスを求めるといったアクションが、そのシンボル的存在である。

　いずれにしても、学校研究には、他者に対して、その過程や成果が開かれている、それによって発展のためのアイデアを得られるという、オープンさ

に支えられている。

## ❖学校研究への研究者の関与──その基本的視座

(1) 学校研究を支える外部支援者

　教師たちにとって、先に述べた学校研究の原理を満たすことは、容易ではない。創造性を発揮すること、個人の活動と集団の営みのバランスを保つこと、活動を持続的に発展させること、他者による批判に身をさらすこと──そのいずれもが、認知的・精神的な負荷を教師たちに要請する。

　彼らの問題解決的な営みが建設的なものになるためには、そして、それが継続・発展するためには、専門家を含む、学校外の人材による支援が重要な役割を果たす。それには、いくつかのレパートリーがあろう。

　まず、教育委員会スタッフは、学校の教師たちにとって最も身近なサポーターであろう。彼らは、自身の経験や当該教育委員会の施策を手がかりにして、学校研究の充実に資するさまざまなアクションを起こす[2]。続いて、他の学校の教師も、その実践的知識に基づき、とくに授業研究会における批評者として、学校研究に参画しうる。企業人がICT環境の整備、教材開発等を直接的・間接的に支えるケースも少なくない。

　そして、教育学を専門とする大学研究者も、学校研究の充実、その持続的発展の一助となりうる。次に、その可能性を詳述する。

(2) 大学研究者による学校研究の支援

①授業づくりに資するリソースの提供

　教師たちは皆、忙しい。たとえば、彼らにとって、授業研究に向けた準備を十全におこなうことは、至難の業である。たとえば国語の物語的な文章の読解に関する研究授業を計画する際に、作者の生い立ち、執筆の背景、作者の他の作品等の分析が必要となろう。それらの資料を学校現場で入手することは、簡単ではない。最近では、ネットワークを通じてかなりの情報を短時間で手にできるようになったが、それでもなお、教材研究のための良質の資料を効率よく手にするためには、大学の図書館サービスの利用などが効果的である。そして、このとき、どのような資料を用いて教材研究を進めるべきかについて、教科教育等の理論と実践動向に通じた研究者に相談すれば、他

者の実践例などとともに、研究授業のデザインにかかわる示唆を得られよう。
②授業づくりのモデルや好事例の提供

　教師たちは、学習指導要領の枠組みに即しながら、目の前の子どもによき授業を提供しようと日々努力している。しかしながら、それは、クラスや教科等の属性に依存したものにならざるをえない。そして、その個別性は子どもたちの指導上で尊重されるべきものではあるが、それは、教師たちが自他の実践を相対化し、その共通項を見いだして整理することをむずかしくする。いわんや実践に先んじて、自他の実践を牽引するモデルを作成するのは至難の業である。それに対して、当該学校の実践とほどよい距離感を保っている大学研究者ならば、教授－学習に関する理論、カリキュラム研究の知見、専門的な学習共同体に関する枠組み等をベースにして、当該学校の教師たちが授業の計画・実施・評価のいずれにおいてもその道標として活用しうる、授業づくりのモデルを提供できる可能性が高い。

　さらに、授業研究と教師の力量形成を研究課題としている研究者の場合は、前述したモデルにマッチした好事例を教師たちに提示できるであろう。それは、彼らがモデルの実践化のイメージを鮮明にするためにも、それに基づいた授業のレパートリーを増やすためにも有用であろう。

③授業づくりネットワークの提供

　教師たちは、在籍する学校において、同僚と授業研究等に従事している。しかし、そこで重視され、獲得がめざされる実践的知識・技能は、当該学校の置かれた状況に即したものにならざるをえない。換言すれば、学校が異なれば、必要とされる実践的知識・技能が変わる。

　わが国の教育のシステムにおいては、教師たちに、異動はつきものだ。彼らは、やがて別の学校で勤務するようになる。その変化に適応するためには、在籍する学校とは異なる状況で、どのような実践的知識・技能が必要とされ、それを当該学校の教師たちはいかなる授業研究を通じて獲得しているかに関して、情報を収集できる機会を得ることが望まれよう。わが国ではこれまで、その舞台に、「サークル活動」が位置づいてきた。これは、学校をまたいだ、実践研究に関する、教師たちのコミュニティである。わが国では、いわゆる民間教育研究団体による運動は、長い歴史を有し、教育現場の取り組みに示

唆を与えてきた[3]。たとえば、算数・数学や理科等の教材やカリキュラム、指導法の開発と普及において、いくつかの団体は大きな役割を果たしてきた。また、いくつかの組織によって、学級集団づくりの新しい方法論が提案され、実践されてきた。

　大学研究者も、いくつかの学校の教師たちと共同で、授業研究ネットワークを構築できる。大学のスペース、書籍や実践記録等のリソースを教師たちに提供して、それらを学習環境とする協働学習をプロデュースできよう。筆者も、これまで、何人かの教師たちと協力して、そうした営みを繰り広げてきた。いくつかの学校の研究主任に対して、ネットワーク上でカリキュラム開発に関する学び合いを繰り広げる舞台を提供したこともある[4]。さらに、現在、大阪教育大学大学院連合教職実践研究科において、「校内研修のマネジメント」という講義を担当して、教師や指導主事たちが学校研究の企画・運営に関する経験を交流し、それを充実させるための実践的知識を共有化するための機会や道具を提供している。

## ❖学校研究に接近するための研究者の学び

　大学研究者が学校研究という臨床の営みに外部から参画しようとすれば、その越境行為を支える学びに彼らが従事する必要があることは言うまでもなかろう。それは、多岐にわたる。筆者の取り組みをいくつかご紹介しよう。

　まず、当該学校の現状に関する事例知識を増やさねばならないので、筆者は、ある学校の授業研究会に参加する前には、過年度にさかのぼって当該校の研究資料を入手している。同時に、教師たちの学校研究の活動をシミュレーションすることにも努力を傾注している。たとえば、研究授業の指導案を読解する際には、授業の展開を何とおりも予想するようにしている。あるいは、事後協議会で登場しそうな意見を思い浮かべ、それにどのようにコメントするかを構想してみる。さらに、それに説得力を持たせるための事例、その映像記録を幅広く（当該校の過去の実践、他校の取り組み等）準備する。

　続いて、実際に学校を訪問して、学校の実態に関して、即興的に学んでいる。たとえば、廊下や階段の踊り場の壁に、どのような掲示物が用意されているか。子どもたちは、休憩時間に何にいそしんでいるのか。教室環境の整

備と学校研究のテーマに関連はあるか等々、主として、学校研究のテーマに即して、教師たちがどのような工夫を講じているかを探り、好事例を記録に残す（デジタルカメラ等で撮影する）。

　もちろん、研究授業の公開時や事後協議会における教師たちの言動も、筆者にとっては、学びのよき材料である。当該校の教師たちの言動、とりわけ、過去の言動には確認されなかった新しい要素を把握することに努める。それらは、彼らの成長の証であり、大学研究者が敬意を払うべきものであると考えるからだ。

　さらに、筆者は、学校研究に参加した記録、それに関する批評を文章化し、雑誌、書籍、ホームページなどで発信しているが、それも、上述したような越境を支える学びの一つであると考えている。そうした活動を通じて、大学研究者のうちに、学校研究への参画を通じて教育研究者として得た知識や育んだ感性を再認識できるからである。

《注》
(1)　中野光『教育名著選集⑥　大正自由教育の研究』（黎明書房、1998年）の「第4章　デモクラシーの潮流と教育改造」に詳しい。
(2)　島田希・木原俊行・寺嶋浩介「学校研究の発展に資する教育委員会指導主事の役割のモデル化」日本教師教育学会第24回研究大会・自由研究発表・第10分科会の配布資料（2014年）を参照されたい。
(3)　田中耕治「序章　戦後における教育実践のあゆみ」田中耕治編『時代を拓いた教師たち――戦後教育実践からのメッセージ』日本標準、2005年、13～34頁を参照のこと。
(4)　木原俊行「教師と研究者の対話に基づく校内研修の充実」鹿毛雅治他編『「授業研究」を創る――教師が学びあう学校を実現するために』教育出版、2015年刊行予定。

◆OJT指導者は語る

# 「学びの共同体」──教師が専門家として育つ学校づくりのために

埼玉大学准教授　**北田佳子**

　「学びの共同体」とは、デューイをはじめとする教育諸理論を基礎として、佐藤学が提唱した授業と学校を改革する理念であり、現在、諸外国を含むさまざまな地域において、この理念に基づいた改革が展開している。本稿では、とくにOJTの観点から「学びの共同体」について述べていくが、本来は、「授業の改革と学校の改革と学校経営・教育行政の改革を一体として」(佐藤、2014、p.51) 推進されるものであることを強調しておきたい。

　「学びの共同体」による改革は、つぎに示す三つの要素、すなわち、(1) ヴィジョン、(2) 哲学、(3) 活動システムで構成されている。

(1)　「学びの共同体」のヴィジョン

　「学びの共同体」のヴィジョンとは、学校を「子どもたちが学び育ち合う場所であり、教師も専門家として学び育ち合う場所であり、保護者や市民も学校改革に参加し協力して学び育ち合う場所」(佐藤、2014、p.55) と定義するものである。OJTの観点から注目すべきは、学校という組織を教師が専門家として成長することを保障する場所としてとらえている点である。

(2)　「学びの共同体」の哲学

　「学びの共同体」を支える哲学は、「公共性の哲学」「民主主義の哲学」「卓越性の哲学」という三つである。まず、第1の「公共性の哲学」とは、学校が外部にも内部にも開かれていることを意味するものである。OJTの観点から言えば、「学びの共同体」の理念に基づく学校では、すべての教師が自身の授業を同僚に開き、互いの実践から学び合うことを義務づけている。第2の「民主主義の哲学」とは、学校とは本来、「それ自体が民主的な組織でなければならない」(佐藤、2012、p.122) という原点に立ち返るものである。OJTの文脈で言えば、管理職やベテラン教師が一方的に若い教師を指導するのではなく、役職や教職年数にかかわらず、教師一人ひとりが互いの声に耳を傾け、多様性を認め合い、謙虚に他者から学ぶことを必須とするものであ

る。第3の「卓越性の哲学」とは、けっして他者との比較や競争による優秀さではなく、一人ひとりが「自らのベストをつくして最高のものを追求するという意味の卓越性」(佐藤、2012、p.122) である。OJTの観点からすれば、いわゆる「優れた授業」と言われる実践を手本としてそれを真似ようと努めるのではなく、教師一人ひとりが教科の本質に沿った質の高い授業づくりに挑戦し続けることを意味する。

(3) 「学びの共同体」の活動システム

「学びの共同体」の理念に基づく学校では、上述のヴィジョンと哲学を具現化するための活動システムとして、つぎの三つを柱とした実践を推進している。第一に、すべての学年・教科の授業を一斉講義型から協同学習を中心とした授業へと転換すること。第二に、すべての教師が少なくとも年1回は研究授業を公開し、それを教科に関係なく同僚全員で見合い協議会でていねいに省察するという、教科の壁を越えた校内研修としての授業研究会を実施すること。第三に、さまざまな形で保護者の学習参加を推進すること。以上の三つを柱とする実践が「学びの共同体」の活動システムを構成している。

## ❖ 「学びの共同体」における若手教師の学びと成長

以下では、「学びの共同体」の理念に基づく改革を推進している学校の一例として、静岡県富士市立富士中学校の取り組みを取りあげる。なかでも、当校に新任教師として着任した二人の若い教師の学びと成長に焦点をあて、OJTの観点から、「学びの共同体」に基づく学校について検討していく。

富士中学校は、静岡県富士市の中央に位置する公立中学校で、平成26年度時点での生徒数は629名、教職員数は39名(非常勤・事務職員等含む)という大規模校である。当校では、教職員の若年化が急速に進行しており、現在は、教師の約3分の1が20代という状況に置かれている。富士中学校では、平成23年度に「学びの共同体」に基づく学校改革がスタートした。そして、その取り組みはこれまで、稲葉義治校長、増田良夫校長という2代にわたる学校長のリーダーシップに支えられ、今年(平成27年)で改革5年目を迎える。当校では、ほぼ毎月1回のペースで上述のような教科の壁を越えた校内授業研究会を実施しており、若手・中堅・熟練を問わず教師たちが互いの

授業を観察し学び合うという実践を続けている。以下では、平成24年度に新任教師として当校に着任し、平成26年度までの3年間を過ごした二人の若い教師、増田悠介先生（国語科）と遠藤恵先生（数学科）に焦点をあて、彼らのへのインタビュー（平成27年3月下旬実施）での語りを交えながら、その学びと成長について描出する。とりわけ、富士中学校における学校づくりの大きな特徴の一つである、教科の壁を越えた研修から、この二人の若い教師が何を学び成長していったのかということを中心に論じていく。

(1) 担当教科以外の授業実践に学ぶ

現在、中学校でも、道徳や特別活動といった全教師に共通するテーマに限定した形でなら、全校で研修を行っている学校は少なくない。しかし、富士中学校のように教科の壁を越え、教師がそれぞれの担当教科の授業を公開し学び合っている学校は多くない。新任期の3年間を当校で過ごした増田先生と遠藤先生は、この教科の壁を越えた研修についてつぎのように語っている。

「教科が違うからこそ新鮮な目で、違う視点で見られるので……。（担当教科の）国語の授業を見ていると、自分だったらこう教えるのになっていう視点で見ちゃうんですけど……。他教科の研修って、ぼくはすごくためになったなって思います」（増田先生）。

「まず新鮮ですよね。……生徒の気分で授業を見られる。ああいうのをやったら、ぜったい生徒も楽しいんだろうなとか……。他の教科でやっていることを、これ（担当教科の）数学でも使ってみようとか、他教科とのつながりをもてそうだなっていうのを感じたり……。せっかく（他教科の授業を）見せていただくので、そう思いながら（研修に）臨んでいました」（遠藤先生）。

まず、増田先生は授業を観察するにあたり、自分の担当教科だとどうしても「自分だったらこう教える」という視点で見てしまう傾向があるのに対し、他教科だと「新鮮な目、違う視点」で見られるところに、教科の壁を越えた研修の意義を見いだしている。この「新鮮な目、違う視点」とは、もう一人の新任教師である遠藤先生の言葉を借りれば「生徒の気分で」授業を見る、すなわち、学び手の生徒の視点から授業を観察するということを意味する。

富士中学校では、研究授業を観察する際に、教師がいかに教えるかという視点に偏った見方をするのではなく、子どもたちが具体的にどのように学ん

でいるのかという視点で観察することを重視している。しかし、これは口で言うほど簡単なことではない。とくに、増田先生や遠藤先生のような新任教師は、どうしても教授技術や授業進行に不安を抱えているため、教師の言動に目を奪われるあまり子どもの学びの姿に注意を向けられない傾向が強い。だが、富士中学校のような教科の壁を越えた研修では、自分の担当教科以外の授業を見る機会も多く、その際、専門外の授業のために、ある意味しかたなく子どもの様子を観察するしかない状況が生まれるため、かえって子どもの学びの姿を細やかに見取る眼を磨く経験を積むことができるのである。

　さらに、富士中学校の教科の壁を越えた研修は、上述の遠藤先生の発言に見られるように、自分の担当教科と「他教科とのつながり」を考えるようになるためにも、重要な役割を果たしていることがわかる。教科担任制をとっている中学校以上の校種では、ともすると教師が自分の担当教科という狭い枠でしか子どもをとらえなくなる危険性をはらんでいる。しかし、子どもたちが一教科で見せる顔は、彼らのほんの一面でしかないことを考えると、他教科とのつながりのなかで子どもをとらえていくということは、非常に重要なことだといえる。また、教科の専門性という点から見ても、本来、自分の担当する教科を学ぶ意義やその教科ならではのおもしろさを子どもたちに実感させるためには、教師自身が他教科の意義やおもしろさを知り、自分の教科との違いやつながりを心得ていなければならないはずである。それに加えて現代社会では、もはや知識や技能はある特定の領域に限られたものではなく、複数の領域にまたがる学際的な視点からとらえられることのほうが多い。おそらく今後の教師には、旧来の教科の枠組みを踏まえながらも、それに固執しない学際的な視点がますます求められるようになると考えられる。その意味で、遠藤先生のように、若いうちから他教科とのつながりのなかでものごとをとらえる思考を養うことはきわめて重要だといえるだろう。

(2)　担当教科の専門性を高める

　一般的に、教科の壁を越えた研修は批判を受けることも少なくない。その批判とは、子どもを見取る眼が磨かれたとしても、教科の専門性は高まらないのではないかというものである。では、具体的に増田先生や遠藤先生は、富士中学校での研修を通して、自身の担当教科である国語や数学についてど

のようなことを学んできたのだろうか。

「ぼく、塾講師のアルバイトを合計で６年間ぐらい続けていたので……（新任）当初、やっぱり文章のなかから答の探し方っていうものを子どもたちに指導していた部分があったんです。でも、一つの文章を読んだときに、子どもたちって、生徒ではあるんですけど、一読者になると考えたときに、やっぱりその子の読み方というのを大切にしてあげたいなというのが、富士中でやらせてもらっているなかで出てきたので」（増田先生）。

「私、数学そのものに対してのかかわりが浅かったので、（新任当初は）教科書に書いてあることをとりあえず教えれば何とかなるのかなと思って、すごい薄っぺらいことしか教えられなかったけれども……。やっぱり、数学って（子どもたちの）レベルの差が大きいじゃないですか。何か、こっちもこっちも（＝どのレベルの子も）楽しいっていう、それを見つけるためには、やっぱり奥行きかなって思って……そういう奥行きがほしいなって」（遠藤先生）。

　増田先生の発言には、新任当初、塾講師時代の癖が抜けず答の探し方を指導していた彼が、富士中学校での３年間を通して変わったということ、すなわち、子どもを単に教える対象の生徒としてとらえるのではなく、作品をともに読んでいく一人の読者と認め、一人ひとりの読みを大切したいと願うようになったことが語られている。このような子ども観や授業観の変容は、増田先生が当校の研修のなかで、子どもの学びを細やかに見取る眼を磨く経験を積んできたことが大きく関係していると考えられる。一人ひとりの読みを大切にしたいと思うようになってから、増田先生の教材研究や授業デザインは大きく変わっていったという。彼は、自分自身も一読者として、以前よりもっと作品のなかの言葉にこだわり、作品の背景をていねいに調べて授業に臨み、子どもとともに考える授業を展開するようになっていったのである。

　また、遠藤先生の発言にも、新任当初、教科書どおりにしか教えられなかった「薄っぺらい」自分を反省し、数学の得意な子もそうでない子も、ともに数学の楽しさを味わえる課題を設定するために、自分自身が数学の世界の「奥行き」を探究していかなければならないという自覚が表れている。遠藤先生は富士中学校の研修を通して、さまざまな授業のなかで学ぶ楽しさを味わっている子どもの姿を何度も目にしてきた。だからこそ、その姿を自分の

授業のなかでも実現させたいという強い思いをもつようになったのだろう。

　増田先生にとっても、遠藤先生にとっても、教科の壁を越えた研修のなかで子どもの学びを細やかに見取る眼を磨く経験は、子ども一人ひとりの学びを大切にしたいと願う教師の強い思いを生み、結果としてそれが、担当教科の専門性を高めるための大きな原動力となっていったのである。

## ❖教師が専門家として学び成長するために

　今回、本稿の執筆にあたり、吉田薫研修主任と増田良夫校長にもインタビューを行い、これまでの取り組みをふり返っていただいた。吉田先生は、「この研修の根底には人間がある」と語り、富士中学校の研修が、単に子どもの学力や教師の授業力の向上といった目先の目標のためにあるのではなく、子どもと教師という人間一人ひとりをかけがえのない存在として大切に育もうとする理念に裏打ちされた研修であることを強調してくださった。また、増田校長は、教職員がどれほど多忙な日常を送っているかを把握しつつも、授業を通して同僚と学び合う当校の研修の重要性に鑑み、この研修を継続していくことは「校長として譲らない」ところであると力強く語ってくださった。

　OJTのTにあたる「訓練（training）」という言葉は、ともすると、目先の目標のために有無も言わさず若い教師に修練を積ませるようなイメージを連想させる。しかし、教師が専門家として学び育つために重要なことは、けっして目先の目標のための訓練でないことは言うまでもない。専門家として教師が成長するためには、若手・中堅・熟練を問わず教師一人ひとりが互いの授業を開き合い、他者の実践や子どもの姿から誠実に学び続けることが求められているのであり、この省察と探究の積み重ねこそが最も重要であることを、富士中学校の取り組みは明確に示している。

《参考文献》
(1)　佐藤学『学校改革の哲学』東京大学出版会、2012年。
(2)　佐藤学「学びの共同体の学校改革——ヴィジョンと哲学と活動システム」日本教育方法学会編『教育方法43　授業研究と校内研修——教師の成長と学校づくりのために』図書文化社、50～61頁、2014年。

❖ OJT指導者は語る

# カリキュラムマネジメントによる授業創造

岐阜大学准教授　田村知子

## ❖カリキュラムマネジメントによる授業創造

　授業研究が活発なわが国は、1単位時間あるいは単元レベルでの「いかに教えるか」についての実践および研究の蓄積は厚い。しかし、カリキュラムと授業の乖離が問題点として指摘され続けてきた。日本の教師はカリキュラムの編成のされ方自体に対する関心はあまり高くはなく、種々の活動を通じて児童・生徒との間に形成されるパーソナルな人間関係に教師の動機づけの源泉があるという指摘もある[1]。むろん、カリキュラム全体を視野に入れた指導を展開してきた教師もいるが、一般に若年の教師は1単位時間の授業の組み立てに精一杯になりがちで、ベテラン層も、教育課題の多様化や多忙化により、長期的な視点で考える余裕を持ちづらくなっている。

　本時に先立つ授業や単元での学習は本時のレディネスとなり、逆に本時は、今後の学習の土台となる（シークエンスの考え方）。それは学年を越え学校段階を越えて影響する。また、限られた授業時数のなかで多くの教科内容や教育課題に対応し効率よく効果をあげなくてはならない。教科固有の内容・方法だけでなく、教科横断的な学力を育成する必要もある。したがって、カリキュラム全体を見渡す視野（スコープの考え方）も必要となる。授業やカリキュラムを評価・改善するマネジメントサイクルも必要である。

　近年は、総合的な学習の時間の導入を始め、各教科・領域にわたる言語活動の充実化やキャリア教育など、教科横断的な実践を求める教育課程政策が進められてきた。次期学習指導要領改訂にむけ、汎用的な資質・能力を教科横断的に育成するコンピテンシー・ベースのカリキュラムのあり方が検討されている。今後は、教科の本質的な内容との関係で汎用的な資質・能力を検討することが求められ、カリキュラムレベルで指導を考える必要性が増す。中教審教員養成部会「これからの学校教育を担う教員の在り方について（報

告)」(2014年11月)には、「各教科横断的な視野で指導できる力、学校段階間の円滑な移行を実現する力など、従来の力に加え、新しい指導力が必要となっている」と述べられている。本節では、このような課題意識のもと、カリキュラムと連関した授業づくりという観点から、OJTのあり方を提案する。

## ❖カリキュラムマネジメントの理解か、促進か

　筆者が集合型教員研修の講師を務める場合は、「カリキュラムマネジメントとは何か」という理念的な内容から講義を始めることが多い。しかし、学校内のOJTは事情が異なる。概念自体の理解よりも、実質的にカリキュラムを見据えて授業を構想し、評価・改善を着実に行うことができるようになることが目的である。概念理解も重要ではあるが、馴染みの薄いカタカナ用語にやる気を削がれてしまうことも危惧される。したがって、筆者自身が学校にかかわる場合は、先方からの要望がない限りは、最初に「カリキュラムマネジメント」の用語を持ち出すことは控えつつ、学校の課題へどのようにアプローチするかについて、カリキュラムマネジメントの観点から戦略を立てる。そのような立場から、本節では、(1)カリキュラム文書の工夫、(2)カリキュラム計画および評価への参加の2点から、すぐにでも取り組めるOJTを提案する。

## ❖カリキュラム文書の工夫による視点の醸成

　教育課程計画や週案、学習指導案等は、どこの学校でも作成される。これらのカリキュラム文書に一工夫加えることで、カリキュラムへの着目を促すことができる。学習過程に対応したマグネットを黒板に用意している学校は多い。これは、「めあて」「振り返り」といったことを学習過程に組み入れるよう促すツールである。学習指導案の学習過程に、「評価と教師の支援」の欄を設けている学校も多い。この欄があることで評価と支援を必ず考える。このように考えれば、カリキュラムを考えるための欄を、現在のカリキュラム文書に投入するだけでひとつのOJTになりうる。

　学習指導案に「学習指導要領が示す目標とのかかわりで本時の目標を記述

する」とか「学校の研究テーマの三つの視点から児童の実態を分析する」などの欄を設けて指示すれば、学習指導要領や学校の研究テーマをじっくり考える機会となる。本時で取り組む言語活動を記入する欄があれば、言語活動について考えざるを得ない。全校授業公開あるいは日常的な授業の相互参観の際、参観の視点を明示したシートを用意すれば、その後の協議会やアドバイスにおいて、より焦点化された議論が期待できる。研究協議会の最後に、「今日の授業で学んだことを、自分の授業でどのように生かせるか」という振り返りシートを書くことを習慣にすれば、授業参観の際に、「自分の授業だったら」と考えながら臨みやすい。それを週案と連動させて、参観した授業から学んだことを自身の授業に生かす工夫をする時間を、週案上に明示するように指示すれば、たとえ週に1時間であっても、研究授業の成果が日常の実践へとつながる機会となる。単元指導計画に、この単元の土台となる既習単元や本単元が土台となる今後の単元を記入する欄を設ければ、系統性に着目させることになる。本単元と関連づけられる他教科・領域の単元を書き込む欄があれば、カリキュラム全体を見渡して考える機会になる。年間指導計画を教科別に作成するのではなく、全教科・領域を1枚に収めて全体を一望できる様式に変えれば、教科・領域間のつながりへの気づきが生じやすくなる。

　このように、カリキュラム文書の様式は、思考や実践を規定する機能があるので、既存の様式を、カリキュラム全体を考える必要性の生じる様式へと一部改変することで、カリキュラムマネジメントの力量を育成するOJTになりうる。ただし、新しい様式が、機械的な作業につながったり、形式化したりしないように留意し、その意義を教職員が考えたり話し合ったりする場を設けることや、様式を見直し続けることが必要であることを付言しておく。

## ❖カリキュラムの計画や評価への参加

　教職員にカリキュラムマネジメントの力量をつけるためには、実際にカリキュラムマネジメントの行程に教職員が主体的に参加する機会が必要である。カリキュラムマネジメント論に先立って教育課程経営論を説いた高野は、教育課程のP－D－Sのすべての過程にすぐれて専門職である教師が、単にカリキュラム・ユーザーとしてではなく、カリキュラム・メーカーとして参

画する必要性を主張した[2]。欧米の研究でも、カリキュラム実践の促進のためには参加やワークショップが有効であるとされている。

研究主任や研究部員の役割を担い、学校のカリキュラムに直接的にかかわることは、その力量を高めると期待される。若年教師を積極的に研究部に配属し、立場や役割によって人を育てる方法がある。その際は、各学年から1名ずつ研究部に所属するようにし、研究部での計画を各学年での実施に移行する際に、学年会で練りあげ、その際はベテラン教師が力量を発揮する、というように縦横の組織をうまく組み合わせている学校がある。

図1　子どもの姿と手立て

| 子どもの姿 | 成果・よさ |
| --- | --- |
|  | 教師の手立て |
| 課題・要改善点 |  |

そして、より広範に、すべての授業者に対してもカリキュラムの計画や評価にかかわる機会を提供するためには、ワークショップ型校内研修（以下、WSと略）が効果的である。WSの主要な意義は、学校の取り組みについて、参加者が主体的に考える機会を提供することである。自らの思考のフィルターを通す活動を経ることによって、学校の取り組みに対して「やらされ感」ではなく、当事者意識をもちやすくなる。以下に具体的に示す。

(1) 実態把握と評価への参加

カリキュラムマネジメントは課題解決的な営みであるので、課題を見出し共有化する必要がある。そこで、学校の教育目標等に照らし合わせて子どもの実態を話し合ってそれを構造化するWSが考えられる。そこでは、お互いの児童・生徒理解の視点に学び合うこともできる。また、子どもの姿だけでなく、それと対応する教師の手立てについても話し合うと、目標とカリキュラムの対応関係を考えることにつながる（ワークシート例：図1）。

実態把握の際、学校評価アンケートの結果を用いることも有効である。項目と数値が並んだ文書の配布・解説から一歩進めて、その結果をどのように解釈するのか話し合う場を設定する。その際、SWOT分析の枠組みを使って整理するのもよいだろう。図2は、通常のSWOT分析の枠組みに、「育てたい子どもの姿」とそのために力を入れる「教育活動の特色」の欄を追加し

図2　カリキュラムマネジメントの視点を入れたSWOT分析

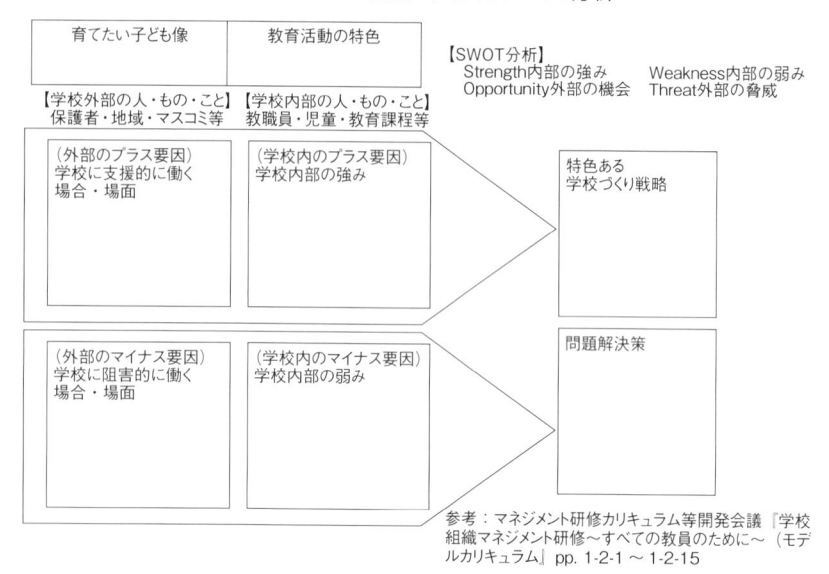

【SWOT分析】
Strength内部の強み　　Weakness内部の弱み
Opportunity外部の機会　Threat外部の脅威

|  | 育てたい子ども像 | 教育活動の特色 |  |
|---|---|---|---|
|  | 【学校外部の人・もの・こと】<br>保護者・地域・マスコミ等 | 【学校内部の人・もの・こと】<br>教職員・児童・教育課程等 |  |
|  | （外部のプラス要因）<br>学校に支援的に働く<br>場合・場面 | （学校内のプラス要因）<br>学校内部の強み | 特色ある<br>学校づくり戦略 |
|  | （外部のマイナス要因）<br>学校に阻害的に働く<br>場合・場面 | （学校内のマイナス要因）<br>学校内部の弱み | 問題解決策 |

参考：マネジメント研修カリキュラム等開発会議『学校組織マネジメント研修〜すべての教員のために〜（モデルカリキュラム』pp. 1-2-1 〜 1-2-15

たものである。あるいは、カリキュラムマネジメントの構造モデル図を利用したワークシートを拡大したもの[3]に、学校評価結果からの気づきを記入した付箋を貼りつけながら整理していく方法もある。

　これらは、マネジメントサイクルや学校組織、学校外の諸機関とのパートナーシップのあり方など、より広く俯瞰的な視野を醸成することにもつながる。「マネジメントは管理職の仕事。担任には関係ない」といった発言を学校現場で耳にすることがあるが、授業はさまざまな要因に規定されている。授業を行う学級担任や教科担任こそ、自らの授業の足場をどのように整えるかに敏感であることが大切であり、このようなOJTは意義があろう。

(2)　目標、計画づくりへの参加

　国がどのような教育課程基準を作成しようと、学校がどのようなカリキュラムを計画しようと、実際にカリキュラムを実行に移す（授業をする）のは、一人ひとりの教師であり、教師の力量や価値観、教室の子どもの状況などによって、カリキュラムはさまざまに現地化されて実施される。ソーントンは、このような機能をとりあげて、教師をゲートキーパー、すなわち「カリキュラムや授業における主体的な調節者」であるとした。そして、「教師が着実

にゲートキーピングを果たしていくためには、教育目標についての熟慮が求められる」と論じた[4]。めざす到着地点が的確に設定され、そこへ向かっていれば、教材や学習活動が状況に応じて多様であることは実践を豊かにする。

　そこで、教師が、カリキュラムの目標設定や計画づくりに参加することもOJTである。思い切って学校の教育目標や重点目標を全教職員で作成することも可能である。その際は、実態把握はもちろん、中教審答申や学習指導要領を読み解く必然性が生じ、教育政策への理解が深まるだろう。学習指導要領改訂の際、新しい教育内容や方法といった表層に注目が集まりがちだという指摘は多い。学習指導方法を変えるのであれば、その理由を十分に説明できるほどに理解している必要がある。目標を設定するという重要な局面に直面すれば、政策と目の前の子どもたちの実態と照会して熟考することになる。

　目標づくりまではいかずとも、校長が提示した重点目標や研究主任が提案するテーマについて、自分の担当学級や学年の子どもたちの姿として、あるいは自分の教科にひきつけて、噛み砕いて記述したり討議したりするWSもよいだろう。「何のために」「何をめざして」日々の授業を行うかを、自分の言葉で説明できることは重要である。もちろん、目標やカリキュラムの計画を個人で立案し、それに対して管理職が個別に指導するという形でも効果はあるだろうが、WSには教師相互の学び合いが生じるというメリットがあるので、WSにする際は、ペアリングやグルーピングも意図的に行いたい。

《注》
(1)　藤田英典・油布佐和子・酒井朗・秋葉昌樹「Ⅳ　教師の役割遂に対する動機づけと教職の自律性」藤田英典・由布佐和子・酒井朗・秋葉昌樹「教師の仕事と教師文化に関するエスノグラフィ的研究――その研究枠組と若干の実証的考察」東京大学大学院教育学研究科紀要35巻、61～66頁、1995年。
(2)　高野桂一「教育課程経営の科学とは何か」『教育課程経営の理論と実際――新教育課程基準をふまえて』教育開発研究所、8～10頁、1989年。
(3)　田村知子「カリキュラムマネジメント分析シート」2014年。日本標準HPよりダウンロード可能。http://www.nipponhyojun.co.jp/sinkan/nhbook13/index.html
(4)　スティーブン・J・ソーントン著、渡部竜也・山田秀和・田中伸・堀田諭訳『教師のゲートキーピング――主体的な学習者を生む社会科カリキュラムに向けて』春風社、2012年。

◆OJT指導者は語る

# リフレクションによる自己改善

早稲田大学大学院客員教授／前日本女子大学教授　**澤本和子**

## ❖専門家のための「リフレクション」のとらえ方

(1)　専門家としての成長・発達を支える「リフレクション」

　今日では、教師が初任時代を経て、経験を重ねながらさまざまな知を獲得して成長・発達するという考え方は一般的だといえる。つまり、大学で教師養成教育を受けたとしても、実際に学校に入り子どもや同僚たちと生活して、専門家としての経験を積みながら学び成長しなければ、専門家としての実力を身につけることはむずかしいということになる。こうした専門家として育つことを「専門性成長」という。この専門性成長において、「リフレクション」が重要な意味をもつという考え方が、今では広く受け入れられるようになった。そして、教職だけでなく、看護職や営業職などでも研修として採用され、広く使われることばとなった。

　筆者の経験をふり返ると、1980年代末までの学会では、口頭発表でリフレクションを提起しても、はっきりした反応を感じることはむずかしかった。けれども今では、授業研究などの教員研修や、初任看護師の研修でも、リフレクションは日常的に使われる手法の一つとなっている。とはいえ実際に実施してどれだけ意味のある「リフレクション」ができたのか、ということになると問題もあるというのが実情であろう。

　リフレクションは人間の内面、つまり心の中で進められる行為であるために、そのほんとうの姿を外部から見とることは困難である。人間は自分の内面で起こったことを、すべてことばで明確に自覚できているわけではないだろうし、また、それをことばで相手にわかるように表現できるとも限らない。何かを感じたけれども、それをうまくことばで言い表せない、ということもあるだろう。それでも研修ともなれば、自分のリフレクションの内容を他の人に説明し、伝えなくてはならない。つまり、言語化しなければならない。

そうなると、「何となくわかった気がした」とか、「よくわからないけれど、直観でそう思った」などという説明では、周囲の理解を得るのはむずかしいということにもなりかねない。こうした問題だけでなく、授業研究や教員研修におけるさまざまな課題があるが、そのなかで、何を、どのようにリフレクションすればよいのか、という疑問を抱く読者も少なくないと推察する。

(2) 「リフレクション；reflection」の語義

「リフレクション；reflection」とは、一般には「反射、反響、映像」や「反省・再考・回想、感想」などと訳される。今日の授業研究では、ドナルド・ショーン（Donald Schön、1983）の訳語として佐藤学・秋田喜代美（2001）や柳沢昌一・三輪健二（2007）が提示した「熟考（じゅっこう）」や「省察（せいさつ）」などの訳語が、研究の場では使われている（澤本、2012）。「しょうさつ」と読む研究者もあるが、筆者は「せいさつ」と読むことにしている。理由は、「省略（しょうりゃく）」の「しょう」よりも、「反省（はんせい）」の「せい」のほうが、表す意味が近いと考えるためである。その場合、どちらかといえば問題点をふり返る「反省」よりも、深く考えて、自分の考えを整理したり、広げたり、深めたりする「熟考」とほぼ同じ意味をもつものとして「省察」を考えている。

　ショーンは、教師だけでなく、建築家や精神科医などさまざまな職業の専門家が、その専門性を獲得して専門家としての成長を遂げるうえで、「リフレクション」が重要な役割を果たすことを説いた。つまり専門家の専門性成長において、リフレクションが重要な意味をもつことを説いたのである。なかでも、専門家としての実践を行った後のリフレクション以上に、実践のプロセスにおけるリフレクションに着目した。一般には、リフレクションは実践の後、つまり事後に行うものと考えられてきたが、ショーンは実践の過程で行うリフレクションに注目した。澤本・お茶の水国語教育研究会（1996）では、前者は「事後リフレクション（事後省察）」と呼び、後者は「事中リフレクション（事中省察）」と呼んだが、元の英語では"reflection on/after action"と"reflection in action"とされている。後者は、佐藤等の訳では「行為の中の省察」と呼ばれ、1990年代以降の授業研究では重視される概念となった。

## ❖授業リフレクション研究の特徴

澤本（2008）では、授業リフレクション研究での教師の発達過程の特徴として次の４点をあげている。後の命名は今回実施した。
A．モデルの学習・真似しながら学ぶ：模倣学習段階
B．自分なりのやり方を見出して工夫して学ぶ：工夫修正段階
C．専門的研究として自分の方法を洗練する：専門研究段階
D．自分の方法を人にわかるように説明し実行できる：熟達開放段階

この学び方は、実は子どもが授業で学ぶときの学習方法とも共通する。教師自身がこの学び方をトレーニングして身につければ、それを子どもが自分で学べるようになるのを支援するときにも使うことができるだろう。授業のリフレクションを行うことはもちろん大事だが、リフレクションしながら自分が何を考えていたのか、それを身体でどう表現しながら実行に移したのか、あるいは移せなかったのか、などを検討することになる。

## ❖授業リフレクション研究が提示する三つのリフレクションの手法

(1) 三つのリフレクションの手法を実施する意味

教師の専門性成長としての授業を実施する力量形成のための研修方法として、「授業リフレクション研究」が有効だという提案は、澤本他（1996）に事例とともに具体的に提示した。このときは、小学校から高校までの国語科説明文事例を取りあげて５年間研究した成果を提示した。そして、そこで次の３通りのリフレクションの手法を提示し、それを組み合わせながら最終的には「自己リフレクション」に着地することを重視する見解を示した。
①自己リフレクション
②対話リフレクション
③集団リフレクション

以下、それぞれについて説明する。
(2) 「自己リフレクション」の方法

まず、「自己リフレクション」は文字どおり自分で考えることである。そ

こで重視するのは、はじめはピースミールといわれる「些細な出来事」を取りあげて熟考し省察を重ねながら、今まで気づかなかった「あの事」と「この事」の関連性に気づいたり、「その事」が示す内容がどんな意味をもっていたのかに「気づく」ことである。問題に白黒をつける、などとよく言うが、リフレクションが求めるのは、白黒をつけることよりは、授業で起きた事実を正確に言語化して理解し、全体と部分の関係を明確にとらえ直すことと言える。これを筆者は、「授業を構造的に理解する」ととらえる。

具体的には、次の要領で実施する。
①授業で気になったことについて書き出し、そのなかで重要と思える点について、ていねいに思い浮かべ記述する。
②①の過程で、想起する助けとなるデータを参照する。たとえば、授業を記録したビデオが残されていれば、テープを見直して確認したうえで、いつ、どこで、だれが、何をしたのかを明らかにする。以後考えるときには、どんな場合でも、記憶や事実が曖昧なときはデータに戻って確認する習慣をつける。
③気になる点、問題点、あるいはよい点が何かを明確にしてみる。何が気になるのか、何が問題なのか。何がよいのか。ポイントを絞り、はっきりした形で問題点や美点をことばで表現してみる。できないときは、「まだ、できない」と記すればよい。
④③について、そう考える理由は何か、考えて説明する。
⑤リフレクションが終わったら、必ず簡単な記録を残す。記録には、日時、授業名、リフレクションのポイント、事後の気づき、備考、などを含む。

自力で授業を構造的に理解できればよいが、主観にとらわれる傾向を完全に克服するのはむずかしい。そこで、自分のリフレクション（自己リフレクション）を聞いてくれる仲間が必要になる。話を聞いてくれる仲間が直接対話を行う人であれば、次の対話リフレクションに進めばよいし、大勢の仲間と共にリフレクションする場合は集団リフレクションを実施する。

(3) 「対話リフレクション」と「集団リフレクション」の方法

授業者1人と1人か2人程度の対話者との対話により、リフレクションを進めるのが「対話リフレクション」である。対話者に求められる能力は、傾

聴し、話に呼応して反応を示し、授業者が進める（あるいは、進めようとしている）方向へと生産的に対話を進める「運ぶ力」である。別の表現なら、「聴く力」と「訊く力」である。対話での「傾聴」や「応じる力」「運ぶ力」については、村松（2001）の対話能力育成の研究が参考になるだろう。

　対話リフレクションにおける対話者をメンターやファシリテーターなどと呼ぶが、呼称にはとくにとらわれない。肝心なのはよき聴き手であり、授業者がリフレクションして進もうとしている方向を、受け止めて支え、前進させるエネルギーと感受性と知性（判断力）を発揮できることである。

　集団リフレクションでは、対話リフレクションの対話者が複数いて、それぞれの視点からの意見交換が可能だが、それぞれが勝手に意見を言い放つのではなく、事例としてあがった授業を授業者が構造的に理解するのを支援するために協力して対話を促進する点がポイントになる。どこまでも「人を育てる」ことが眼目であり、「その人が育つために、周囲ができること」を実施すると考える必要がある。東（1979）の「清く、正しく、愛深く」が、基本的な視点である。リフレクションの中軸は「自己リフレクション」であり、データ確認が重要である。他のリフレクションを実施する際は、その前後に必ず自己リフレクションを行う。リフレクション後は必ず記録を残す。

(4)　「わかる」の諸相とリフレクションの重要性

　授業で子どもが何かを学ぶというときに、「わかる」ことが重要になる。この「わかる」が、思いの外複雑であることに気づいている読者も多いかと思う。澤本（1996・2011）には、「わかる」にはいろいろな相があることを提示した。そのうえで、わかり方にもさまざまな相があり、そのどの相をねらった授業なのかが、授業を方向づける教師の働きかけやリフレクションとも深くかかわることを提示した。

　読めない漢字の読み方を、隣の席の友人に聞くのも学びだが、原子力発電所の数を増やすほうがいいのか、減らすべきかを調べて考え、教室で議論してレポートにまとめるのも学びである。どの相をさして働きかけるのか、教師が自覚的に取り組まないと、リフレクションをかけるとしても曖昧な記述に陥ることになる。とはいえ、はっきりできないときには、曖昧だと自覚して取り組めばよいという考え方もできる。こうした問題は、具体的な事例の

一つひとつにていねいにあたって考えていくことになる。

## ❖ 校内研究に生きる「リフレクション」

　校内研究を実りあるものとするために、リフレクションの主体である授業者にとって意味のある「リフレクション」研究の場を保障することは必須である。その意味では、人的環境整備は重視されるべきだろう。また、リフレクション研究を1回で終わらせるのでは、ほとんど意味がない。継続して、蓄積し、記録を残して後でまとめて見直すことを重ねると、子どもや教師の変容が明らかになることが多い。記録を残すことは大事といえる。

　こうした研究を続けながら、「研究者としての教師teacher as researcher」による研究文化の形成、優れた人材の育成が実現するのだろう。2003〜2005年に筆者らが取り組んだ千葉県柏市立中原小学校の校内研改革を経験した教師たちへの10年後のインタビュー調査では、そこでの学びをそれぞれの現在の勤務地で生かしていることがわかった。学びの成果は、希望と自信の源泉であり、次の学びと教えの力となり得ることを確認した。

《参考文献》
(1) 東洋『子どもの能力と教育評価』東京大学出版会、1979年。
(2) 村松賢一『対話能力を育む話すこと・聞くことの学習――理論と実践』明治図書、2001年。
(3) 澤本和子『学びをひらくレトリック――学習環境としての教師』金子書房、1996年。
(4) 澤本和子「『読む』とは、読んで『わかる』とは」安藤修平監修、国語教育実践理論研究会編『読解力再考――すべての子どもに読む喜びを〜PISAの前にあること〜』東洋館出版社、14〜19頁、2007年。
(5) 澤本和子「授業分析の視点と方法」広島大学附属小学校学校教育研究会編『学校教育』No.1095、6〜11頁、2008年。
(6) 澤本和子・お茶の水国語教育研究会編『わかる・楽しい説明文授業の創造――授業リフレクション研究のススメ』東洋館出版社、1996年。
(7) Donald A.Schön "The Reflective Practitioner;How Professionals Think in Action" New York:Basic Books 1983.

◆OJT指導者は語る

# 通信「はにい」による神奈川の学びづくり

神奈川県山北町立山北中学校教頭／前神奈川県教育委員会指導主事　岩渕和信

　多様性が大事にされているところでは、変化は小さく始まり、有機的に育つ。
　ある学校でうまくいった取り組みを一度に多くの学校に広げようとしても、それぞれに学校の実態が違い、それはうまくいかない。また、ある自治体でうまくいった取り組みを一度に多くの市町村に広げようとしてもむずかしい。その場所でうまくいく取り組みというのは外から与えられるものではなく、それぞれの実態のなかで生み出していくものである。
「指導主事は、蜜蜂のようにあちこちの学校を飛び回り、学校の日々の実践という名の花粉を受けとり、価値づけ、その花粉をまたあちこちの学校に伝え回る」。これを一つの方略として、神奈川県教育委員会（以下「県教委」）の子ども教育支援課では、県下の小・中学校1,200校の授業改善に取り組んでいる。その要として、授業改善を中心とした「かながわ学びづくり推進地域事業」が平成19年度から始まった。今では毎年10の地区が指定されており、小学校、幼稚園を含む中学校区で取り組んでいるところが多い。
　1地区につき数十万円ずつの予算は、指導者の招聘や外部研究会への参加費等、日々の授業づくりにチームで取り組むことに当てられる。推進の方法は各地区に任せられているが、多くの学校では毎月のように授業研究会を行い、大学教授が継続的にかかわって指導している。県教委の指導主事も市町村教委の指導主事も頻繁に学校を訪れ、研究会以外の日でも、指導案づくりや、教材研究の支援に当たっている。なかには日常的に指導主事が授業の参観を行う地域も出てきている。

## ❖元気な学校づくり通信「はにい」

　そうした日々の実践を切り取り、できるだけ多くの県民に知ってもらい、学校の応援を増やしたいという思いで生まれたのが、元気な学校づくり通信「はにい」である。学校を訪問した県の指導主事たちが授業の様子などを写

5 OJT指導者は語る

真入りで紹介し、週1回程度、県内の小・中学校や各市町村教育委員会へ配布している。今年で3年目、100号を超えた（http://www.pref.kanagawa.jp/cnt/f420082/）。

「はにい」という名前は、「蜜蜂である指導主事たちが集めた元気の素」といった思いが込められた名前で、毎号の紙面の一番上には「はてなをつなぐ、にーズをつなぐ、いのちをつなぐ、元気な学校づくり通信『はにい』」と書かれている。

本文は丸ゴシックのやや大きめのフォントで書かれていて、文体も読みやすくなっている。たと

▼元気な学校づくり通信「はにい」

えば、「はにい」12号「住みよいクラス」には、板書する教師の写真とともに、以下のような書き出しで普段の授業の様子が書かれている。

　5年1組。授業のタイトルは『住みよいくらしと環境』。
　──今日は先生、新聞持ってきたんだ。これは運動会の日の新聞だよ。ここにこういうのが載ってるの、知ってるかな？
　「しってるー」「天気予報！」
　──みんな、運動会の日、どういう天気だったか覚えてるかな？
　「暑かった」「うんうん」「先生、そこに何度って書いてある？」
　──えーとねえ、最高気温が25度。
　「え、低い！」「高いよ、25度じゃあ」「他のとこは？」
　──みんなどこが知りたい？
　「大阪！」「青森！」「東京！」「東京だと一緒じゃん」「遠くがいいよ」「じ

233

ゃ、北海道！」「沖縄！」

▼住みよいくらしと環境

　——じゃ、まず北海道を見てみましょうか。

　自由な対話で、札幌と那覇が選ばれ、小田原との比較がされました。

　教師は、子どもたちとの対話で授業を創っていました。気温を調べる都市をどこにするかだけでも、子どもたちとの対話を楽しんでいました。教師が勝手に決めないで、まずは問う。そして、受けとってもらえることがこの学級の安心感になっているのではないでしょうか。

## ❖ 「はにぃ」に応える声

　回を重ねるなかで、普段の授業や日常の教育実践を見合うことの重要性があらためて認識され、同様の通信を発行する市町村教委が現れてきた。「大井町　学びづくり研究会だより Teacher's Time」「寒川町　学びっこニュース」「松田町　学びづくり通信『見－つけた！』」「清川村　きよかわ学びづくり通信」「山北町　学びづくり通信『やまぶき』」「真鶴町　学びづくり通信『まなまな』」「愛川町　学びづくり通信『フラッシュ』」「相模原市ほっとライン」「二宮町　学びづくり通信」などである。なかには、名前からして「はにぃ」に感化されているものもあるが、内容も研究会の報告や、先進的な取り組みの紹介だけでなく、指導主事が切り取った学校の一場面や普段の授業での子どもの対話などをていねいに描写してあるものが多い。

　こうした取り組みをしている市町村の指導主事は、頻繁に学校を訪れ、日常の教育活動を参観している。

　また、学校で発行されている研究推進通信や教頭通信などにも、普段の教育実践を重視するものが現れ始めた。

　M町立M小学校のK教頭は、職員向け通信を発行しているが、「はにぃ」のように日頃の授業を写真入りで紹介している。こちらも100号を超えたというのでK教頭にインタビューしてみた。「『はにぃ』は毎号、意識して読ん

です。授業の鍵となる場面の切り取り方など、本当に勉強になります」。

　N町立N中学校の研究主任、Y教諭は、当初、研究授業の記録を校内の研究通信として発行していたが、「はにぃ」の影響を受けて、空き時間に同僚の日頃の授業を参観するようになった。そこで撮った写真を使い、通信を発行するだけでなく、授業参観に来る保護者のために、前もって、公開する授業の紹介を通信のような形で配布した。また、「はにぃ」によって小学校の授業が気になるようになり、学区の小学校の授業を参観して通信に載せ、小学校の授業を同僚に紹介することもしている。

## ❖ 「はにぃ」によるOJT

　「はにぃ」が発行されて間もなく、県下のある中学校で「はにぃ」を使った研修が行われた。授業を参観する代わりに、「はにぃ」を使って研究協議を行うのである。その後、指導主事の研修や市町村の教員研修でも「はにぃ」を使うところが出てきた。最近では、大学の教員養成系の講座でも「はにぃ」が使用されている。

　校内の職員全員で一つの授業を参観するためには他の学級の生徒を下校させる学校もある。また、ビデオを使った授業研究は録画や視聴に手間や時間がかかる。

　「はにぃ」には授業の一場面しか書かれていない。が、指導主事が切り取ったその場面に限定することで協議が焦点化され、深い学びが得られると好評である。時間もかからない。テーブルで「はにぃ」を囲んで、30分も語り合えば自分の授業に生かせる学びが得られる。多人数で行う場合は、ワールド・カフェのように席替えをしながら深めていくとよい。

　シンプルな研修の形としては、以下のような例が効果的である（60分）。

　4人で1テーブル。各テーブルに、模造紙1枚、ペン4色以上用意。各自に、「はにぃ」と「持ち帰りシート（A4サイズ白紙）」を配布する。
【気づきのひととき】（10分）
○「はにぃ」を読みながら、各自「持ち帰りシート」に、「はにぃ」から気づく自分の「学び」や「問い」を記録していく。

【ラウンド１】（15分）
○自分が「持ち帰りシート」に記録した「学び」や「問い」のなかから、自分が最も語りたいものを一つ決め、キーワードにして模造紙に書く。
○まず１人から自分のキーワードについて語り、４人でそれについて深め合う。似ているキーワードの人がいれば先に一緒にまず語ってもいい。対話しながら素敵な言葉や残したい言葉を４人でどんどん書いていく。大事な言葉を視覚化しておくためである。また、言葉のつながりが見えていると対話は深まりやすい。４人のキーワードについて十分深められたら、各自が２番目に語りたいことを出し合ってもいい。

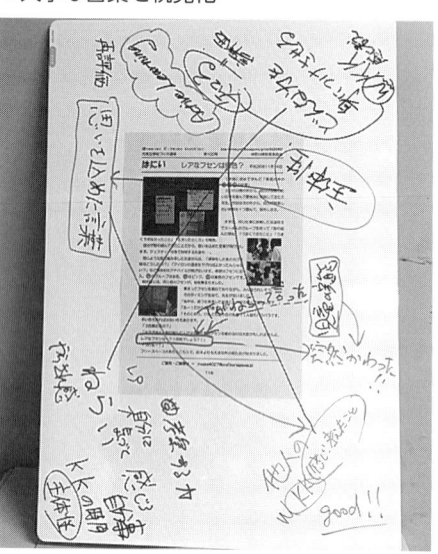

▼大事な言葉を視覚化

【ラウンド２】（15分）
○各テーブル１人が残り、あとは全員席替え。
○残った人が、自分が最も心に残ったことを語り、そこから対話を深めていく。各自がラウンド１で学んだことを一つずつ語って深めてもよい。

【ラウンド３】（15分）
○先ほど残った人以外の人が１人残り、あとは全員席替え。
○同様に、対話で学びを深めていく。

【全体シェア】（５分）
○全体の場で学びを語りたい人がいれば、ちょっと語ってもらう。それに対して言いたい人があれば、全体で対話してみる。テーブルごとの発表はいらない。
○明日からの自分の決意を書いて提出。終了。

【気づきのひととき】を【授業参観】にすれば、そのまま授業研究会になる。指導案検討やさまざまな計画の検討、研修でも使える。時間がないときはラウンド1だけでも、やっただけの学びは得られる。

このような対話型の協議は後に残らない場合があるので、最後に各自の振り返りを記録するとよい。ある学校では、授業研究会のたびに、各教師が協議を通して学んだことを校内サーバーにある表計算ソフトのファイルに入力し、皆が同僚の学びの変遷を見ることができるようにしていた。

## ❖多様性が大事にされているところでは…

さて、昨年、神奈川新聞社から「はにぃ」と同様の記事を連載したいという申し出があり、現在、毎週月曜日に「教室に行こう」が連載されている。神奈川新聞のホームページ「カナロコ」（https://www.kanaloco.jp/）で見ることができる。

それに合わせて、小・中・高と校種の違う指導主事たちが合同で授業研究ワークショップを行うようになった。最近は、学校の教師も校種を超えた授業の参観をするようになり、県内各地で、高校の教師が小・中学校の授業研究会に参加したり、小・中学校の教師が幼稚園を参観したり、幼・小・中・高・特別支援の学校と教委が協働して授業づくりに取り組み始めている。

多様性が大事にされているところでは、変化は小さく始まり、有機的に育つ。

ある学校でうまくいった取り組みを一度に多くの学校に広げようとしても、それぞれに学校の実態が違い、それはうまくいかない。その場所でうまくいく取り組みというのは外から与えられるものではなく、それぞれの実態のなかで生み出していくものである。

授業も同じ。

ある学級でうまくいった授業を自分の学級で同じようにやってみてもうまくいかない。すべての子どもに効果がある万能な指導法というものも存在しない。

最初に紹介した「はにぃ」12号「住みよいクラス」の前半では、社会科の授業「住みよいくらしと環境」の導入を描写した。その号の後半は以下のようになっている。

▼「お休み通信」を書く子どもたち

　ところで、この先生は隣のクラスの社会科も指導しています。次の時間が丁度それだったので、見に行きました。

　すると、なんと板書はさっきとまったく同じ！　実は最初から北海道と沖縄を取りあげることは決まっていたのです。対話は自然に「できるだけ離れた都市を」ということになって、選ぶ都市に根拠が与えられる。そこには、考え抜かれた必然的な流れがあったのでしょう。

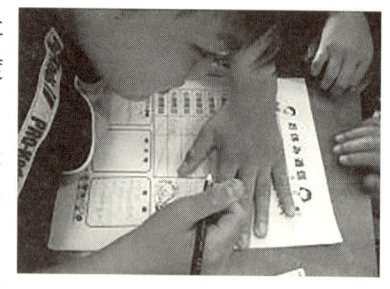

　また、この日の教材は、一枚の新聞でした。考えてみると、これでさえも教師が適当に持ってきたものではない。子どもたちが気温を体で覚えている日、そう、運動会の日の新聞をわざわざ用意したのです。ここにも教師の細かい工夫があったのでした。

　休み時間。一枚のプリントを囲んでいる子たちがいます。「お休み通信」？今日の学習内容や、明日の予定を書いて、みんなでさらに文を付け加えています。

　今日は、算・国・理・社の４教科があってめちゃくちゃたいへんだったよ。陽子（仮名）がいなくて、みんなさみしかったし、僕の前の席もし～んとしていたし…。明日、元気に来てね。

　　　　　　　　　　　　　　　　　　　　　　　　５－１のみんなより


　授業で学ぶ子どもも、授業を工夫する教師も、教育を進める指導主事も、みな、学び続ける主体である。


《参考文献》
(1)　ピーター・M・センゲ他著、リヒテルズ直子訳『学習する学校──子ども・教員・親・地域で未来の学びを創造する』英治出版、2014年。
(2)　アニータ・ブラウン／デイビッド・アイザックス／ワールド・カフェ・コミュニティ著、香取一昭・川口大輔訳『ワールド・カフェ──カフェ的会話が未来を創る』ヒューマンバリュー、2007年。

## ❖執筆者一覧❖

《編集》
千々布敏弥　国立教育政策研究所総括研究官

《執筆》（執筆順）

| | | |
|---|---|---|
| 千々布敏弥 | 国立教育政策研究所総括研究官 | |
| 吉新　一之 | 神奈川県川崎市立川崎小学校長 | |
| 金子　雅彦 | 東京都台東区立富士小学校長 | |
| 川越　洋平 | 東京都北区立なでしこ小学校教諭／前東京都台東区立富士小学校教諭 | |
| 宮田　逸子 | 前大阪府大阪市立花乃井中学校長 | |
| 内崎　哲郎 | 前静岡県浜松市立可美小学校長 | |
| 齊藤　一弥 | 神奈川県横浜市立羽沢小学校長／前神奈川県横浜市立岸谷小学校長 | |
| 小山　雅史 | 神奈川県横浜市立岸谷小学校教諭 | |
| 後藤　俊哉 | 神奈川県横浜市立笠間小学校長 | |
| 小川　義一 | 神奈川県横須賀市立夏島小学校長 | |
| 柳渡　昭子 | 神奈川県中井町立中井中学校教諭 | |
| 織田羽衣子 | 秋田県由利本荘市立西目小学校長 | |
| 佐藤　和広 | 秋田県由利本荘市立西目中学校長 | |
| 佐々木彰子 | 秋田県能代市立二ツ井小学校長 | |
| 寺下　雅裕 | 福井県敦賀市立敦賀南小学校長 | |
| 南部　隆幸 | 福井県福井市立森田中学校教諭 |
| 吉村　淑子 | 福井県福井市立鷹巣小中学校長／前福井県福井市立河合小学校長 |
| 山口　明則 | 愛知県岡崎市立豊富小学校長／前愛知県幸田町立荻谷小学校長 |
| 岡本　智 | 愛知県幸田町立荻谷小学校教諭 |
| 入山　定之 | 前愛知県岡崎市立豊富小学校長 |
| 野々上正成 | 岡山県津山市立北陵中学校長 |
| 鴨志田　悟 | 茨城県常陸太田市立久米小学校長／前茨城県常陸太田市立峰山中学校長 |
| 井樋　述弥 | 福岡県福岡市立大原小学校教頭／前福岡県福岡市立飯倉小学校教頭 |
| 片山　守道 | お茶の水女子大学附属小学校教諭 |
| 柴田　好章 | 名古屋大学准教授 |
| 久野　弘幸 | 名古屋大学准教授 |
| 佐古　秀一 | 鳴門教育大学教授 |
| 村川　雅弘 | 鳴門教育大学教授 |
| 木原　俊行 | 大阪教育大学教授 |
| 北田　佳子 | 埼玉大学准教授 |
| 田村　知子 | 岐阜大学准教授 |
| 澤本　和子 | 早稲田大学大学院客員教授／前日本女子大学教授 |
| 岩渕　和信 | 神奈川県山北町立山北中学校教頭／前神奈川県教育委員会指導主事 |

**結果が出る 小・中OJT実践プラン20+9**

2015年7月1日　第1刷発行
2017年2月1日　第2刷発行

編集　────────千々布敏弥
発行者　───────福山孝弘
発行所　───────㈱教育開発研究所
　　　　　　　　　〒113-0033　東京都文京区本郷2-15-13
　　　　　　　　　TEL　03-3815-7041（代）　FAX　03-3816-2488
　　　　　　　　　http://www.kyouiku-kaihatu.co.jp
　　　　　　　　　E-mail=sales@kyouiku-kaihatu.co.jp
　　　　　　　　　振替　00180-3-101434
装幀　────────勝木雄二
印刷所　───────第一資料印刷株式会社
編集人　───────山本政男

ISBN978-4-87380-457-6　C3037
落丁・乱丁本はお取り替えいたします。
定価はカバーに表示してあります。

UD FONT
見やすいユニバーサルデザイン
フォントを採用しています。